Zur

Geschichte des Verkehrs

in

Elsaß-Lothringen

mit besonderer Berücksichtigung

der Schifffahrt, des Post-, Eisenbahn- und Telegraphenwesens

nach archivalischen und anderen Quellen

nebst

32 auf das Verkehrsleben bezüglichen Urkunden

aus der Zeit von 1350 bis 1779

von

Carl Löper

Straßburg
Verlag von Karl J. Trübner
1873

Vorwort.

Die Verkehrsmittel in Elsaß-Lothringen sind in ihrer Gesammtheit meines Wissens noch nicht zum Gegenstande einer Erörterung gemacht worden; dennoch verdienen sie dieselbe in hohem Grade. Aus diesem Grunde habe ich es unternommen, geeignetes Material aus den hiesigen Archiven und einer größeren Anzahl Werke zusammen zu tragen, um auf diese Weise die Uebersicht über die gesammten Verkehrsmittel zu erleichtern. Damit die Leser des „trockenen Tons“ nicht zu bald „satt“ werden möchten, habe ich den Stoff durch Skizzen, entnommen aus dem vielgestaltigen Verkehrsleben, zu illustriren versucht.

Da das Postwesen in den meisten Werken über Elsaß-Lothringen theils unzutreffend behandelt, theils gar nicht erörtert ist, so habe ich es gleichzeitig als meine besondere Aufgabe betrachtet, eine Darstellung dieses so wichtigen Zweiges der Staatsverwaltung nach den besten Quellen zu bringen. Daneben habe ich die frühere Schifffahrt auf dem oberen Theile des Rheins ziemlich ausführlich behandelt, zumal dieselbe schon in Bälde voraussichtlich wieder größere Bedeutung annehmen dürfte, insbesondere aber nach erfolgter Fertigstellung des Gotthard-Tunnels. „Wird doch der Rhein“, — wie Ockhardt schon treffend sagte — „an dessen Ufern einst die Morgenröthe germanischer Kultur aufgegangen ist, nie aufhören, ein lebendiges Binde- und Förderungsmittel der materiellen Interessen zu sein, welche die Völkerschaften seines Gebiets in Frieden und

Einigkeit, in Sitte und Bildung, in Sprache und Wissen näher bringen. Er wird immer ein Träger sein und bleiben für einen bedeutenden Theil des großen mitteleuropäischen Industrieprozesses, dessen Seele der Welthandel ist."

Der deutsche Geist der vormaligen Bewohner von Elsaß-Lothringen tritt dem Leser am beredtesten aus den Satzungen der Zünfte, den Verordnungen der städtischen Behörden 2c. entgegen; ich habe es deshalb für zweckmäßig erachtet, einige auf das Verkehrsleben bezügliche Urkunden in extenso im Anhange dieser Schrift zu veröffentlichen.

Möchte dieser Versuch gleichzeitig berufenen Kräften den Anlaß bieten, den in den Archiven des Landes, insbesondere der Stadt Straßburg, vorhandenen reichen Stoff für die Erforschung der deutschen Vergangenheit des Landes weiter zu verwerthen! Hierbei fühle ich mich gedrungen, dem städtischen Ober-Archivar Herrn Brucker, der mich mit großer Bereitwilligkeit auf äußerst interessante Urkunden aufmerksam gemacht hat, meinen ganz besonderen Dank auszusprechen.

Straßburg i. E., im October 1873.

Der Verfasser.

Als im September 1841 die Eisenbahn von Straßburg nach Basel eröffnet wurde, eilten viele Bewohner des Elsaß nach Mülhausen, um die glückliche Vollendung des eisernen Weges zu feiern, welcher der Industrie, dem Handel und der allgemeinen Wohlfahrt des Landes einen neuen Impuls geben sollte. In dem hergerichteten Festsaale befand sich eine originelle Tafel[1], auf der die Veränderungen, welche der Verkehr zwischen Basel und Straßburg in den Jahren 1500 bis 1900 erfahren hatte oder voraussichtlich noch erfahren würde, symbolisch dargestellt war. Man sah nämlich auf dieser Tafel zur Linken die Stadt Basel, zur Rechten die Stadt Straßburg und daneben bildliche Darstellungen nebst erläuternden Angaben, von denen ich durch die nachstehenden Daten einen Begriff geben will:

Straße von Basel nach Straßburg.

Im Jahre 1500. Man sieht einen armen Fußgänger langsam die Straße dahinziehen; er scheint der Ermüdung zu unterliegen. Man kann nicht vorher bestimmen, wie viel Zeit er gebrauchen wird, um den Weg zurückzulegen.

„ „ 1550. 8 Tage: denn die ersten Kutschen bedürfen dieser Frist, um zum Ziel zu gelangen.

„ „ 1600. 6 Tage: denn es sind inzwischen die Diligencen erfunden, welche nicht mehr als diesen Zeitraum gebrauchen.

---

[1] Suzor, inauguration du chemin de fer de Strasbourg à Bâle. Strasbourg 1841.

Im Jahre 1700. 4 Tage: denn die Diligencen sind nunmehr vervollkommnet worden, und man ist dadurch in den Stand gesetzt, den Weg in 4 Tagen zurückzulegen.

" " 1800. 2 1/2 Tage: denn bei Anwendung der Eilwagen braucht man nur noch diesen Zeitraum.

" " 1841. 2 Stunden: denn nunmehr vermag die Locomotive die obigen beiden Orte in dieser kurzen Frist zu verbinden.

" " 1900. 1 1/2 Minuten: Man sieht einen Luftballon, der von einer mit Flügeln versehenen Maschine gezogen wird.

Ob diese Prophezeiung der Festordner in Mülhausen eintreffen wird, mag dahingestellt bleiben; die übrigen Angaben bezüglich der angedeuteten Vervollkommnung der Verkehrsmittel sind im Wesentlichen richtig. Will man jedoch zeigen, wie die Verkehrsmittel in Elsaß-Lothringen sich im Laufe der Zeit entwickelt haben, so muß man nothwendig weiter zurückgehen, als die gedachten Herren in Mülhausen es 1841 thaten. Zum besseren Verständniß der wirklich großartigen Leistungen auf diesem Gebiete der Volkswirthschaft, dürfte es erforderlich sein, häufig Seitenblicke auf die Verkehrsbeziehungen der Einwohner des Landes überhaupt zu werfen.

Die geographische Lage Lothringens, insbesondere aber des Elsaß, begünstigt den Verkehr der Einwohner unter einander und mit denjenigen anderer Länder ungemein. Was zunächst das Elsaß betrifft, so bespült der Rhein, diese „Völkerstraße", das Land fast in seiner ganzen Ausdehnung, und ein schiffbarer Fluß, die Ill, durchzieht einen großen Theil desselben. In der Richtung nach der Schweiz und der Pfalz liegt das Land offen und ist mit Lothringen und Frankreich durch natürliche Wege verbunden. Ueber Lothringens Lage äußert sich Löher[1] treffend, daß dieses Land zwischen die Gebiete des Rheins, der Seine und Saone gewissermaßen hineingeschoben sei;

[1] Aus Natur und Geschichte von Elsaß-Lothringen.

wenn auch von Frankreich durch die Ardennen und Sichelberge getrennt, von Deutschland durch einen noch höheren Gebirgswall geschieden, seien doch die Uebergänge von einem in das andere Flußgebiet so leicht zu bewerkstelligen, daß Verkehr und Fühlung auf keiner Seite jemals aufhörten.

Wenn in den nachstehenden Ausführungen das Elsaß mehr berücksichtigt ist, als Deutsch-Lothringen, so hat dieses seinen Grund darin, daß das erstere Land im Allgemeinen in der Geschichte eine wichtigere Rolle gespielt hat, und über dasselbe auch mehr urkundliche Nachrichten vorhanden sind, als über letzteres.

Schon vor mehr als 1000 Jahren rühmte der, von Ludwig dem Frommen nach Sträßburg verbannte Aquitaner Ernoldus Nigellus, in einer im Jahre 825 geschriebenen Elegie, die Ueppigkeit des Landes zwischen dem Rhein und den Vogesen; Göthe nennt es öfters „das herrliche Elsaß". Berühmt seit langer Zeit ist einer der Haupthandelsartikel des Landes, der Elsässer Wein, der vielfach bis zu dem entfernten Norden ausgeführt wurde [1] und unter Anderen auch von den deutschen Ordensrittern in Marienburg als „Elsässer Gewächs" bekannt und geschätzt war [2]. Es kann nicht befremden, daß

[1] Von Straßburg aus wurde der Weinhandel nach Friesland und Seeland bereits im Jahre 825 betrieben, wie der oben erwähnte Ernoldus Nigellus an der Stelle über Elsaß und Straßburg, eleg. 1, 115, also sagt:

omnia si populus proprios misisset in usus,
 quae Helisace tuus gignit amoenus ager:
gens animosa arvis vinoque sepulta jaceret,
 vix in tam magna urbe maneret homo.
utile consilium Frisonibus atque Marinis
 vendere vina fuit, et meliora vehi.

Die Marini sind die Seeländer, und urbs Straßburg, der Gegensatz arvis vinoque bezeichnet den Ueberfluß an Getreide und Wein im Elsaß, wofür Helisacus oder Helisatus die richtige lateinische Form ist, da Elsaß auch masc. gebraucht wird. (Mone's Zeitschrift für die Geschichte des Oberrheins, 3. Bd.).

[2] Doppelmeyer sagt, daß das Elsaß seit alten Zeiten genannt wurde: „die Speisekammer, der Weinkeller und die Kornscheuer vieler umliegenden Länder." (Beschreibung 1734, Kap. 4).

ein von der Natur so verschwenderisch ausgestattetes Land von jeher der Zankapfel verschiedener Völkerschaften war.

Die Römer, welche ihre Herrschaft bis an den Rhein ausgedehnt hatten, gründeten an demselben und weiter im Lande zahlreiche Befestigungen, Burgen und Colonien, die sie mit Städteverfassungen versahen. Metz (Divodurum), Straßburg (Argentoratum), Zabern (Tavernae) und andere Orte rühren aus der Römerzeit her. Die Nothwendigkeit der Verproviantirung der festen Lager und das Bedürfniß einer geregelten Verbindung zwischen denselben wirkten wesentlich auf Verbesserung der Straßen, die zum größten Theile dem Laufe des Rheins folgten. Noch heute kann man Spuren dieser „Römerstraßen" bemerken, die „Römerweg, Altstraße, Heidensträßl, Kaiserstraße" 2c. genannt werden. Antonius' Reisebuch und die Theodosische Karte machen uns im vierten Jahrhundert mit 11 Straßen im Elsaß bekannt, von denen die wichtigste die Rheinstraße ist, welche aus Italien über die cottischen Alpen durch die Schweiz nach Augst bei Basel (Augusta Rauracorum), Groß Kembs bei Habsheim (Cambes), Alt-Breisach — an dem früher der Rhein rechts vorbeifloß — (Mons Brisiacus), Ell bei Benfeld (Helvetus), Straßburg (Argentoratum), Selz (Saletio), Mainz bis an die Mündung des Rheins führte. Bei dem heutigen Banzenheim — zwischen Groß Kembs und Alt-Breisach — befand sich wahrscheinlich eine Station (Stabula). Eine andere Straße ging von Besançon nach Mandeurre, Grandvillars, Largitzen (Larga) und vereinigte sich in Groß Kembs mit der Rheinstraße; eine dritte Straße zog sich von Thann durch das Amarinthal nach Lothringen bis Epinal; eine vierte Straße ging von Straßburg über Brumath (Brocomagus), Zabern (Tavernae), Saarburg (Pons Saravi) und Dieuze (Decempagi) nach Metz (Divodurum) und weiter nach Belgien 2c. Eine anscheinend nur zu Kriegszwecken benutzte Straße zog vom Fuße des Ottilienberges bei Ottrott (in der Nähe von Oberehnheim) allmählich diesen Berg hinauf, woselbst ein römisches Lager und ein Kastell sich befanden.

Der Uebergang über den Rhein bei Straßburg ist von der Natur so günstig gestaltet, wie nicht leicht an einer anderen Stelle in dem betreffenden oberen Theile desselben. Auf diesen Uebergangspunkt weisen der Schwarzwaldpaß bei Pforzheim und der Vogesenpaß bei Zabern hin; hier mußte sich in Folge dessen der ganze Völkerverkehr von einem zum andern Ufer dieses Theils des Stromes bewegen; hier zog wahrscheinlich auch Attila mit seinen Schaaren über den Rhein. Schon frühzeitig entstand an dieser Stelle eine Fähre[1] und später eine Brücke; um den Besitz dieser Ueberfahrtsstelle oder dieser Brücke, als des Schlüssels Straßburgs, wetteiferten die Heere, welche im Elsaß aufeinanderstießen. Der Ort an der Brücke, von dem schon ein Sprichwort sagt: „Wäre Straßburg vom Himmel gefallen, es wäre nicht besser zu liegen gekommen", ist somit bereits von der Natur zu einem Stationsplatz der großen Heerstraße von Italien, der Schweiz, dem südlichen Frankreich nach der Nordsee, und zu einem Kreuzpunkte dieser Richtung mit der anderen großen Heerstraße, von der Donau zur Seine, von Wien nach Paris bestimmt[2]. Es kann hiernach nicht befremden, daß der Ort an dem Kreuzpunkte solcher großen Straßen in der Geschichte eine wichtige Rolle zu spielen berufen war. Die Geschichte des Elsaß ist im Wesentlichen eine Geschichte Straßburgs, denn dieser Ort schwang sich zur Hauptstadt des Landes auf und ist bis in die neueste Zeit tonangebend geblieben, obschon zu französischer Zeit eine politische Grenze zwischen dem Unter- und Ober-Elsaß (oder wie die

---

[1] An der Ueberfahrtstelle bei Kehl stand in früherer Zeit eine Kapelle, welche ursprünglich S. Johannes in undis, altdeutsch „S. Johans zu den unden" hieß, weil sie oft der Ueberschwemmung des Rheins ausgesetzt war. Als die Bedeutung des aus dem Lateinischen entlehnten Wortes „unde" verloren ging, machte man daraus Hunde, um demselben einen deutschen Sinn zu geben und nannte daher die Kapelle „zu den Hunden". Mone, Zeitsch. f. d. Gesch. des Ober-Rheins, 16 Bd.

[2] Wenn an dem Kreuzpunkte der obigen Straßen in der Nähe der Stadt Straßburg ein von den französischen Behörden errichteter Meilenstein die Worte trägt: «Route de Paris à Vienne par Strasbourg et Kehl», so ist dies nach Vorstehendem zwar richtig, doch immerhin etwas zu großartig gedacht.

Departements unzutreffend bezeichnet wurden: Bas-Rhin, Haut-Rhin) bestand, die im Verwaltungswesen zum Theil noch fortbesteht. Riehl hebt in einem interessanten Artikel „Elsässische Culturstudien" im historischen Taschenbuch pro 1871 treffend hervor, daß die Stadt Straßburg als Wappen ein silbernes Schild führt, welches von einer rothen Straße durchzogen wird. Nach der Sage soll dieses Wappen ein redendes sein, welches den zwiefachen Namen der Stadt ausspreche, der Silberschild: „die „Silberstadt" (Argentina), und die rothe Straße: „Straßburg" (Burg an der Straße). Riehl meint, „wie jenes Wappen Straßburg symbolisire, so Straßburg das Elsaß, da das ganze Land ein Land der Straßen sei."

Die Römer, welche den Rhein hinauf gezogen waren, hatten bereits die Flußfahrzeuge und den Fahrverkehr des Stromes, der schon eine Viertelstunde von Chur in Graubünden für kleine Fahrzeuge schiffbar wird, verbessert. Der Rhein bespült dort zugleich das Territorium des ersten Bisthums seines weiterhin früher durch so viele geistliche Fürstenthümer gekrönt gewesenen Laufes. Unter den an seinen Ufern belegenen Bisthümern war, wie das mittelaltrige Sprichwort lautete: Chur „das oberste", Kostnitz „das größte", Basel „das lustigste", Straßburg „das edelste", Speier „das eifrigste", Worms „das ärmste", Mainz „das würdigste", Cöln „das reichste"[1]. In ähnlicher Weise wurde das Bisthum Metz als „das reiche", Tull (Toul) „das heilige", Virten (Verdun) „das edle" bezeichnet.

Die ersten Anfänge des städtischen Gemeinwesens in Straßburg und Metz sind den Bischöfen zu verdanken; ihre Einwirkung auf die Beförderung des Handels und Verkehrs in ihren Residenzen war im Ganzen keine ungünstige. Auf Anregung des Bischofs Werner I. wurde in Straßburg das Fundament zum Münster gelegt, das in den Jahren 1015 bis 1275 erbaut wurde, mit dem der Name Erwins von Steinbach, des großen Baumeisters, verknüpft ist. Auch dieser Bau war die Veranlassung zu einem regen Verkehr im Orte, denn der Chronist sagt: „das ganze Land fuhr in das Kronthal und

---

[1] Unsere Zeit, Jahrg. 1862.

holte Stein, es kamen die Fuhrleute von 10 und 12 Meilen und noch weiter her und führten Stein, Gott und unser Frau zu Ehren" ꝛc. ꝛc. Der Zusammenfluß vieler Menschen an den Festtagen zog auch die Kaufleute herbei. Im Jahre 1336 wurde der Stadt Straßburg von Ludwig dem Baiern das Privilegium einer Messe gewährt und zwar: „umb dangkbern Dienst willen, die sie uns und dem Rich gethan habend", wie es in der Urkunde heißt. Vom Kaiser Sigismund wurde dieses Privilegium 1414 erneuert und gleichzeitig der Stadt das Stapelrecht verliehen[1]. Während der vierzehntägigen Dauer der Messe — später waren es deren zwei — war der Handel der Einwohner, sowie der Fremden von allen Zöllen befreit; indessen wurden unter anderen Gebühren doch Brückengeld, Krahngeld und Visirgeld erhoben. Schon damals trafen bei Gelegenheit der Messen Kaufleute mit ihren Waaren aus Paris, Lyon, Langres, Rouen,

[1] Das Stapelrecht bestand in dem Vorrechte, daß die zu Schiff oder per Achse nach Straßburg gebrachten Waaren nicht durch den Ort oder an demselben vorbeigeführt werden durften, sondern in demselben gelagert und für einige Zeit zum öffentlichen Verkauf ausgeboten werden mußten, ehe man sie weiter bringen durfte. In Straßburg hatte man ein Gebäude aufgeführt, in dem die Waaren lagerten und im Nutzen der Stadt verzollt wurden; es hieß „Kaufhaus". Ordnungen über den Betrieb in dem Gebäude, das nach Silbermann's Angabe in seiner „Localgeschichte der Stadt Straßburg", am alten Rhein sich befand, wurden schon verhältnißmäßig früh erlassen, ebenso bestanden Tarife für die verschiedenen Gattungen von Waaren. Der Tarif wurde im Jahre 1685 durch einen anderen ersetzt. Umgestaltung erlitt der Tarif in den Jahren 1689, 1737 und 1769. Die darin nicht verzeichneten Waaren zahlten nur den „Pfundzoll", der ein Pfennig für das Pfund betrug. Da zur Zeit der Messen nur den Waaren von außerhalb besondere Begünstigungen zugestanden waren, so suchten die Kaufleute in Straßburg aus diesem Umstande Nutzen zu ziehen und errichteten in der Nähe des Orts Magazine, um bei Gelegenheit der Messen die Waaren nach der Stadt zu bringen. Auch sonst suchte man die Zoll- und andern Gebühren vielfach zu umgehen, wie auch die im Anhange veröffentlichten Verordnungen vom 18. Dezember 1594 (7) und 23. Juli 1736 (23) bekunden. — Auch in Mülhausen bestand ein Kaufhaus, für das ebenfalls Ordnungen erlassen waren.

Elbeuf, Lüttich, Genf, le Locle, St. Gallen, Basel, Frankfurt a./M., Nürnberg, Regensburg, Augsburg, Elberfeld, Solingen, verschiedenen Orten Sachsens, Mülhausen, Gebweiler, Markirch, Bischweiler &c. zusammen. Die Messen, insbesondere die Johannes-Messe, zogen viele Menschen und vieles Geld nach Straßburg. Die Bewohner des Ortes erzeugten eine größere Anzahl Fabrikate, um dieselben zu höheren Preisen, als sonst üblich, zu verkaufen, und auch die Kaufleute im Orte verkauften ihrerseits den Fremden viele Waaren. Hausbesitzer, welche Läden und Zimmer vermietheten, Gastwirthe und Handwerker hatten von den Messen erheblichen Nutzen, und auch die Einnahmen der Stadt waren bei solchen Gelegenheiten erheblichere als sonst. Eine vom Magistrat in Straßburg erlassene merkwürdige Meßordnung befindet sich im Anhange.

Das Privilegium einer Messe oder eines Jahrmarktes erhielten auch die Orte Hagenau, Colmar, Weißenburg, Oberehnheim, Landau, Münster, Kientzheim, Ufholz, St. Amarin, Reichshofen, Rosheim, Kaysersberg, Schlettstadt &c.

In späterer Zeit erlangte die Messe von Frankfurt am Main größeren Ruf, insbesondere im 16. Jahrhundert, denn damals hieß dieser Ort „das Oberhaupt aller Messen der Welt". Dahin strömten die Erzeugnisse von allen Seiten herbei, so auch aus dem Elsaß. Die Zollfreiheiten, welche verschiedene Reichs- und andere Städte sich vertragsmäßig gegenseitig einräumten, wurden bei Gelegenheit der Messen durch besondere Ceremonien und symbolische Geschenke erneuert; so soll Nürnberg nach Straßburg zur Johannes-Messe ein Reiterschwert, zwei linke Falkenhandschuhe, ein weißes Stäblein und eine Sonnenkrone geschenkt haben [1].

Schiffer aus Straßburg waren es, die den Rhein zu einer Handelsstraße machten und auf dem unsicheren, reißenden Strome

---

[1] Deutscher Reichs-Anzeiger pro 1873. Die Straßburger Kaufleute, welche nach Frankfurt am Main zur Messe zogen, wurden von Bewaffneten bis nach Stollhofen bei Rastatt begleitet und von dort wieder abgeholt. PITON, Strasbourg illustré.

Wein, Getreide, Holz ꝛc. transportirten[1]. Nach einer noch vorhandenen Urkunde[2] hatte Carl der Große bereits 775 den „Leuten der Straßburger Kirche" zu Dueetowich, Dorstedt und Sluis, an der Westmündung der Schelde, Zollfreiheit gewährt. Handel und Schifffahrt blühten in Straßburg während der Zeit vom 10. bis 13. Jahrhundert lebhaft auf, und es hatte diese Stadt nachgerade für den Oberrhein fast dieselbe Bedeutung, wie das reiche und mächtige Köln für den Niederrhein. Auch die Klöster im Lande, insbesondere in der Nähe des Rheins, nahmen damals an der Schifffahrt Theil und erwarben Befreiung von Zoll für ihren Handel zu eigenem Bedarf und für den Vertrieb der selbst erzeugten Weine. 1222 erhielt das Kloster Selz, 1223 das Kloster Neuburg bei Hagenau von Friedrich II. Zollfreiheit für ein Schiff. 1344 bestätigte Ludwig von Baiern dem letzteren Kloster das Recht, ein Schiff von 100 Fuhren Wein und Getreide in jedem Jahre zu beladen. In der in Straßburg noch vorhandenen Urkunde ist ferner gesagt, daß die Schiffer des Klosters stromaufwärts auch das Recht hatten, 30 Tonnen Häringe und einen Centner Salz zu verladen[3]. Dieses Recht der freien Schifffahrt dehnte sich bis zur Nordsee aus.

In Folge einer Zoll-Erhebung des Dietrich von Katzenellenbogen auf Schloß Rheinfels vereinigten sich 1255 mehr als 60 Städte zu einem großen Städtebunde in der Absicht, die Sicherheit des Verkehrs zu Wasser und zu Land wieder herzustellen. Der Bund, der vom König Wilhelm von Holland bestätigt wurde, schaffte alle Zölle auf dem Rhein ab. Von den elsässischen Städten gehörten dem Bunde an: Straßburg, Breisach, Colmar, Schlettstadt, Hagenau, Weißenburg und Lauterburg. Die größeren Orte am Rhein: Cöln, Mainz, Worms, Speyer, Straßburg und Basel erhielten das Patronatsrecht über die Befahrung des Stroms und damit auch das Recht, daß kein Schiff vorüberfahren durfte, ohne an dem betreffenden

---

[1] Strobel, Geschichte des Elsaß.
[2] Falke, Geschichte des Handels.
[3] Spach, lettres sur les archives du Bas-Rhin.

Landungsplatze anzulegen. Durch diese Maßnahme wurde verhindert, daß die Feinde der öffentlichen Ordnung sich der Fahrt auf dem Rheinstrome zur Ausführung schlechter Absichten bedienten. Der Bund zerfiel jedoch bald wieder.

Da die Schiffer in den unteren Theilen des Rheins sich nicht leicht in die gefährlicheren oberen Gegenden hinaufwagten, so kam es, daß das Stromgebiet der Straßburger — die außerdem ihr Gebiet auf eigene Kosten schiffbar machten und das Bett des Stromes jährlich reinigten — das räumlich ausgedehnteste unter allen war, und daß die Schiffer von dem unteren Gebiete alle Waaren herbeiführten, welche für Burgund, die Schweiz, Lothringen und das Elsaß bestimmt waren. Noch vortheilhafter als der Transport von Waaren war für die Straßburger Schiffer der der Reisenden und der zahlreichen Wallfahrer, welche den Rheinstrom wählten, um sich nach dem Kloster Einsiedeln in der Schweiz, den Wallfahrtsorten des Elsaß, oder in anderer Richtung nach Köln, Trier, Aachen oder den sonstigen Orten in der Nähe des Rheins zu begeben. Das Eintreffen von Personen war jedoch nicht immer mit Sicherheit vorauszusehen. Sobald die Wallfahrer oder sonstigen Reisenden in Straßburg angekommen waren, begab sich der Abgesandte der Schiffer, der sogenannte „Harrer" zu denselben, um mit ihnen wegen des Transports zu unterhandeln. Darauf rief der Harrer die Schiffer nach der Zunftstube zusammen, und das Loos bezeichnete den Schiffer, welcher die Reisenden zu den getroffenen Bedingungen befördern sollte. Der Schiffer war verpflichtet, drei Stunden darauf abzufahren, es sei denn, daß die Reisenden einen Aufschub der Reise ausdrücklich verlangten[1].

Bei Wanzenau, etwa 12 Kilometer nördlich von Straßburg, war der Vorhafen dieser Stadt; denn früher, als der direkte Kanal von der Ill nach dem Rhein noch nicht bestand, mußte ein Theil der Waaren am bezeichneten Orte, in dessen Nähe die Ill in den Rhein mündet, umgeladen werden. Jedes Schiff war bei seiner Abfahrt

---

[1] Piton, Strasbourg illustré.

vom Zollhause, dem „Kaufhause“, von Lichterfahrzeugen begleitet, auf welche die Ladung vertheilt war. Wenn Alles bereit war, wenn sämmtliche Papiere, als Manifeste, Connaissements, Zollbescheinigungen ꝛc. an Bord waren, wenn die Steuerleute von der Station Neuburg eine Bescheinigung überbracht hatten, daß der Rhein besichtigt und mit Baken (Tonnen, welche Untiefen anzeigen) belegt wäre, gab der Schiffer am nächsten oder zweitnächsten Tages-Anbruch den Befehl, die Anker zu lichten. Es soll stets ein feierlicher Moment gewesen sein, wenn der Schiffer die Ill, am sogenannten „Kälberkopf“, verließ, um sich dem großen Strome anzuvertrauen. Dies geschah niemals, ohne daß der Steuermann vorher mit lauter Stimme ausrief: „In Gottes Namen[1]!“ Die großen Rheinschiffe sollen 100 bis 150 Tonnen Kubikinhalt gehabt haben und mit 25 bis 30 Schiffsknechten bemannt gewesen sein[2].

Neben dem Rhein war für das Elsaß die bereits von Colmar ab schiffbare Ill (ein munterer Fluß, von dem das Sprichwort sagt: „Die Ill geht, wo sie will“) sehr wichtig. Um das Jahr 1200 sollen in der Nähe der Ill nicht weniger als 1500 Fischer gewohnt haben, die mit den Rheinfischern als „eine zweite Klasse der Schiffsleute angesehen werden können.“ Für Straßburg hat außerdem die Kinzig, auf dem anderen Ufer des Rheins, Werth, da auf derselben viel Holz aus dem Schwarzwald geflößt wird. Das hier und anderwärts gewonnene Schiffsbauholz wurde vielfach nach Holland transportirt.

Die große Betriebsamkeit der Schiffer Straßburgs und der wohlwollende Schutz, welchen die Kaiser denselben fortdauernd erwiesen, hatten der Schifffahrt daselbst einen hohen Grad von Ausdehnung verschafft[3]. Die Rechte und Gewohnheiten der Schiffer, welche die

---

[1] SPINDLER, archives de l'ancien corps des marchands de Strasbourg. Documents historiques (Exposé des travaux, etc.). Nach der Versicherung eines Straßburger Bürgers kann man diesen Ruf noch heute bei der Einfahrt der Schiffer vom Kanal in den Rhein hören.

[2] Aufschlager, Das Elsaß ꝛc., Bd. II.

[3] Die in Straßburg seiner Zeit lebhaft betriebene Schifffahrt mochte auch die Veranlassung sein, daß einige der daselbst lebenden Schrift-

Zunft „zum Enker" (Anker) bildeten, wurden bereits im Jahre 1350 schriftlich abgefaßt. In den betreffenden Statuten, welche in dem Anhange dieser Schrift in der damaligen und in der heutigen Sprache vollständig abgedruckt sind, ist unter Anderem Folgendes festgestellt: Es durfte Niemand, der nicht zur Zunft gehörte, gegen Bezahlung Wein oder andere Waaren auf dem Rhein oder der Ill, zwischen den Städten am Ufer derselben, befördern. Zwar durften die Kaufleute Waaren auf die ihnen selbst gehörigen Schiffe laden lassen; sie waren aber genöthigt, selbige den Schiffern zur Führung anzuvertrauen. Die Reisen der Schiffer geschahen in einer gewissen Reihenfolge (Umgang); zwei Schiffer (Meister), die stets zusammenfuhren, durften nicht mehr als zwei Schiffe befrachten; Contravenienten mußten Strafe entrichten. Jedem Schiffer war es verboten, sich anderer Steuerleute, als der zur Zunft gehörigen, zu bedienen, es mußte denn sein, daß solche nicht zur Stelle waren. Ein fremder Schiffer,

---

steller und Dichter in ihren Schriften und Dichtungen scheinbar ganz heterogene Dinge damit in Verbindung brachten. So vergleicht unter Anderem Joh. Fischart in seinem philosophischen Ehezuchtbüchlein die Haushaltung mit einem Schiff: „Auff dem Meer regiert allein der Windt, Inn der Haußhaltung Gott. Inn disem Haußschiff sind die Segel das vertrawen auff Gottes gütig anwähen: Der Mastbaum, daran die segel hafften, ist die Göttliche Einsatzung der Ehe: der Ancker ist die gläubige beständige Hoffnung. Der Schiffzeug ist der Haußraht. Die Wahren sind alle heußliche vnterhaltung: die Boßleut oder Schiffknecht, das Haußgesindt: Das Meer ist die Welt, die Meerwellen sind die mancherlei hindernussen vnn anstöß ꝛc." Zum Schlusse heißt es: „Auch nicht vnbillich vergleicht man die Haußhaltung der Schiffahrt, sintemal je daß erste Hauß, vnd die Erste Haußhaltung in vnd nach der Sündflut ist ein Schiff, vnnd inn ein Schiff gewesen." Viel früher schon hatte Sebastian Brant sein Buch über die verschiedenen Gattungen unkluger Leute: „Narrenschiff" genannt. In der Vorrede zu diesem Buche heißt es, daß es der Narren auf Erden so viele gäbe, daß man sie auf Schlitten, Karren, Rollwagen ꝛc. nicht fortschaffen könne; es sei deshalb nöthig, ein großes Schiff auszurüsten. Geiler von Kaysersberg, der im Münster in Straßburg predigte, schrieb unter Anderem ein Werk in lateinischer Sprache: „Das Schiff des Heils, der Reue ꝛc."

der in Straßburg mit einer Ladung angekommen war, konnte dieselbe durch eine andere ersetzen, wenn er sie in drei Tagen nach erfolgter Löschung fand, im anderen Falle mußte er leer zurückkehren. War sein Bestimmungsort stromaufwärts, so verlor er das Recht der Rückkehr mit voller Ladung. Die Schiffer der Ill waren von dieser Bedingung ausgenommen. Was die Schiffer aus Basel und Breisach auf dem Rhein und diejenigen aus Schlettstadt und Colmar auf der Ill anbetrifft, so waren dieselben verpflichtet, die Ladung, welche nach einem Orte stromabwärts von Straßburg gerichtet war, der Schifferzunft im letzteren Orte zu überlassen. Dieses Recht der Straßburger Schiffer wurde, wie weiter unten ausgeführt werden wird, von Schiffern aus der Stadt Basel später bestritten. Die Schifferzunft in Straßburg stand so in Ehren, daß sie im Jahre 1417 den ersten Rang unter den 20 Zünften erhielt, in welche alle Bürger der Stadt, darunter insbesondere auch die Handwerker von 83 Professionen, eingereiht waren[1].

Die Stadt Straßburg hatte von Philipp, dem Sohne Friedrichs Barbarossa, die Gerechtsame einer reichsunmittelbaren Stadt erhalten. Außerdem gab es im Elsaß noch 17 unmittelbare Reichsstädte, welche jedoch in mehreren Beziehungen noch vom Kaiser abhängig waren. Colmar[2] und Schlettstadt kauften das Schult-

[1] Die Municipal-Verfassung Straßburgs fußte auf den Zünften. Erasmus von Rotterdam rühmte die wohlgeordnete Regierungsform der Stadt als das Muster der bestehenden Staats-Einrichtungen. „Endlich", so rief er aus, „habe ich gesehen eine Monarchie ohne Tyrannei, eine Aristokratie ohne Factionen, eine Demokratie ohne Tumult, Vermögen ohne Luxus, Wohlstand ohne Hoffart. Was könnte man Glücklicheres sich denken als diese Harmonie? O göttlicher Plato, warum genossest du nicht das Glück, solch' eine Republik zu treffen! Hier, ja hier, wäre dir gegeben gewesen, einen wahrhaft glücklichen Staat zu gründen."

[2] Kaiser Ludwig von Baiern verlieh Colmar das Recht, einen Zoll zu begehren von allen Waaren, die in die Stadt geführt wurden. Die alte Urkunde sagt: „uf Wein, Korn und uf allen Koffschaft, wie der genannt ist." Kaiser Karl IV erlaubte 1355 der Stadt,

heißenamt später demselben ab und außer diesen schwangen sich noch Hagenau, Weißenburg, Kaysersberg, Oberehnheim, Rosheim, Münster, Türkheim und Landau — das bis zum Jahre 1815 zum Elsaß gehörte, — zu unmittelbaren freien Reichsstädten auf, die demnächst in der Geschichte des Landes als die 10 Reichsstädte von sich reden machten. Als unmittelbare Reichsstädte besaßen diese Orte die wichtigen Rechte, Gesetze zu geben, Kriege zu führen, Bündnisse zu schließen, Gesandtschaften abzuschicken, Sitz und Stimme auf dem Reichstage zu führen, Geld zu schlagen, über Leben und Tod zu urtheilen 2c.

Seitdem der Bürgerstand in den Städten am Rhein und weiter im Lande sich durch Handel und den, die Voraussetzung desselben bildenden Gewerben bereicherten, ward der niedere Adel, aus Lust an einem wilden, unruhigen Leben oder aus Begierde nach Beute, zum Kampf gegen die Städte getrieben. Es wurde nachgerade Sitte der Adeligen, von unzugänglichen Raubschlössern, — Ruinen solcher gibt es in Elsaß-Lothringen eine größere Anzahl — oder aus dem Hinterhalt, wehrlose Kaufleute auf den Landstraßen oder den Flüssen zu überfallen und auszuplündern. Aus der Straßburger Archiv-Chronik hebe ich hier nur einen solchen Fall hervor: Im Jahre 1473 zogen Kaufleute von Bern und Luzern den Rhein hinab, um nach Frankfurt a. M. zur Messe zu reisen; auf dem Strome in der Nähe von Straßburg hielt jedoch Junker Diebolt von Geroltzeck auf Schiffen und fing mit seinen Genossen die Kaufleute aus der Schweiz ab;

---

vier Pfenninge vom Verkaufe eines jeden Pfunds Waare zu erheben; dies hieß man den Pfundzoll. Robert, Churfürst von der Pfalz, gestattete in demselben Jahre der Stadt, drei Pfenninge von jedem Sack Weizen, Gerste und Korn, welche innerhalb der Mauern und des Weichbildes gemahlen wurden, zu fordern. Diese Gebühr nannte man den Mühl- oder Mahlzoll, welche noch lange beibehalten wurde. Der Stadt wurde vom Kaiser Friedrich 1315 auch das Umgeld (octroi) „auf ewig" gewährt, dieselbe auch von allen Abgaben freigesprochen, um sie in den Stand zu setzen, die Schulden, welche sie seinetwegen gemacht hatte, zu bezahlen (Hunkler, Geschichte der Stadt Colmar und der umliegenden Gegend).

zwei wurden erschossen und neun nach Schuttren (bei Lahr) abgeführt. Die Chronik sagt dann: „und namen alles, was inn dem schiff was. Do schickten die von Straßburg ire erbar Bottschaft gohn Schuttren zu dem Geroltzeck, und hetten die kauffleut gehrn lidig gemacht und manten den von Geroltzeck, das er des gethon hett uß der statt Straßburg und das auch der Rein solte frey sein, das man niemandt solt daruff beschedigen, und das es wider die christliche Freyheit were." Von Geroltzeck kehrte sich jedoch nicht an die Mahnungen und es traten nun die Straßburger Bürger für die Rechte der schweizerischen Kaufleute ein. „Sie zogen aus mit „viel büchsen und mit großem Zeug und zogen für Schuttren und gewanen statt und schloß" ... und „brachen statt und schloß." Von Geroltzeck war nach seinem Schlosse Hohengeroldseck geflüchtet, die Straßburger aber eilten ihm nach und „schoßen feindlichen darin und thatten im vil schadens daran und zerschoßen im die mauren und brunen, das sie sich kaum möchten enthalten." Die gefangen genommenen Kaufleute wurden befreit und demnächst auch Frieden mit von Geroltzeck gemacht.

Die Straßburger wußten auch einzelnen Fürsten am Rhein energischen Widerstand zu leisten, in der Absicht, die freie Schifffahrt auf dem Strome aufrecht zu erhalten. Im Jahre 1349 hatte der Kaiser nämlich einigen Fürsten das Recht der Erhebung von Zöllen[1] von den Schiffen zugestanden. Die Stadt Straßburg reklamirte vergebens dagegen, bis man dort endlich den Rhein dergestalt mit Ketten und Balken sperrte, daß die Schifffahrt während zweier Jahre unterbrochen war. Dies veranlaßte die Fürsten, die Zollstätten einzuziehen.

Da den Städten von vielen Seiten Angriffe drohten, so blieb den ersteren nur übrig, sich Behufs gemeinsamer Vertheidigung zu

---

[1] Die finanzielle Wichtigkeit der Rheinzölle wurde später, im fünfzehnten Jahrhundert, sprichwörtlich für große Wünsche; so stehen in der Stuttgarter Poet. et phil. Nr. 50 vorn unter anderen Versen auch dieser: (hett ich) den zol an dem Rein, wer mecht mir gelich (gleich) sein. Mone, Zeitschr. f. d. Ober-Rhein.

verbinden. Zunächst traten die oben erwähnten zehn freien Reichsstädte zusammen, wozu sie von Carl IV. im Jahre 1353 veranlaßt worden waren[1]. Später vereinigten sich die größeren Städte am Rhein zu dem „rheinischen Bunde"; demselben gehörten Straßburg, Colmar, Breisach, Metz, Speyer, Worms und Frankfurt a. M. an. Straßburg und Mülhausen traten, als der schwäbische Städtebund sich bildete, diesem bei.

Von Interesse ist ein Brief des Kardinals Aeneas Sylvius, den derselbe in den dreißiger Jahren des fünfzehnten Jahrhunderts, kurz vor seiner Erhebung auf den päpstlichen Stuhl, an den kurfürstlichen Rath Meyer in Mainz geschrieben hat; er sagt in diesem Briefe unter Anderem etwa Folgendes: „Deutschland ist nie mächtiger und größer gewesen, als jetzt. Die Grenzen gehen weit über die alten hinaus. Rhein und Donau, vormals Grenzflüsse, strömen jetzt durch die Mitte des Reichs. Welcher schöne Anbau schmückt das ganze Land! .... Keine schönere Stadt in Europa, als Köln an Gebäuden, Lage, Bevölkerung .... Straßburg mit seinen vielen Kanälen giebt ein Bild von Venedig und seine fließenden Wasser sind weit angenehmer und gesünder, als die salzigen, übeltriefenden Lagunen. Die hohe Kathedrale von Quadersteinen hat zwei Thürme, von welchen der eine bewunderungswürdig in die Wolken reicht. Die Stadt hat Häuser von Bürgern und Geistlichen, worin Fürsten wohnen könnten .... Mächtig ist Deutschland. Bei keinem Volke findet man eine solche Freiheit, wie bei den Reichsstädten. Ueber hundert solcher freien Städte werden gefunden an der Donau, dem Rhein, der Seeküste, im Binnenlande."

---

[1] Im Jahre 1357 schrieb Kaiser Carl IV an Straßburg und sämmtliche Reichsstädte am Rhein, in Schwaben und Elsaß, mit vereinter Macht vor Stadt und Burg Selz, sowie vor die jenseits der Lauter gelegene Feste Hagenbach zu ziehen und dieselben zu zerstören, weil schwere Klagen über Beraubung der Reisenden, von diesen Orten aus, zu des Fürsten Ohren gedrungen waren. Es heißt in der betreffenden Aufforderung: „Daz die Lantstrazze und des Reyns Straum gefrydet sei, vnd der Kaufman vnd Pilgrin in sicherheit wallen, vlizzen vnd varen mogen." STROBEL, a. o. O.

Wenngleich der Verfasser dieses Schreibens mehr schilderte, wie die Zustände hätten sein sollen, als wie sie wirklich waren, so bekundet der Brief doch immerhin, daß die freien Städte und besonders Straßburg zu einer für die damalige Zeit beachtenswerthen Blüthe gelangt waren. Das Gleiche gilt auch von der Stadt Metz, der bereits im 11. Jahrhundert die Rechte und Privilegien einer freien Stadt verliehen waren. Die deutschen Kaiser residirten gern und häufig in derselben; Carl IV. hielt dort 1356 den deutschen Reichstag ab, auf dem das berühmte Reichsgrundgesetz, die goldene Bulle, verkündet wurde.

Mehrere deutsche Kaiser besuchten auch Straßburg und waren über ihre Aufnahme in dieser Stadt meist sehr befriedigt. Als Kaiser Maximilian II. im Jahre 1563 ebenfalls mehrere Orte im Elsaß auf einer Reise berührte, zeichneten seine Höflinge die Aufnahme desselben in folgenden Worten auf, die zur Charakterisirung der Bewohner dieser Orte einigermaßen beitragen können: Frankfurt unbesinnlich, Mainz fürstlich, Landau liederlich, Weißenburg nachgültiglich, Hagenau demüthiglich, Straßburg prachtisch, Schlettstadt bäuerisch, Colmar freundlich, Breisach kriegisch, Basel herrlich[1] u. s. w.

Während des sechszehnten Jahrhunderts scheint der Handel des Elsaß und insbesondere Straßburgs die höchste Blüthe erreicht zu haben[2]. Die Ausfuhr an Wein war damals so bedeutend, wie nie zuvor. Colmar, von beträchtlichen Weinbergen umgeben, war der natürliche Markt für die Weinausfuhr der benachbarten Orte[3]. Ein

---

1 Wursteisen, Baseler Chronik.

2 Gérard, etc., Revue d'Alsace.

3 Da im Mittelalter viel Wein gebaut und geherbstet wurde und die besseren Sorten in's Ausland gingen, so mußte man den Verkehr mit den Landweinen erleichtern, damit sie abgesetzt werden konnten. Den Wein konnte man nicht so leicht, wie andere Früchte, auf den Markt bringen, es empfahl sich vielmehr, ihn entweder im Keller oder in der Schenke zu verkaufen; jenes geschah gewöhnlich nur bei bessern Sorten, dieses bei geringeren. Der Weinbauer mußte daher für seinen Land-

Theil ging nach der Schweiz, nach Schwaben und dem Schwarzwald, der andere Theil wurde auf der Ill nach Straßburg geschafft, welcher Ort in Folge seiner Lage und der gewährten Privilegien der Haupt-Stapelplatz für den Weinhandel des Elsaß mit Deutschland und den nordischen Ländern geworden war. Von Straßburg wurde der Wein auf dem Rhein mehrfach nach Holland, England, Dänemark und Schweden befördert.

Das Elsaß war auch berühmt wegen seiner schönen Gärten; die Erzeugnisse derselben wurden vielfach ausgeführt, beispielsweise die Zwiebeln. Die Weißenburger Gegend lieferte viele Wallnüsse, welche Fuhrleute aus Sachsen und Thüringen zum Theil abholten, damit die Schiffer selbige nicht nach Holland und England transportirten. Straßburg war der Sitz der verschiedensten einträglichen Industriezweige, deren Fabrikate meistens in das Ausland befördert wurden. Die Waaren der Gerber, der Seiler, der Sattler, der Handschuh-Fabrikanten, der Goldschmiede 2c. waren sehr geschätzt. Schon zur Zeit der Carolinger war die Geschützfabrikation berühmt, die später noch mehr ausgebildet wurde. Das Sprichwort sagt: „Der Veneter Macht, der Augsburger Pracht, der Nürnberger Witz, der Straßburger Geschütz." Die Betriebsamkeit der Straßburger Kaufleute führte sie dazu, die wichtigsten Verbindungen aufzusuchen. Sie be-

---

wein einige Zeit hindurch Schenkwirth sein, um ihn los zu werden. Solche zeitweise Schenken nannte man Busch- oder Straußwirthschaften, weil ein Bauernwirth statt des Schildes einen grünen Ast oder Busch von Nadel oder Laubholz über seiner Hausthüre hinaus steckte zum Zeichen, daß er seinen Wein verzapfe. Er ließ den Wein auch wohl mit Angabe des Preises öffentlich ausrufen, was man „Weinrufen" nannte. Mone a. o. O. (Die Sitte des Hinaussteckens eines grünen Astes hat sich bis in die neueste Zeit erhalten, dürfte jedoch mehr und mehr verschwinden, da, seitdem der elsässische Wein wieder mehr ausgeführt wird, die Weinhändler denselben von den Weinbauern sehr bald abholen.) Das Aufkaufen einer größeren Quantität Wein oder gar das Kaufen desselben „vor dem Herbste" oder „an den Reben" war den Bürgern Straßburgs durch Verordnungen des Magistrats verboten worden, conf. auch Verordnung (Nr. 8) im Anhange.

zogen die Waaren aus dem Orient von Venedig, später von Antwerpen und von Holland. Die Kaufleute gingen zu den Messen nach Lyon, Rheims, Troyes, um Seidenwaaren, Wollenzeuge und Leinwand zu kaufen; sie ließen Tuch kommen aus Flandern, der Lombardei, aus verschiedenen Städten am Rhein, Pelzwerk aus Regensburg, dem großen Markte, woselbst die Russen vielfach verkehrten. Man stand solcher Gestalt in lebhaftestem Verkehr mit Metz[1], Nancy, Constanz, Augsburg, Nürnberg, Ulm, Speyer, Frankfurt a. M., Mainz, Trier, Köln und Aachen. In Folge der vielen Beziehungen zum Auslande kam viel fremdes Geld nach dem Elsaß; in Straßburg war man im zehnten Jahrhundert dem Beispiele von Genua und Köln gefolgt, indem man die Etablirung von Wechsler-Geschäften begünstigte. Im Jahre 1593 bemächtigte sich die Stadt dieses Handelszweiges und verbot ihn den Bürgern bei Androhung hoher Strafen. In Colmar und Schlettstadt befanden sich jüdische Bankiers, welche sogar einzelnen deutschen Fürsten Geld liehen. Auch der Stadt Zabern hatte der Bischof Robert ein Geldgeschenk zugewandt, um Wechsel-Comptoirs herzustellen. Wie bereits angedeutet, besaßen die freien Reichsstädte auch das Recht, Münzen zu schlagen, welches sie fast sämmtlich ausgeübt zu haben scheinen. 1395 wurden in Straßburg die ersten Groschen geprägt, welche zwei sich kreuzende Straßen zeigten; wahrscheinlich hatte dies Bezug auf die Lage der Stadt am Kreuzpunkte zweier wichtiger Straßen. Unter anderen Münzen wurden geprägt: Oertlein, Pfenninge, Heller[2], Batzen, Schillinge, Gulden, seit 1508 auch Goldgulden. Der Magistrat in Straßburg erließ häufig Verbote gegen zu leichte Münzen; ein solches Verbot vom Jahre 1651 befindet sich im Anhange.

---

[1] Von Lothringen wurden unter Anderm ganze Heerden Schweine bezogen. In der Chronik von Gebweiler findet man unterm Jahr 1508 die Bemerkung, daß die Lothringer damals so große Heerden Vieh transportirten, daß das Volk in Folge des anhaltenden Genusses dieses Fleisches Ekel empfand und nicht mehr davon essen wollte.

[2] Das geflügelte Wort: „Du bist kein Heller werth" soll in Straßburg entstanden und noch im Munde vieler Leute dort sein.

Ihrer Lage gemäß, nahmen die Städte Straßburg, Mülhausen, Colmar an dem deutsch-französischen Handel den lebhaftesten Antheil. Daneben standen die elsässischen Orte mit schweizerischen in engstem Verkehr, wozu noch kam, daß Mülhausen sich 1515 in den Schweizer Bund begab. Der Erinnerung werth ist die im Jahre 1576 erfolgte Reise der Züricher auf dem Rhein mit ihrem heißen Brei[1], den sie nach Straßburg brachten, um damit zu bekunden, daß sie rechtzeitig erscheinen würden, sobald es den Be-

[1] Dieses Ereigniß, welches seiner Zeit großes Aufsehen erregte, ist von mehreren Dichtern, unter anderen von Fischart in „das Glückhafft Schiff von Zürich" besungen worden. Man war früh Morgens von Zürich abgefahren und traf Abends, begrüßt von zahlreichen Zuschauern, in Straßburg ein. Es heißt in dem Gedicht von Fischart:

„Weil man aber hat vernommen,
Das die Gesellschaft an solt kommen,
Auch etlich Gwett drauf waren bschehen,
Wo man sie heut würd kommen sehn:
Da stund vom Giesen zwar herauf
Zum Kaufhaus zu ein solcher hauf,
Von Mann und Weibern, Jung und Alt,
Das es sah wie am Gstad ein Wald,
Welcher hauf, als er's sah herkommen,
Mit iren Trommeten und Trommen,
Da sprach er: Allhie sind die Leut,
Die wir heut han erwart so weit,
Hie sind dieselben Eidgenossen,
Welche vollprachten, was sie bschlossen!
Wer will forthin mehr können sagen,
Das Arbeit nicht könn alls erjagen?

Es heißt dann weiter:

Sie liesen auch gleich pringen dar
Den Hirs, der zu Zürch kochet war,
Vnd lisen deß auf jeden Tisch
Ein Platt voll tragen, warm und frisch,
Dessen sich mancher gewundert hat,
Wenn er in am Munde brennen that u. s. w.

Schon 1456 war eine ähnliche Reise, jedoch mit geringerer Feierlichkeit ausgeführt worden.

wohnern daselbst an Hilfe gegen feindliche Bestrebungen fehlen sollte.

Weder die nachbarliche Freundschaft der Städte, noch die von denselben geschlossenen Bündnisse konnten es verhindern, daß im Lande fortdauernd Kämpfe stattfanden. Die Geschichte des Elsaß ist Zeuge fortgesetzter kriegerischer Ereignisse; die verschiedenen Heere und Heeres-Abtheilungen trafen hier gar häufig auf einander und suchten sich das Terrain streitig zu machen. Mit Recht hebt Riehl deshalb hervor, daß das Elsaß seit alter Zeit ein Land der Kriegsstraßen, ein „Kriegsland" sei. Nicht viel anders sah es in Lothringen aus. Metz, dessen Bürgerschaft deutsch in Sprache, Sitte und Denkweise war, unterlag schließlich bei der Zerrissenheit und der dadurch bedingten Ohnmacht Deutschlands der Hinterlist und Vergewaltigung Frankreichs. Ebenso erging es später (1648) dem größten Theil des Elsaß und 1681 der Stadt Straßburg. Deutsch-Lothringen wurde 1735 an Frankreich abgetreten.

Je weiter die Colonisation im Norden und Osten Deutschlands vorgedrungen war, und je gleichmäßiger die Kultur in den verschiedenen Theilen des deutschen Reichs sich gestaltete, desto mehr mußte die überwiegende Bedeutung der älteren Städte am Rhein, im Westen, sowie auch an der Donau, im Süden, abnehmen. Das Leben und der Verkehr, die sich noch im dreizehnten Jahrhundert am Rheine concentrirt hatten, wurden den übrigen Gliedern des Reichs mitgetheilt, verminderten sich aber in Folge dessen in den Rheinorten nach und nach. Am längsten leistete in dieser Beziehung unter den bedeutenderen Städten noch Straßburg Widerstand. Dies hatte seinen Grund darin, daß sich gerade hier neue Bestrebungen geltend machten, die einen Umschwung vieler Verhältnisse zur Folge hatten. Eine neue Zeitperiode brach herein, und Straßburg half dieselbe mit vorbereiten.

Bekannt ist, daß die Buchdruckerkunst um 1436 von Johann Guttenberg[1] aus Mainz in Straßburg erfunden wurde, wie

[1] 1840 wurde in Straßburg dem Johann Guttenberg ein Denkmal gesetzt.

Schöpflin überzeugend nachgewiesen hat. Schon um 1460 wurde diese Kunst von Mentelin[1] — derselbe gab 1466 die erste vollständige Bibel heraus — und Anderen lebhaft betrieben. Zur Zeit der Reformation sollen in Straßburg 20 Buchdrucker thätig gewesen sein. 1523 druckte Amand Ferkall in Colmar Luthers Kirchenpostille nach und in Schlettstadt sowohl, als in Hagenau, beschäftigten sich die Druckerpressen damit, die Lehre der Protestanten fortzupflanzen, zumal mit den Druckereien sehr thätige Verlags-Buchhandlungen verbunden waren. Ein großer Theil der Elsässer, insbesondere der Bewohner Straßburgs, pflichteten der neuen Lehre bei und das Münster wurde eine protestantische Kirche. Welchen Einfluß die Buchdruckerkunst auf die Zeitgenossen ausübte, geht recht deutlich aus einer Rede des großen Geschichtsschreibers Johannes Sleidanus hervor, der in Straßburg lehrte. Er sagte nämlich auf dem Reichstag zu Speyer etwa Folgendes:

„Und als Gott etwas Besonderes ungezweifelt mit uns vorhatte,

---

[1] Andere schreiben Mentelin die Erfindung der Buchdruckerkunst zu; dies that auch Moscherosch in seinem „Philander von Sittewald", II, S. 818, in dem Joh. Freinsheim sagt:

„Straßburg, ob dich dein Geschütze,
Deiner Bürger Kunst und Witze,
Deiner Gütter Frucht vnd Nutze,
Deine gute Policey,
Dein Thurn erfrewt, vnd deiner Wählen Schutze:
So frewe dich doch mehr vmb deine Truckerey.
Stücke springen, Menschen sterben,
Gütter fehlen vnd verderben,
Policeyen gehen vnder,
Thöre und Wähle fallen ein:
Hingegen ist dir dieses Wunder
Ein ohnverändert Gut, vnd bleibet ewig dein."

Moscherosch führt S. 812 Mentelin redend ein, und läßt ihn beweisen, daß er es sei, der die Buchdruckerkunst erfunden, und daß ihn sein Diener Hanß Genßfleisch von Meyntz darum betrogen, und seine Kunst und Vorhaben an Junker Hans Gutenberg von Straßburg verrathen habe. (Stöber, Alsatia von 1850.)

ist bei uns eine wunderliche neue, subtile Kunst erfunden, die Druckerei. Nachdem nun gemeldter Vortheil bei uns erfunden, hat sich die rechte Lehre, anhänglich der lateinischen, danach auch etlicher anderer Sprachen herfür gethan. Ein Jeder war begierig, etwas Gründliches zu wissen, nicht ohne großen Vortheil ob voriger Blindheit; und die so mit größerem Verstand begabt waren, beflissen sich, alle Künste rein zu begreifen und dieselben folgends entweder mündlich oder schriftlich von sich zu lernen, und war eine Lust, solchen Fleiß allenthalben anzusehen. Dadurch denn geschehen ist, daß in kurzen Jahren die deutsche Nation merklich zugenommen, und dermaßen mit gelehrten Leuten gezieret ist, daß sie alle anderen Nationen übertrifft."

Man sah jetzt ein, daß die Schulen im Lande einer Reform bedürftig wären. Die Rathsschule in Schlettstadt wurde der Mittelpunkt solcher Reform. Im Jahre 1538 wurde in Straßburg eine gelehrte Schule eingerichtet; daran schloß sich eine höhere Bildungs-Anstalt, die 1621 zur Universität erhoben wurde. Diese Unterrichtsanstalten, an denen treffliche, gelehrte Männer wirkten, erlangten großen Ruf. Es konnte nicht ausbleiben, daß die Leistungen der Universität sich auch in der literarischen Produktion des Ortes abspiegelten; eine Reihe in Straßburg erschienener bedeutender Werke legt davon Zeugniß ab.

Fragt man danach, ob es damals bereits gestattet war, neue politische oder religiöse Ideen zu verbreiten, so muß man dies, soweit es Straßburg anbetrifft, unbedingt verneinen. Von einer Preßfreiheit im heutigen Sinne konnte damals noch keine Rede sein[1]. Noch im Jahre 1628 ließ der Ammeister Böcklin von Böcklinsau eine Polizei-Ordnung „der Statt Straßburg Polizey-Ordnung[2],"

---

[1] Bœrsch, de la liberté et des procès de presse à Strasbourg. Revue d'Alsace, 1836.

[2] In dieser Polizei-Ordnung war auch unter Anderem bestimmt, daß Niemand mit Juden contrahiren durfte, „als allein um Essenspeiß und Pferd". Diese Bestimmung wurde später — siehe Anhang — in Erinnerung gebracht. Das Gesetz, wonach der Preis der Waaren sich

getruckt bey Johann Carolo. Anno 1628" veröffentlichen, welche die früher erlassenenen, verschiedenen Ordnungen theilweise wieder auffrischte. Es konnte Seitens der Bürger der Stadt kaum Etwas geschehen, was nicht in dieser Polizei-Ordnung vorgesehen war; sie besteht aus 150 Seiten Folio und ist ein redendes Zeugniß von der ungeheuren Macht, welche die Magistratspersonen[1] der damaligen Zeit ausüben konnten, ohne daß die Bürger dadurch ihre persönliche Freiheit verletzt glaubten. Dasselbe bezeugen auch mehrere der im Anhange veröffentlichten Verordnungen. Was die Presse anbetrifft, so war dieselbe nachgerade eine moralische Macht geworden, welche

---

nach Angebot und Nachfrage regelt, war im siebzehnten Jahrhundert noch nicht bekannt. Es darf deshalb nicht befremden, wenn die im Anhange auszüglich veröffentlichte „Straßburger Erneuerte Tax-Ordnung" vom Jahre 1646 die Gebühren für alle möglichen Arbeiten und Leistungen der Handwerker und Tagelöhner ꝛc. ꝛc. festsetzte. Schon früher waren ähnliche Ordnungen ergangen, worauf auch der Titel der gedachten Ordnung hinweist. Diese Tax-Ordnung ist, wie die Polizei-Ordnung, zugleich auch ein Zeugniß von der in Straßburg üblich gewesenen väterlichen Leitung aller Angelegenheiten der Bürger.

[1] Schon um das Jahr 1300 wollten sich die an der Spitze der Stadtverwaltung stehenden Bürger Straßburgs „Herren von Straßburg" auch vor dem König Heinrich VII nennen, wie sie sich öffentlich zu nennen pflegten. Die von Straßburg abgesandten Boten, welche um übliche Bestätigung der Privilegien bitten sollten, trafen den König zu Speyer, kamen vor ihn und sprachen: „Unsere Herren von Straßburg haben uns zu Euch gesandt, daß Ihr ihnen ihre Freiheiten bestätiget, wie Eure Vorfahren gethan haben." Aber der König gab ihnen keine Antwort. Vergebens erneuerten die Boten ihre Bitte. Als sie dem König nach Colmar folgten, wurden sie bedeutet, daß sie die Straßburger vor dem König nicht ihre Herren nennen dürften. Und die Boten kamen wiederum vor den König und sprachen: „Eure Bürger und Diener von Straßburg haben uns zu Euch gesandt, daß Ihr ihnen ihre Freiheiten bestätiget." Da antwortete der König und sprach: „Ich wußte nicht, was Ihr für Herren meintet, da Ihr spracht: Ihr wäret der Herren von Straßburg Boten, aber seit Ihr nun sprecht Ihr wäret meiner Bürger Boten von Straßburg, die kenne ich wohl; man soll Euch thun, wie Ihr gefordert habt." (Arnold, Verfassungsgeschichte der deutschen Freistädte.)

alle alten Mißbräuche bedrohte, vielleicht auch andere an deren Stelle setzen wollte; diese Möglichkeit veranlaßte den Magistrat in Straßburg, die sich bemerkbar machende Verwegenheit und Unklugheit zu bestrafen. Um 1436 hatte Guttenberg die Buchdruckerkunst erfunden und schon im Jahre 1502 wurde das Buch „Nova Germania“ von Thomas Murner in Straßburg confiscirt. In Folge eines Beschlusses des Magistrats wurden Bücher-Censoren eingesetzt und es war verboten, in Büchern oder sonstigen Schriften irgend Etwas gegen den Papst, den Kaiser, die Fürsten, die Städte Deutschlands oder die guten Sitten zu veröffentlichen. Schon 1524 erging das im Anhang verzeichnete Mandat wider Schmach- und Lästerbüchlein, schandbare Gemälde ꝛc. Trotz der verschiedenen Maßregeln des Magistrats konnte derselbe indessen den Aufschwung der Buchdruckerkunst nicht verhindern. Die neuen politischen und religiösen Ideen wurden mit einem glühenden Eifer von ihren Anhängern verbreitet. Die Presse nahm in Straßburg in kurzer Zeit eine wunderbare Ausdehnung an; die Druckereien vermehrten sich bedeutend und gaben eine große Zahl Schriften heraus. Von 1520 bis 1540 zählte man mehr als 20 Buchdrucker im Orte; sie gehörten zur Maler-Zunft (zur Stelz) und waren gleichzeitig Buchhändler [1] (Buchführer genannt).

Im Jahre 1658 erließ der Ammeister (erster Bürgermeister) Georg Dietrich Zorn eine schreckliche Verordnung, in der alle Diejenigen, welche sich bei der Veröffentlichung eines Pamphlets betheiligen würden, zur Todesstrafe und Ausstoßung aus der Kirche

[1] In Frankfurt a./M. soll zum Aufschwung des Buchhandels unter Anderm auch beigetragen haben, daß die dortigen Buchhändler vielfach den literarischen und brieflichen Verkehr der Gelehrten unter einander vermittelten, so lange die Post-Einrichtungen noch mangelhaft waren. (Magazin für die Literatur des Auslandes, Nr. 5, pro 1871. Graf L. W. „Bücher und Buchhandel“). Wie weit dies auch in Straßburg geschehen ist, das mit Frankfurt a./M. in lebhaften Beziehungen stand, habe ich nicht ermitteln können; doch ist mit einiger Sicherheit anzunehmen, daß gleiche Ursachen den Gelehrten Straßburgs gleiche Mittel an die Hand gaben.

verurtheilt werden sollten. Diese Verordnung „Pasquillen-Verbott" genannt, giebt den Geist der damaligen Zeit treu wieder; sie findet sich in wortgetreuem Texte im Anhange dieser Schrift. Leider kam diese Verordnung auch zur Ausführung; am meisten bekannt ist die im Jahre 1672 erfolgte Hinrichtung des Doctors Georg Obrecht der überführt worden war, Pamphlete [1] veröffentlicht zu haben. In der damaligen, für Straßburgs Bewohner sehr aufregenden Zeitperiode wurden dem Magistrat die Journalisten überhaupt sehr unbequem, und derselbe erließ im Jahre 1674 das nachfolgende Decret [2], betitelt: „Mandat gegen unberufene Zeitungsschreiber":

„Nachdem man eine geraume Zeit hero auß denen in der Nachbarschafft hin und wieder gedruckten wochentlichen ordinari Zeitungen, nicht ohne befrembden, warnehmen müssen, was vor ohngereumbte auch zum theil ohnwahrhaffte Sachen von hierauß an andere Orth geschrieben werden, und solches eintzig und allein auß dem herrühret, daß nunmehro fast männiglich, ohne underscheid, sich des Zeitungschreibens behelffen, und darmit seinen Vorwitz büssen will; Auß solchem aber, wie die erfahrenheit bereits mit sich gebracht, vielerley, auch dem gemeinen Wesen höchstnachtheiliges ohnheil entspringen kan; Alß haben Vnsere Gnädige Herren, die Räth und XXIer Erkandt, und wollen hiermit alles Ernstes, daß alle diejenige,

---

[1] Pamphlete erschienen in Straßburg auch in späterer Zeit noch öfters. Als im Jahre 1778 Laternen daselbst eingeführt wurden, fand sich an der Pfalz (Rathhaus) ein Schriftstück folgenden Inhalts:

„Als unsre Stadt im Wohlstand saß,
Da war es finster auf der Straß,
Doch als das Unglück angefangen,
Hat man Laternen aufgehangen.
Damit der arme Bürgersmann
Des Nachts zum Betteln sehen kann.
Wir brauchen die Laternen nicht,
Wir seh'n das Elend ohne Licht."

[2] Straßburger Stadt-Archiv, auch bereits von Heitz, „das Zunftwesen in Straßburg" mitgetheilt.

welchen es stand und beruffs halber nicht absonderlich zusteht und gebührt, sich solches Zeitungschreibens gäntzlich und allerdings müssigen, die übrigen aber auch sich dergestalten in den Schrancken halten sollen, daß sie nichts dem Publico hiesigen Stattwesens gefähr- und nachtheiliges von sich schreiben, so lieb einem jeglichen ist, der schwären Straff, welche gegen die übertrettere ohnfehlbarlich vorgenommen werden solle, zu entfliehen."

Während des achtzehnten Jahrhunderts veröffentlichte der Magistrat in Straßburg noch mehrere Polizei-Ordnungen über die Buchdrucker; die angekündigten Strafen gegen die Uebertreter der Vorschriften hatten jedoch bereits ihre Schärfe verloren; eine derselben vom 15. Januar 1740 befindet sich im Anhange.

In wieweit Straßburg sich bei den frühesten Anfängen des Zeitungswesens betheiligt hat, welche in die Zeit von 1440 bis 1520 fallen, hat sich mit Sicherheit nicht feststellen lassen. Die ersten Zeitungen waren, was man heutzutage Flugblätter, Druckschriften von geringem Umfange oder auch Relationen nennt, auf denen meistens der Druckort nicht angegeben war. Erhalten ist nur eine im Jahre 1566 in Straßburg, bei Peter Hug, gedruckte Relation, betitelt: „Die dritt New-Zeitung" vom XXI. tag Augusti auß Wien, wie Jula wiederumb von den Türken hefftig belagert und beschossen ist worden rc.[1] und aus späterer Zeit eine ohne Druckort: „Wahrhafte neue Zeitung, wie in dem Städtlein Hagenau der Statthalter sammt seinem Hausgesind des gähen Todes gestorben, auch wie hernach in dem Haus Stühl und Bänk Blut geschwitzet, 1626." Der Schriftsteller Schwarzkopf sagt in seinem Büchlein: „Ueber Zeitungen" (Frankfurt 1795), daß „der Rhein" diese belebteste Wasserstraße Deutschlands, im Laufe des vorigen Jahrhunderts auf beiden Ufern „mit Zeitungsfabriken eingefaßt" gewesen sei; dies scheint aber von Straßburg — vielleicht in Folge der scharfen Mandate des Magistrats daselbst — und anderen Orten im Elsaß nicht zu gelten; wenigstens dürfte kaum Etwas davon

---

[1] Prutz, Geschichte des deutschen Journalismus.

erhalten sein[1]. Von den Zeitungen, die gegenwärtig in Straßburg noch erscheinen, sind die ältesten die «Affiches de Strasbourg» oder das „Straßburger Wochenblatt", begründet 1732, und der „Niederrheinische Courier" oder «Courrier du Bas-Rhin», beide in deutscher und französischer Sprache. Die letztere Zeitung hieß früher: „Straßburgischer Weltbote" und wurde 1787 in Straßburg begründet.

Nach einer Notiz in der Zeitschrift „Album alsacien" erschienen noch im Jahre 1796 in Straßburg die nachstehend bezeichneten sechs Zeitungen in deutscher Sprache: „Der fränkische Merkur", eine Dekaden-Schrift, „die Pariser deutsche Zeitung", „die republikanische Chronik", „die Rheinische Zeitung", „der Straßburger Curier" und der „Straßburgische Weltbote". Interessant ist es, daß noch jetzt in jedem Jahre ein Kalender mit dem Titel „Der hinkende Bote" in Straßburg erscheint; denselben Titel führten nämlich schon ähnliche Preß-Erzeugnisse im Jahre 1590. Man wird mit einiger Sicherheit behaupten können, daß auch die sogenannten „Postreutter", deren Druckort nicht bekannt ist, aus Straßburg oder den Städten des Elsaß ausgegangen sind; darauf deutet der im Lande bekannt gewesene Name und die Sprache, insbesondere der Ausdruck: „Fontir" der beifolgenden Probe aus dem Jahre 1589 hin[2]:

Dann als ich auff Frankreichs Fontir[3]
Domals gescheiden bin von Dir
Vnd durch die landt mocht schnell fortkomn,
Hab ich mein weg bald für genommen,
Erstmals durch hoch Burgundien,
Auff Sophia[4] vnd Jalien (sic.)

---

[1] Im Straßburger Stadt-Archiv befinden sich jedoch handschriftliche Zeitungen aus mehreren Orten Deutschlands und Frankreichs vom Jahre 1586. (Vergl. jedoch die Anm. weiter unten.)

[2] Prutz, am obigen Orte, S. 181.

[3] Fontir = frontière, Grenze.

[4] Savoyen; späterhin heißt es auch Sophaya.

Ins Schiff trat ich zu Genua
Vnd fuhr nach Barsalonia.

Dem Hispanier vnterthan,
Ich sprach mein Rößlein weiter an,
Postirt durch Catalonia,
Biß ich kam in Castilia
Da in Madrid zu dieser frist,
Das Königlich Hofflager ist.
Nach Portugal eylt ich gar sehr,
Zu Lysabon saß ich auff's Meer. u. s. w.

In der Original-Relation treten abwechselnd der Postreutter und der hinkende Bote auf.

In dem „Anzeiger für Kunde der deutschen Vorzeit" vom Jahre 1838 findet sich ein „Fliegendes Blatt" abgedruckt, das sich auf den Feldzug in Lothringen im Jahre 1521 bezieht. Die Angabe des Druckortes fehlt, dasselbe ist vielleicht aus einem Orte Lothringens oder des Elsaß hervorgegangen, weil die Sprache daran erinnert. Unten befindet sich der Anfang dieses Liedes[1].

---

[1] **Feldzug in Lothringen 1521.**
Ain new Lied in des Wystböcken thon.

1. So will ichs aber heben an
das best, so ich gelernet han,
ain newes lied zu singen
von Kaiser Karol hoch geboren,
ich hoff im sol gelingen.

2. Do man zalt Fünffzehen hundert jar
und XXI daz is war,
ein Künig in Franckenreyche
er pstellet mengen stoltzen man
nun hören all geleyche.

3. Kaiser Karol käment die mer,
wie der Frantzoß im velde wer,
Städt, schlösser wölt er ein nemen,
auch hoch Burgund, das güte land
das wolt er im verbrennen.

Oben wurde angedeutet, daß die Universität in Straßburg großen Ruf erlangte; dieselbe zog in Folge dessen lernbegierige Schüler aus allen Ländern herbei. Schon unter dem Rector Sturm war die lateinische Schule eine Art Ritterakademie geworden, er zählte 1578 an zweihundert Fürsten, Grafen und Herren auf. In der Matricula serenissimorum et illustrissimorum wird keine

4. Den herren ward die sach bekant,
so verr wol in dem Oberland (oberrheinische Deutschland)
noch haubtleut thet man senden
in menger frommen reichstatt güt
hört man die trummen behende.

5. Die sach ist mir wol bekant,
man zoch bald auß dem Oberland
mit mengem stoltzen degen,
mit mangem frommen Lantzknecht güt,
die vor kriegs — helten pflegen.

6. Wir zochen in das welsche land,
ain wasser, das ist wol bekant.
die Maß haysßt es mit namen.
daran leyt manche güte stat,
die wir ains tayls ein namen.

7. Gewonlich nach dem wasser gnent,
Maß ist die erst, die man wol kent,
die gab sich auf mit willen.
die knecht, die wurdent wol gemüt,
kainr mye thet sie befüllen.

8. Darnach zog man hin für Mason (Mouzon)
die Burger vernamen uns gar schon,
zwey leger thet wir schlagen.
wir ruckten bey der nacht hin zu
die schantzen thet wir graben,

9. Alsbald als nun verging die nacht,
da hort man gar ain grossen bracht
Kartona und auch Schlangen (Kanonen)
ain güt gesell zü dem andern sprach,
„wir wöllen uns mit samen" ꝛc.

Der Herausgeber meint, daß das Lied zwar ohne dichterischen Werth sei, jedoch den Ausdruck der damaligen Gesinnung des Volkes wiedergebe.

der adeligen Familien des früheren deutschen Reiches vermißt[1]. Zu den wissenschaftlichen Anregungen, welche Straßburg bot und die bedeutende Männer aus allen Richtungen anzogen, kam noch die Schönheit des Landes und die Milde des Klimas. Dieser Ort wurde nachgerade ein Sammelpunkt der Fremden[2], zumal auch die Verkehrsmittel sich nach und nach günstiger gestalteten, nachdem man neben dem Rhein — damals noch die Hauptstraße für den Personenverkehr — auch den Landstraßen etwas mehr Sorgfalt zuwendete.

Die Römischen Straßen, welche Elsaß-Lothringen, gleichwie die benachbarten Länder durchzogen, waren während des Mittelalters zum größeren Theile in Verfall gerathen. Es scheint — und dies dürfte aus der Entfernung der Orte von diesen Straßen hervorgehen, — daß die Bevölkerung es vorzog, dieselben zu fliehen, statt sich an denselben anzusiedeln; wahrscheinlich weil zur Zeit der Kriege die Truppen sich der Straßen bedient und der Bevölkerung an Stelle des Wohlstandes Raub und Verwüstung gebracht hatten. Der Ursprung der meisten Straßen, die aus dem Mittelalter herrühren, ist unbekannt; ihre Richtung, meistens nicht gerade gut gewählt, zeigt, daß sie nicht mit einem Mal hergestellt sind. Findet man heute regelmäßige Straßen, so weisen die theilweise daran hergestellten Verbesserungen darauf hin, daß selbige aus den letzten beiden Jahrhunderten herrühren[3]. Die meisten Straßen und Wege dürften ursprünglich Fußwege gewesen sein, die erst gebahnt, nach Maßgabe des vorhandenen Bedürfnisses erweitert wurden. Anlaß zu einer gründlichen Verbesserung der Straßen trat erst am Beginn

---

[1] Schricker, zur Geschichte der Universität Straßburg.

[2] Im Jahre 1581 sollen allein auf der sogenannten „Elenden-Herberge" 99,748 arme Gäste gespeist worden sein (Friese, vaterländische Geschichte). Im Interesse der Fremden und um die Gastgeber vor Schaden zu bewahren, wurde die im Anhange (11) enthaltene Verordnung vom Magistrat in Straßburg erlassen.

[3] Guerre, routes et voies ferrées. Description du département du Bas-Rhin.

des achtzehnten Jahrhunderts hervor, als der Verkehr zwischen den einzelnen, selbst kleineren Orten, selbige als eine dringende Nothwendigkeit erscheinen ließ.

Das gesellschaftliche Leben beanspruchte in früheren Jahrhunderten überhaupt noch nicht den häufigen Verkehr der räumlich getrennten Personen zu einander, diesen fortdauernden Austausch von Gedanken, der eines der hauptsächlichsten Bedürfnisse der neueren Zeit geworden ist. Der Handelsverkehr wurde im Mittelalter fast ausschließlich während der Messen und Märkte von den Betheiligten selbst wahrgenommen. Noch im zehnten Jahrhundert sollen in Straßburg die Kaufleute Botendienste, und zwar immer 24, dreimal im Jahre, doch nur innerhalb des Bisthums und auf des Bischofs Kosten ausgeübt haben [1]. Die Pariser Universität hatte schon verhältnißmäßig früh Botencourse eingerichtet; diejenigen Boten, welche nach Süddeutschland gingen, dürften Metz und Straßburg berührt und Anstoß zu ähnlichen Einrichtungen gegeben haben. Durch Schriften beglaubigt ist, daß Straßburg mit Ulm und Augsburg und in späterer Zeit auch mit Tübingen und Nürnberg durch Boten in Verbindung gestanden hat [2].

Im Uebrigen wurde bekanntlich, so lange noch keine höheren Schulen und Universitäten bestanden, die Wissenschaft hauptsächlich nur in den Klöstern gepflegt und die wissenschaftliche Correspondenz durch die zahlreichen Mönche von Kloster zu Kloster befördert. Wenn die Städte, die Bischöfe oder der Adel unter einander oder gar mit den Kaisern Beziehungen hatten, so sandten sie reitende Boten oder „Laufboten" Behufs Bestellung der Schriftstücke ab [3].

---

[1] Lorenz und Scherer, Geschichte des Elsasses.

[2] Scholl (das württembergische Postwesen) bemerkt, daß noch am Anfange des siebenzehnten Jahrhunderts ein Botenpostcurs von Württemberg über Oberkirch nach Straßburg bestand.

[3] Die freie Reichsstadt Oberehnheim besaß zwei „Rathsboten", zwei „Läufferboten" und einen „Silberbot". Gyss, histoire de la ville d'Obernai.

Nach der Botenordnung des Churfürsten Johann Sigismund von

In dem nicht literarisch gebildeten Bürgerstande fanden sich Leute, welche Botendienste gern nebenbei ausrichteten; es waren dies die Metzger (Fleischer). Bei Ausübung ihres Geschäftes waren dieselben genöthigt, das Land zu bereisen; bei diesen Reisen übernahmen sie gleichzeitig die Besorgung von Briefen. Die Metzger bestellten die erhaltenen Briefe entweder selbst oder händigten solche ihren Genossen ein, mit denen sie unterwegs zusammentrafen; sie verbanden mit dem Transport von Briefen aber auch den von Reisenden, und dieser Gebrauch sicherte ihnen eine gewisse privilegirte Stellung.

Im Jahre 1516 hatte Maximilian I. durch Franz von Thurn und Taxis einen Postcours von Wien nach Brüssel über Augsburg, Rheinhausen (gegenüber Speyer, am Rhein), Worms, Creuznach ꝛc. einrichten lassen. Mit Rheinhausen trat Straßburg in direkten Verkehr. 1615 wurde bekanntlich ein Nachkomme des Franz von Taxis, Lamoral Freiherr von Taxis, mit dem Reichs-General-Postmeister-Amte belehnt. Diese Familie wußte ihre Rechte später auch in Straßburg geltend zu machen.

Am Anfange des sechszehnten Jahrhunderts hatte man auch in Straßburg einige schwache Verbesserungen im Postdienste eingeführt[1]. Der Postreuter — so nannte man damals den von der Stadt ernannten und vereideten Postillon — wurde beauftragt, die abzusendenden Briefe zu sammeln; er schaffte dieselben selbst nach Basel, Heidelberg, Speyer, Worms und nach den auf den Routen dahin gelegenen Orten. Diejenigen Briefe, welche nach entfernteren Orten bestimmt waren, wurden von dem Post-Reuter in Rheinhausen[2]

Brandenburg vom Jahre 1614 erhielt ein Bote, der von Berlin nach Straßburg ging, 10 Thlr. Botenlohn. Stephan, Geschichte der Preußischen Post.

Ein Botendienst zu Pferd wurde in einem Leibgedingsvertrag zu Weißenburg schon um 840 ausbedungen. Mone, a. o. O.

[1] Nach PITON, a. o. O.

[2] Die Postmeister in Rheinhausen, welche die Briefe nach und von Straßburg umzuspediren hatten, begehrten mehrfach (1625, 27, 28 ꝛc.) eine „VerEhrung zum Neujahr", die sie von dem Magistrat in Straßburg in Gestalt von 24 Goldgulden — später nur 10 Gulden — auch angewiesen erhielten (Straßburger Stadt-Archiv).

abgegeben und von dort durch die Reichspost weiter befördert. Südlich von Straßburg bestanden noch keine Stationen und es mußte der Post-Reuter die für das Ober-Elsaß bestimmte Correspondenz deshalb selbst dorthin schaffen, was natürlich verhältnißmäßig lange währte, da er auf seinem Klepper nur kleine Tagreisen machen konnte[1]. Gegen Ende desselben Jahrhunderts wählte der Handelsstand in Straßburg, um mehr Sicherheit und Ordnung in der Absendung seiner Correspondenz zu erzielen, einen Kaufmann, Johann von Türkheim, der beauftragt wurde, die Briefe anzunehmen, zu Packeten zu vereinigen und letztere demnächst nach den verschiedenen Orten abzusenden. Unter seinem Nachfolger, Johann Linsenmayer, wurde die Reichspost eingerichtet und der Gedachte in aller Stille unter die Botmäßigkeit des Fürstlich Thurn und Taxis'schen General-Postmeisters in Frankfurt a. M. gestellt. Der auf seine Rechte eifersüchtige Magistrat in Straßburg rief jedoch den Linsenmayer ab. Als der schwedische General-Feldmarschall Torstenson während des dreißigjährigen Krieges einige Verbesserungen in dem postalischen System in einigen deutschen Orten[2] eingeführt hatte, ließ sich die Stadt den inzwischen eingesetzten fremden Postmeister nicht weiter gefallen, sondern ernannte ihren Postmeister wieder selbst. Dieser Beamte sollte sich des Bürgerrechts der Stadt erfreuen, aber auch den Gesetzen derselben unterworfen sein. Nur in Betreff seines Dienstes sollte derselbe von der Taxis'schen General-Postdirektion

---

[1] Im Ober-Elsaß scheint es mit der Sicherheit längere Zeit hindurch schlecht bestellt gewesen zu sein. So suchte der gewaltthätige Landvogt Peter von Hagenbach die Sicherheit der Straßen vermittelst der grausamen Strafe des Aufhängens herzustellen. Die Reisenden durften nun nicht mehr fürchten, bestohlen, wohl aber aufgeknüpft zu werden. Die Städte Bern und Solothurn klagten den Landvogt an, daß er ihre Boten tödten lasse, um in den Besitz der Briefe zu gelangen. (M. Michelet, conf. Coste, notice historique sur la ville de Vieux-Brisach.)

[2] 1643—50 bestand auch in Leipzig ein von den Schweden eingesetzter Postmeister. Hüttner, Postwesen unserer Zeit.

in Frankfurt a. M. ressortiren, der er seine Rechnungen zuzustellen hatte, und von welcher er seinen Gehalt bezog.

Einen sehr werthvollen Beitrag zur Geschichte des elsässischen Verkehrswesens hat Herr Bürgermeister und Alterthumsforscher Dag. Fischer in Zabern über das Boten- und Postwesen dieses Orts in früheren Zeiten veröffentlicht[1]. Aus dem betreffenden Artikel führe ich Folgendes an: „Obschon in den ältesten Zeiten Zabern mit Straßburg in starkem Verkehr und genauer Verbindung stand, so waren die Mittel, Waaren hin- und herzuführen und das Hin- und Herreisen für Personen von niederem Stande nicht schleunig und bequem. Im fünfzehnten Jahrhundert ging wöchentlich von Straßburg ein Rollwagen[2] aus, welcher mit Fässern, Kisten und Ballen beladen, auch die Reisenden mitnahm. Dies war das bequemste Fuhrwerk für die Leute. Der Fuhrlohn von einer Stadt nach der andern war im Sommer auf 10 Pfenninge für die Person und im Winter auf einen Schilling festgesetzt. Im nachfolgenden Jahrhundert wurde dieser Lohn um 2 Pfenninge im Sommer und 4 Pfenninge im Winter erhöht. Der Fuhrlohn der Waaren wurde nach Gewicht bezahlt, der Zentner kostete ursprünglich 10 Pfenninge; im fünfzehnten Jahrhundert kam der Frachtlohn auf einen Schilling. Der Fuhrmann, den man gemeiniglich „Roller“ nannte, erhielt

---

[1] Aus: La feuille du samedi, elsässisches Samstagsblatt vom 21. März 1868.

[2] Gegen Mitte des sechszehnten Jahrhunderts dachte man bereits daran, die Beschwerden des Reisens durch Lectüre zu erleichtern, wie dies schon der Titel des „Rollwagenbüchleins von Jörg Wickram“ aus Colmar bekundet, denn es heißt dort: „Ein neüws, vor vnerhörts Büchlein, darinn vil gut schwenck vnd Historien begriffen werden, so man in schiffen vnd auff den rollwagen, deßgleichen in scherheüseren vnnd badstuben zu langweiligen zeiten erzellen mag, die schweren Melancolischen gemüter damit zu ermünderen, vor aller menigklich Jungen vnd Alten sunder allen anstoß zu lesen vnd zu hören, Allen Kauffleüten so die Messen hin vnd wider brauchen, zu einer kurtzweil an tag bracht vnd zusamen gelesen durch Jörg Wickrammen, Stattschreiber zu Burckhaim, Anno 1555. (Dieser später zum Theil zerstörte Ort liegt bei Barr.)

seine Bestallung vom Bischof und mußte ihm den Eid der Treue und des Gehorsams schwören; er war verpflichtet, dem Prälaten unentgeltlich die zu seinem Gebrauche bestimmten Waaren in sein Schloß zu Zabern zu führen; hingegen war er von allen Zöllen und Abgaben befreit, und der Bischof schenkte ihm alle Jahre ein Stück Tuch für ein Kleid [1]. Die Untreue oder die geringste Fahrlässigkeit des Rollers führte zu einer hinreichenden Strafe oder vollkommenen Entschädigung. Die Versendung der Briefe und Packete wurde durch zwei dazu verordnete laufende Boten gegen Erlegung der Taxe verrichtet, welche auf einen Schilling von der Meile festgesetzt war. In älterer Zeit scheinen die Pilger und reisenden Mönche Briefe besorgt zu haben. Die Briefpost, als öffentliche Anstalt, wurde im siebzehnten Jahrhundert eingerichtet; sie erhielt aber erst nach der völligen Vereinigung des Elsasses mit der Krone Frankreichs einen regelmäßigen Gang . . . .

„Bereits im Beginn des siebzehnten Jahrhunderts hatte sich Zabern der Anlegung einer Pferdpost zu erfreuen und auf Befehl des Grafen Herman Adolph von Salm, Statthalters des Bisthums, entwarf der Stadtrath im Monat Juni 1630 folgende Ordnung „wie sich wohl der Postmeister als auch diejenigen, so sich der Post bedienen wollen, zu erhalten haben“:

„1) Solle er jedenweils [2] 4 Postpferdt halten.

„2) Die reisenden auff Hagenau, Straßburg, Saarburg und nicht weiters fortführen, für jedes Pferdt soll Ihm an diesen Orthe zwei Gulden gegeben werden.

„3) Keinem kein Pferd ohne Postillion zu geben schuldig seyn.

„4) Niemandt ohne Herrn Gubernatoren Beiwilligung auffsetzen und fortführen, sondern meiniglich sie anzugeben.

„5) Niemandten kein Pferdt geben, er habe denn das Postgeld zuvor erlegt.

„6) Wann sich zutrüge, daß sich Jemandt im zurückreiten der

[1] Altes Stadtbuch von Zabern, fol. 57.

[2] Zu jeder Zeit.

Pferdt gebrauchen wollte, der oder dieselben sollen das Postgelt völlig zu geben schuldig sein.

„7) Wann ein Pferdt im reiten schaden empfienge oder gahr fülle, solte der Postillion Absetzen und dem reisenden sein Pferd geben, auch der reisende
des Pferdt, er wehre ....[1]
beim wegreiten nicht zu ....
schuldig, widrigenfahls ....
und da er das Pferdt über .....
und nicht hinderm Postilion pliben
würd er den werht derfür
zu ersetzen verbünden seyn."

„Das Postmeisteramt wurde einem Wirthe aus der Vorstadt übertragen, aber diese Anstalt wurde durch viele Hindernisse unterbrochen, jedoch wieder hergestellt. Im Jahre 1673 rechnete man von Straßburg bis Zabern 2 Posten, welche 7 Stunden betrugen, und von Zabern bis Saarburg 1 $^1/_2$ Posten. Der Preis für das Pferd per Post war 1 fl. 30 kr. Im Jahre 1687 wurde die Post auf Ansuchen des französischen Kriegsministers Louvois, der zugleich General-Intendant der Posten war, durch Johann Georg Würmel mittels einer jährlichen Steuer von 111 Livres von Seiten des Staates unternommen. In der Folge wurde der Posthalter durch die französische Regierung mit mehreren Privilegien bedacht."

Im Jahre 1674, als der größte Theil des Elsaß Frankreich unterworfen war, kam der französische Postmeister Charlier nach Straßburg und schloß mit dem Postmeister in dieser Stadt in Betreff der Taxirung der Briefe von Zabern — dem letzten Orte des französischen Territoriums — nach Philippsburg und Breisach, die damals von französischen Truppen besetzt waren, einen Vertrag ab. Für den Transport der Briefe durch das Straßburger Territorium wurden 2 Schillinge (etwa 3 Sgr.) für je eine halbe Unze

---

[1] An dem betreffenden Concept fehlen die letzten Wörter der vier ersten Linien, da das Papier abgerissen ist.

gewährt. Französischer Seits wußte man die deutsche Postanstalt in Straßburg bereits vor der Einnahme der Stadt entsprechend auszunützen; 1678 schrieb nämlich der französische Gesandte in Straßburg, Laloubère, an den Kriegsminister, Marquis Louvois[1]. „Ich sende Ihnen die Uebersetzung aus einer deutschen Zeitung, welche mir der hiesige Postmeister in Folge angewandter Repressalien ausgehändigt hat.“

Während die Beförderung der Briefe nunmehr mit einer gewissen Ordnung und Schnelligkeit geschah, waren die Reisenden noch immer jeder Unbilde der Witterung ausgesetzt, da sie entweder reiten oder mit den unbequemen Wagen der Metzger fahren mußten. Man kannte damals noch nicht die leichten und bequemen, in Federn hängenden Kaleschen, in denen heutzutage der Reisende, geschützt vor Regen und Kälte, dahinfährt. Damals bewegte man sich, wie noch heute die Cavallerie auf Landwegen, von einer Etappen-Station zur anderen. Als Beispiel mag hier erwähnt sein, daß die Stadt Straßburg im Jahre 1523 an den Kaiser Carl V. nach Spanien eine Deputation sandte, welche den 18. Mai abreiste und erst am 6. August in Valladolid eintraf. Sie brauchte hiernach zu dieser Reise 79 Tage. Die erste Erwähnung von Kutschen, die in den Annalen Straßburgs zu finden ist, datirt vom Jahre 1570. Damals kam nämlich der Herzog von Mecklenburg mit 8 Wagen dieser Art nach Straßburg, denn der Chronist Bühler sagt in seiner Chronik: „Uff Montag den 6. Tag 9bris ist allhier der Hertzog von Mechelburg inzogen mit 8 Gutzen und ist im gülden Schaaf zu Herberg gelegen.“ Trotz ihrer Unvollkommenheit scheinen diese Wagen eine rasche Verbreitung gefunden zu haben, denn sieben Jahre später, als der Kurfürst von Bayern und der Markgraf von Baden in Kutschen nach Straßburg kamen, konnten sie bereits andere geliehen erhalten, „Und haben inen abermals frische

---

[1] COSTE, réunion de Strasbourg à la France, documents pour la plupart inédits, etc.

Gutzen und Pferd geliehen.“ Obschon der Gebrauch der Kutschen [1] sich anfänglich nur auf die höheren Klassen der Gesellschaft beschränkte, scheint die Reiselust am Ende des sechszehnten Jahrhunderts doch schon verhältnißmäßig groß gewesen zu sein. Die im Laufe jenes Zeitalters wirkenden geistigen Kräfte und gesellschaftlichen Anstöße hatten nachgerade Ursache und Ziel der Reisen verändert. Jeden Gebildeten fesselten die Berichte von den Zuständen fremder Nationen; es zog ihn an, ihre Einrichtungen mit denjenigen des eigenen Volkes zu vergleichen. Damit dürfte es im Zusammenhang stehen, wenn der bekannte elsässische Geschichtsschreiber Spach berichtet, daß bei den jungen Leuten sich auch wohl ein Trieb nach einem abenteuerlichen Leben geltend machte. Dieselben boten ihre Dienste vielfach fremden Monarchen an: die Einen zogen gegen die Türken, die Anderen gingen unter die Hugenotten nach Frankreich, während wieder Andere dem Banner des Königs von Spanien nach den Niederlanden folgten [2].

Der Reisetrieb, welcher sich der Leute bemächtigte, giebt sich auch in der Literatur zu erkennen, die zum Theil wieder anregend gewirkt haben dürfte. Es erschienen Reisehandbücher an verschiedenen Orten [3], so auch zwei in Straßburg, „Beyrlin Raeyßbuch“ 1606 und von Ranzovius „die Kunst zu reisen“ 1608; der letztere Verfasser wußte darin insofern auch für seine Vaterstadt zu wirken, als der Schluß des Buchs ein Lobgedicht auf Straßburg in lateinischer Sprache enthält.

Nachgerade wurde auch das Reisen etwas bequemer gemacht.

---

[1] Die Kutschen scheinen auf die Elsässer großen Eindruck gemacht zu haben, denn an dieselben knüpften sich Sagen aller Art. So sollen einzelne Personen, die sich der Kutschen bedienten, wider ihren Willen an andere, oft entfernte Orte versetzt worden sein. (Gespensterkutschen, Geisterkutschen).

[2] SPACH, histoire de la Basse-Alsace.

[3] Es sei hier nur das im Jahr 1591 erschienene Buch von Hilarius Pyrckmeyer aus Landshut erwähnt: „Abhandlung über die wahre Reisemethode“; in demselben sind als besonders sehenswerth auch die Städte Straßburg und Hagenau aufgeführt.

Frankreich war damit vorgegangen, die Straßen zu verbessern, häufige Reisegelegenheit zu schaffen und bequeme Gasthöfe herzustellen; dies mußte auch die Bewohner von Elsaß-Lothringen, das bei den Reisen der Deutschen und Ausländer nach Frankreich vielfach berührt wurde, veranlassen, in ähnlicher Weise vorzugehen. Aus den Aufzeichnungen eines Nürnberger Bürgers, Namens Behaim [1], der 1608 über Straßburg nach Paris reiste, ist zu ersehen, daß derselbe in Straßburg eine Kutsche miethete, die ihn für einen Betrag von 25 Dukaten in 8 Tagen nach Paris beförderte. Behaim erzählt, er sei dort in dem Gasthofe „zum eisernen Kreuz" abgestiegen, „da fast alle Teutschen pflegen einzukehren". Unter Anderem beklagt er sich auch über die theueren Zechen im Lothringischen [2].

Im Jahre 1613 wurden auf Veranlassung des Großen Raths der Stadt Metz die ersten öffentlichen Fuhrwerke zwischen diesem Orte und Paris eingestellt, 1619 trat ein regelmäßiger „Kutschendienst" für das größere Publikum von Frankfurt a. M. nach Straßburg ins Leben, und 1631 veranstaltete Peter Romain mit Königlichem Privilegium den ersten Kutschendienst von Straßburg nach Paris über Nancy, der indessen, in Folge der fortdauernden Kriege, welche das Land verwüsteten, bald unterbrochen wurde.

In der zweiten Hälfte des siebzehnten Jahrhunderts vermehrten sich die Fuhrwerke beträchtlich; von allen Seiten kamen jetzt dergleichen in Straßburg, Metz und den größeren Orten an; die Reisen geschahen jedoch noch immer verhältnißmäßig langsam, da die Wege sich in keinem besonders guten Zustande befanden. Claude Lefèbre erhielt im Jahre 1659 das Privilegium, wöchentlich einmal im Winter und zweimal im Sommer von Straßburg nach Paris und zurück Personen zu befördern. Oeffentliche Fuhrwerke, „Landkutschen" genannt, gingen damals von Straßburg nach Basel, Heidelberg [3],

---

[1] Ausland pro 1872.

[2] Der Engländer Young, der 1798 Frankreich durchreiste und auch nach Metz kam, rühmt dagegen die billigen Preise daselbst, gegenüber denjenigen in anderen Orten.

[3] Im Jahre 1669 kam zur Sprache, daß der Landkutscher aus Hei-

Frankfurt a. M. und anderen Orten. Das Postlokal in Straßburg, welches bis dahin vor dem Metzgerthore sich befunden hatte, wurde, wahrscheinlich zur größeren Bequemlichkeit des reisenden Publikums, in das Innere der Stadt verlegt.

Im Jahre 1662 erging die im Anhang veröffentlichte Verordnung des Magistrats in Straßburg in Betreff der Beförderung der Reisenden mit den Postpferden oder mittelst der Landkutsch-Anstalten. Die Inhaber der Fuhrwerke waren verpflichtet, dem Magistrat eine Abgabe für das ihnen gewährte Privilegium zu entrichten. 1671 hielten drei Metzger: Abraham Hansmetzger, Anton Schmidt und Wilhelm Göppel im Hause des Letzteren 60 Pferde, die für den öffentlichen Dienst bestimmt waren. Damals machten einige Personen dem Magistrat den Vorschlag, für die Gewährung des Privilegiums den für die damalige Zeit ziemlich hohen Betrag von 100 Gulden jährlich zu zahlen; die Inhaber desselben erklärten sich jedoch bereit, 100 Reichsthaler zur Kasse zu entrichten und behielten den Vorzug. Von dem Magistrat war eine besondere Ordnung für die Inhaber des Privilegiums erlassen, in der auch Taxen für den Beförderungsdienst festgesetzt waren. Für das Leihen von Pferden war nämlich zu entrichten[1]:

---

delberg „sich angemaßt hatte“, Briefe nach Straßburg zu bringen und „wieder abzunehmen;“ der Magistrat in letzterm Orte verbat sich dies mit der Mahnung, daß er im Wiederholungsfalle die Personen absteigen lassen würde (Straßburger Stadt-Archiv).

[1] Die betreffende Verordnung vom Jahre 1662 und demnächst 1669 erneuert, lautet wörtlich so:

„Tax, so die reysenden Personen biß auff fernere verordnung, neben beköstigung deß Postillion vnd fütterung der pferd, in dem hinreysen, von einem ieglichen pferd auff das allerhöchste werden zu bezahlen haben.

Von Straßburg auf

(Hier folgen die obigen Orte nebst den Zahlen und darunter steht:)

Vnd alle vbrige ort nach proportion also vnd dergestalten, daß ausser dem trinkgeldt, welches doch zu eines ieglichen freyen willen gestellet wird, ferners nichts gefordert wird oder abgenommen werden solle. Decret. bey Herren Räth und XXI.“ (Handschriftlich ist zugefügt: „den 8. November 1669.“) Straßburger Stadt-Archiv.

	Fl.	Schill.		Thlr.	Sgr.	Pf.
Nach Colmar	—	12	oder	—	19	2
„ Breisach	2	4	„	1	8	5
„ Montbeliard	5	—	„	2	20	—
„ Basel	3	5	„	1	26	—
„ Zurzach	5	—	„	2	20	—
„ Genf	10	—	„	5	10	—
„ Lyon	16	—	„	8	16	—
„ Nancy.	6	—	„	3	6	—
„ Metz	6	—	„	3	6	—
„ Paris zu Pferd	15	—	„	8	—	—
„ Tübingen und Stuttgart .	4	—	„	2	4	—
„ Hagenau	—	8	„	—	12	10
„ Weißenburg	2	—	„	1	2	—
„ Landau	2	5	„	1	10	—
„ Speyer	3	5	„	1	26	—
„ Worms	4	5	„	2	12	—
„ Mainz.	6	—	„	3	6	—
„ Frankfurt a. M. . . .	6	5	„	3	14	—

Für eine Kalesche waren 3 Batzen oder 3 Sgr. 7 Pfg., für eine Karosse 5 Schillinge oder 8 Sgr. per Tag zu zahlen; der Lohn für einen Diener oder für einen mit Pferden auf die Reise gesandten Begleiter betrug einen Reichsthaler für die Woche. (Ein Straßburger Gulden ist gleich 16 Sgr. und ein Schilling gleich 1 Sgr. 7 Pfg.) Die Preise für die obigen Leistungen erscheinen sehr mäßig. Bedient man sich jedoch des gewöhnlichen Mittels, um den relativen Werth des Geldes zweier verschiedener Zeitpunkte festzustellen, so kommt man zu dem Resultate, daß das Reisen zu Pferd oder zu Wagen in jener Zeit ungemein kostspielig war. Der mittlere Werth eines Viertels Weizen betrug nämlich 14 Jahre unmittelbar vor 1669 18 Schillinge oder 28 Sgr. 10 Pf., der mittlere Werth derselben Quantität Weizen während 14 Jahre unmittelbar vor 1852 6 Thl. 4 Sgr. 10 Pf. (oder 5 Thlr. 9 Sgr. pro Hectoliter.) Hiernach war der Werth des Geldes im Jahre 1669 $6^{5}/_{12}$ mal größer als im Jahre 1852. (Diese Verschiedenheit des Geldwerths muß man auch bei der im Anhange mitgetheilten Tax-Ordnung wohl berücksichtigen.)

Die Kosten für eine Reise von Straßburg nach Paris, welche man im Jahre 1669 in einer mit 2 Pferden bespannten Karosse für 16 Thlr. ausführte, würde nach dem berechneten Geldwerth von 1852 102 Thlr. 20 Sgr. betragen. Damals brauchte man 14 Tage zur Reise, denn man legte täglich durchschnittlich 8 bis 9 von den 122 Lieues zurück. Rechnet man die Miethe für die Karosse zu 4 Thlr. und den Lohn des Begleiters zu 2 Thlr. und vervielfacht diese Beträge ebenfalls mit $6\,^5/_{12}$, so ergiebt sich im Ganzen ein Betrag von 141 Thr., den eine oder mehrere Personen im Jahre 1669 allein für die Beförderung von Straßburg nach Paris, nach dem Geldwerthe von 1852, anwenden mußten. Hierzu treten jedoch noch die Kosten für die Unterhaltung der Reisenden und Pferde während der Dauer von 2 Wochen[1]. Wenn der Reiseverkehr in jener Zeit lebhaft war, so bezeugt dies bei dem damaligen Geldwerthe gleichzeitig eine gewisse Wohlhabenheit der Bewohner.

Oben ist bereits angedeutet, daß 1648 der größte Theil des Elsaß und 1681 auch Straßburg sich der französischen Herrschaft unterworfen hatten. Die Kapitulations-Urkunde war am 30. September von Louvois und Montclar einerseits und dem Magistrat in Straßburg andererseits vollzogen worden[2]. Im Frieden von Ryswick 1697

---

[1] PITON, a. o. O.

[2] Es ist übrigens eigenthümlich, so viel Widerstand Straßburg heutzutag entwickelt, um nicht deutsch zu werden und zu sein, so wenig hat es 1681 Widerstand geleistet, französisch zu werden! Die ganze öffentliche Meinung jener vergangenen Zeit hat es gegen sich. „Alles was nach der Wegnahme der Stadt durch Montclar in Druck und Schrift lautprecht wurde, zeiht die alte Argentina der Lässigkeit in der Bewachung, der Schwäche in der Vertheidigung, der Sorglosigkeit oder Feigheit des Raths und vielfach der Bestechlichkeit und des politischen Verraths" So heißt es in einem handschriftlichen „Straßburger Vater Unser":

Wahr ist das Sprichwordt in der Welt,
Alles verkhaufft man Vmb das Geld,
Ehr, Treu und gueten Nammen darbey,
Die haben wür ietzt alle drey
vergeben.
Hetten wir gläubt Augsburgs Witz,

wurde die förmliche Abtretung des Elsaß mit Straßburg von Deutschland an Frankreich bestätigt. Aus der freien deutschen Reichsstadt Straßburg war also nunmehr, — gleichwie schon früher aus Metz — eine französische Provinzialstadt geworden. Die reichsstädtische Regierungsform nebst der gerichtlichen Verfassung und der Einrichtung der Zünfte blieb in Straßburg zwar noch erhalten, fristete aber nur noch ein Scheinleben, da ein königlicher Beamte, der Prätor, eingesetzt wurde, welcher ein Aufsichtsrecht über die städtischen Institutionen ausübte.

In Metz und in Straßburg residirten Gouverneure und Intendanten als Spitzen der Behörden; die letzteren hatten die Oberaufsicht über das Gerichts-, Polizei- und Finanzwesen [1]. Eine Denk-

---

Pröff khnallen laßen Vnser Geschitz,
Das Gelt in Thurn nit so gesparth
Vnd nit gewesen also hart
Vnsern Schuldigen.
Ach ihr verfluechte Obrigkheit
Hett ihr getrauet nit so weith,
Den Hanen zu der Antworth geben:
Bhalts Gelt, laß Vnß beim Adler leben,
Vnd führ Vnß nit in Versuechung.

Die meisten Schriften über jene so folgenreiche, für Deutschland so verderbliche „Subjugation" Straßburgs schwellen von bitterm Hohn und argem Spott. Es sind darunter Stücke feiner und witziger Geister; eine Sammlung derselben böte vielleicht kein übles Besserungsmittel, gleichsam einen Spiegel für die, uns bei alledem lieben Straßburger, deren Kinder dem neuen deutschen Reich wieder sein werden, — was einst seine berühmten Männer waren — würdige Bürger eines freien und glücklichen Gemeinwesens, wie es bei Romanen, scharf genommen, nicht besteht und bestanden hat.

G. M. Thomas, Augsb. Allg. Ztg. v. 10. Jan. 71 u. Gegenwart pro 1872.

[1] In Betreff der finanziellen Lage der Stadt war der Artikel V der Capitulations-Urkunde von Wichtigkeit, denn es heißt dort nach dem deutschen Text derselben: „Ihre Majestät bewilligen auch der Stadt Straßburg, daß Sie alle ihre Einkünfften, Gefäll, Zöll, Wieg- und Bruckengelder, wie auch die Handlung sampt dem Kauffhauß, in aller bißheriger Freyheit nutzen, messen und gebrauchen möge, nebst der freyen Disposition und Verwaltung über den Pfennigthurn (die Stadtkasse), die Müntz"; 2c.

schrift des Intendanten de la Grange, der bis zum Jahre 1698 diese Stellung bekleidete, hebt ausdrücklich hervor, daß der Handel des Elsaß und besonders der Stadt Straßburg seinen Aufschwung der Nähe des Rheins zu verdanken habe, da derselbe die Verbindung mit Deutschland, Holland und England sehr erleichtere und der bequemste Weg sei, um in das Land Waaren und Lebensmittel aller Art zu befördern und zwar sowohl zum eigenen Bedarf, als zur Weiterbeförderung nach der Schweiz, Italien und Frankreich. Die Schifffahrt des Elsaß, insbesondere Straßburgs, war indessen damals in Folge der politischen und religiösen Ereignisse des sechszehnten und siebzehnten Jahrhunderts bereits zurückgegangen, wie weiter unten ausführlich dargestellt werden wird.

Schon der Fall Antwerpens nach erfolgter Eroberung durch die Spanier, hatte dazu den ersten Anstoß gegeben. Andere Erschwernisse erwuchsen der Rheinschifffahrt durch die sich mehrende Anzahl der Durchfuhrzölle der am Stromgebiete herrschenden Fürsten. Unter solchen Umständen ging ein bedeutender Theil der Waaren auf die längs des Rheins vorhandenen Straßen über; es währte jedoch nicht lange, als auch auf den Landstraßen Zollstätten eingerichtet wurden. Dazu kam noch der französischen Staatsmänner Bestreben, Elsaß-Lothringen nach und nach in innigste Verbindung mit den anderen Provinzen Frankreichs zu bringen, obschon der Lauf des Rheins, der Saar und der Mosel die Landschaften mehr auf den Verkehr mit Deutschland, als mit Frankreich verwies. Der Rhein sollte fortan nicht mehr Straße, sondern lediglich Grenze gegen Deutschland sein[1].

---

[1] Dem gallischen Nachbar rief in späterer Zeit der deutsche Sänger durch den Dichtermund Arndt's zu: „Der Rhein ist Deutschlands Strom, nicht Deutschlands Grenze." Schon Fischart (das glückhafft Schiff) sagte mit Bezug darauf:

„Hie sicht man, warum Gott die Flüß
Geschaffen hat, nur darum gwis,
Damit man durch jr mittel, weg
Nachbarschafft besuch, halt vnd pfleg;

In Straßburg wurde die Citadelle in der Richtung nach dem Reihn gebaut und gleichzeitig Kehl, am anderen Ufer desselben, als Stützpunkt weiterer Eroberungen in eine Festung umgestaltet. Die Beziehungen des Elsaß zu Deutschland suchte man durch entsprechende Maßnahmen wo möglich zu erschweren. Die Kaufleute in Frankfurt a. M., Augsburg, Nürnberg und anderen Städten Deutschlands durften zwar zur Messe in Straßburg von 1688 ab wieder erscheinen, hatten sich jedoch zuvor erst Pässe vom Intendanten zu erbitten; in demselben Jahre hatte man den Sohn des Bürgermeisters von Frankfurt a. M., wie es scheint, aus politischen Gründen auf der Citadelle eingekerkert [1]. Urplötzlich ließ sich dem Verkehr jedoch nicht eine andere Richtung anweisen; man zog es deshalb vor, die früheren deutschen Provinzen: Metz, Toul, Verdun, Lothringen und Elsaß vorerst von den übrigen Provinzen durch eine Zolllinie abzuschließen; sie wurden provinces étrangères effectives genannt und durften, gewissermaßen als fremde Provinzen angesehen, vorerst mit dem Auslande Verkehr unterhalten. Die Ausfuhr von Getreide aller Art war jedoch, wie die im Anhange veröffentlichte königliche Deklaration ergiebt, in der ersten Zeit bei hohen Strafen verboten, welche sogar 1699 bis zur Todesstrafe gesteigert wurden.

Die französischen Post-Einrichtungen wurden im Elsaß sogleich nach der Einverleibung eingeführt. Das Postwesen war in Frankreich bis 1791 verpachtet. Der vom König Ludwig XIV. priviligirte Postmeister — zugleich Posthalter — de Courcelle in Straßburg protestirte Namens seines Chefs, des Kriegs-Ministers

Wie man den lißt, das ob den Pronnen (Brunnen)
Vnd den Bächlin sich hab angsponnen
Der Menschen erstlich Nachbarschaft
Daraus kam Sipschaft, Schwagerschaft
Vnd folgends, Dörfer, Flecken, Stett
Wie es noch gibt die täglich Red,
Das man spricht, wir sind Nachbarn nach
Wir schöpfen Wasser aus eim Bach."

[1] Spindler, a. o. O.

und General-Intendanten der französischen Post, Louvois, gegen die Rechte, welche den Metzgern in Bezug auf das Halten von Pferden in öffentlichem Dienste eingeräumt worden waren, indem er geltend machte, daß sie dem Privilegium seines Vorgesetzten Nachtheil brächten. Der Postmeister verbot bei einer Strafe von 300 Livres die Benutzung dieser Pferde in Straßburg und in denjenigen Städten und Dörfern, welche zu seinem Ressort gehörten, indem er auf die Bestimmungen der im Anhange veröffentlichten königlichen Verordnung vom 12. Januar 1682 verwies. Mindestens verlangte er eine spezielle Autorisation seinerseits, für welche 2 Reichsthaler pro Pferd und Vierteljahr zu entrichten waren. Der Magistrat reklamirte hiergegen, indem er sich auf die alten Rechte und Gewohnheiten berief; das aristokratische Monopol vernichtete jedoch dasjenige niederen Ranges. Obgleich für die Autorisation später nur eine Gebühr von einem Reichsthaler für je ein Pferd und Jahr entrichtet zu werden brauchte, mußten die Metzger den Beförderungsdienst schließlich doch aufgeben. Sie wurden ihrerseits durch das Privilegium entschädigt, das Fleisch für eine Garnison von 8 bis 10,000 Mann, die beständig in Straßburg sich befand, zu liefern[1].

Wie das Theatrum Europaeum[2] berichtet, hatte Ludwig XIV, gleich nach der Einnahme Straßburgs, den Bewohnern jede Correspondenz mit anderen Orten bei einer Strafe von 100 Reichsthalern verboten; demjenigen aber, welcher die festgesetzte Strafe nicht würde erlegen können, sollte eine „Lilie" auf die Stirn gedrückt und derselbe der Stadt verwiesen werden. Diese Notiz, welche auch in andere Werke, selbst in die Geschichte des Elsaß von Strobel,

---

[1] Piton, dem ich in Betreff der „Metzgerposten" gefolgt bin, hat nicht angegeben, aus welchen Quellen er geschöpft hat. Bei meinem Nachforschen in den Archiven Straßburgs habe ich nichts darauf Bezügliches gefunden. Vielleicht hat Piton seine Mittheilungen aus Werken und Handschriften entnommen, die beim Brande der Stadt-Bibliothek mit verbrannt sind.

[2] Band XII, pag. 279.

zum Theil übergegangen, ist unrichtig. Die im Anhange veröffentlichte Verordnung vom 21. November 1681 besagt nur, daß die Strafe von 300 Livres resp. die Ausweisung diejenigen Personen treffen sollte, welche sich anderer Gelegenheit, als der Ordinari-Post bedienten.

Bald darnach wurde die gedachte Verordnung durch eine andere — confer. Anhang — erläutert, auch ein Postbericht veröffentlicht, welcher zeigt, daß die Post-Einrichtungen damals schon ziemlich ausgedehnte waren. Im folgenden Jahre wurde eine Ordinari-Post nach den „Sauerbronnen" eingerichtet, wie die im Anhang verzeichnete Bekanntmachung bekundet. Es dürften die Bäder im Elsaß (Niederbronn u. s. w.) gemeint sein.

Im November 1685[1] schrieb der Marquis Louvois an den Intendanten de la Grange, der König habe genehmigt, daß man den lutherischen Bewohnern des Elsaß — denjenigen in Straßburg hatte man das Münster genommen und letzteres dem katholischen Bischof überwiesen — sich wieder jenseits des Rheins begeben könnten, wie sie durch ihre Handelsbeziehungen gewohnt wären. Vier Jahre hindurch hatte man also den Lutheranern den Verkehr mit ihren Nachbaren nicht gestattet. Bei der Handelskammer in Straßburg (der Nachfolgerin der Zunft der Kaufleute — zum Spiegel — welche aus dem Jahre 1686 datirt), ist ein Actenstück aus dem Jahre 1689 erhalten, das die damaligen Zustände des Postwesens einigermaßen kennzeichnet. Der Zunftmeister Kellermann und der Kaufmann Herf waren nämlich Seitens der Zunft beauftragt worden, mit dem Postmeister de Courcelle wegen der häufigen Verspätungen der Postboten, welche Gegenstand andauernder Klagen des Handelsstandes waren, zu unterhandeln. Der Postmeister antwortete in einem Briefe folgenden Inhalts: „Wenn Herr Zunftmeister und Herr Herf bewirken wollten, daß die drei Ordinari-Boten aus Holland in Frankfurt, der alte Ordinar-Bote von Augsburg in Rheinhausen und diejenigen aus Genf und anderen Orten der Schweiz in Basel überall recht-

[1] Coste, a. v. O.

zeitig einträfen, zu besserer Erreichung dieses Zwecks auch die Flüsse und Gebirge passirbar, die Wege frei von Landstreichern wären, welche die Boten anhielten, so könnten sie überzeugt sein, daß alles Andere in Ordnung sein würde. Uebrigens wisse er, daß die Ordinari-Boten seit der Zeit seiner Anwesenheit im Orte nicht unregelmäßiger einträfen, als es vor dem Kriege der Fall gewesen wäre."

Im Jahre 1685 ging beim Magistrat in Straßburg ein Schreiben von einem Dr. Frommann in Tübingen ein, in dem derselbe ersucht wurde, dahin wirken zu wollen, daß dem Tübinger Boten „vergönnt werden möchte, das Briefstragen, wie zu alten Zeiten geschehen, zu continuiren." Es wurde darauf entschieden, daß es mit demselben ebenso gehalten werden solle, wie mit dem Boten der Stadt Nürnberg [1].

Große Sorgfalt ließ die französische Regierung den Landstraßen zuwenden. Im Elsaß wurden die auszuführenden Arbeiten besonderen Unternehmern anvertraut. Frohnarbeiten der Bauern, die in den anderen Provinzen Frankreichs so drückend waren, scheinen hiernach nur theilweise bestanden zu haben und sind wenigstens den Bewohnern nicht sehr lästig gewesen [2]. Man begnügte sich nicht damit, die vorhandenen alten Wege zu verbessern, sondern legte neue, möglichst breite Straßen in gerader Richtung an; dieselben wurden zum Theil gepflastert, meistens jedoch chaussirt. Ein anonymer Schilderer des Elsaß schrieb schon 1734 von den neuen vorderelsässischen Heerstraßen: „Sie sind so gut, daß es eine rechte Lust ist, durch's Land zu reisen, inmaßen sie denen gepflasterten Heerstraßen oder alten Römerwegen nicht viel nachgeben und nicht nur in der Mitte erhöht und auf beiden Seiten etwas abhängig gebaut, sondern auch mit tiefen und breiten Gräben versehen sind, dahin sich alles Wasser

---

[1] Straßburger Stadt-Archiv.

[2] Als an Stelle der Frohnarbeiten 1787 eine Abgabe getreten war, berichtete die betreffende elsässische Commission 1789, daß das Volk, wenn es gefragt würde, den Frohnarbeiten der Besteuerung den Vorzug geben würde, sofern man dieselben der Art und Weise der Knechtschaft entkleide. Guerre, description du département du Bas-Rhin.

verläuft." Billing[1] erwähnt, daß 1782 im Elsaß 5 Hauptstraßen bestanden hätten: die Rheinstraße von Straßburg nach Basel, die Straße von Straßburg nach Belfort, die beiden Straßen von Straßburg nach Landau — Rheinstraße und über Hagenau — und die Straße von Straßburg nach Pfalzburg und weiter. — Erwähnenswerth ist auch die Zaberner Steige zwischen Zabern und Pfalzburg, ein Weg über die Vogesen, den schon Göthe „ein Werk von unüberdenklicher Arbeit" nannte. Sie ist ein Meisterwerk der Wegebaukunst, welches unter Ludwig XIV. entworfen und 1737 vollendet wurde. Dieser Weg war damals so berühmt, daß die Damen eine «coiffure à la Saverne» trugen. Er ist 10 Meter breit und steigt 58 Mill. per Meter an, besitzt 14 Brücken oder Viadukte, wovon der längste 39 Meter mißt.

Manches Interesse gewährt eine Art Coursbuch aus dem Jahre 1798, das den Titel führt: „Die Landstraßen und Wege der Ober- und Niederrheinischen Departementer, zu 2400 Toisen die Stunde, von Pack, gewesener Postbeamter." In diesem mit vielem Fleiße verfaßten Buche sind die Entfernungen aller Orte im Elsaß von einander — eingetheilt nach 336 Straßen — in Stunden angegeben. In einem Anhange finden sich außerdem die Postrouten unter Angabe sämmtlicher Stationen und der Zahl der Posten — eine Post ist gleich 2 Stunden — verzeichnet. Dieses Werk war ursprünglich in französischer Sprache erschienen; der Verfasser sagt aber in der Vorrede zur zweiten Auflage: „Da sehr viele meiner Mitbürger wünschten, daß solche (die Orte) teutsch wären, so erhalten sie gegenwärtige zweite Auflage in teutscher Sprache." Die seit 1648 vielfach französirten Ortsnamen erscheinen also in der zweiten Ausgabe dieses Buchs in derjenigen ursprünglichen Bezeichnung, die sie heute wieder tragen[2]. Das Annuaire politique et

---

[1] Geschichte des Elsasses. Basel 1782.

[2] Hierbei möchte ich eines Falls erwähnen, der bekundet, welche Fortschritte die Französirung der Bewohner in den letzten 30 Jahren gemacht hat. In einem Gespräch mit einem jungen elsässischen Kaufmanne erwähnte ich, daß ich in Oberehnheim und auf dem Ottilienberge

économique vom Jahre VIII. hebt hervor, daß wenig Departements der Republik von so vielen großen Straßen durchschnitten seien, als der Niederrhein, da man deren 34 zähle; für die Bewohner bestehe die größtmöglichste Erleichterung, sich auf denselben mit der Post oder anderen Fuhrwerken befördern zu lassen.

In Lothringen sah es in dieser Beziehung etwas anders aus; dort mußten die Bauern Frohndienste thun, welche erst 1776 abgeschafft wurden. Es soll die Beseitigung der Frohnden für die Betheiligten, die schwer darunter litten, ein wahrer Segen gewesen, auch sollen die Straßen trotzdem nicht im besten Zustande gewesen sein [1].

Das Postwesen in Elsaß-Lothringen machte während der größeren Hälfte des achtzehnten Jahrhunderts im Ganzen keine großen Fortschritte, wozu das aufrecht erhaltene System der Verpachtungen viel beitrug. Die General-Pächter des Postwesens führten oft Beschwerde gegen die Landkutscher im Elsaß, weil diese Briefe beförderten; zwei darauf bezügliche Aktenstücke aus den Jahren 1721 und 1730 befinden sich im Anhange. Es bestanden in Frankreich mehrere Beförderungs-Institute: die durch ein Patent vom Jahre 1464 eingerichtete Boten-Anstalt der königlichen Depeschen, die 1315 von der Pariser Universität begründete Boten-Anstalt mit Relais, das königliche Boten-Institut der Gerichtshöfe, Aemter rc. und das Institut der Landkutschen. Jede dieser Anstalten hatte ihre besonderen Rechte und Privilegien, deren Ueberschreitungen fortdauernd Streitigkeiten zwischen den Vorständen veranlaßten. Unter

---

gewesen sei. Allen Ernstes fragte er mich, wo denn der erstere Ort liege, und als ich ihm sagte, daß er denselben wohl unter der Bezeichnung Obernai kennen werde, meinte er, daß seines Wissens der Ort niemals anders geheißen habe. Bald darauf trat sein Vater dazu und bestätigte, daß der Ort noch vor 30 Jahren stets Oberehnheim genannt worden sei, was dem Sohne doch zu denken gab. In weniger gebildeten Kreisen meint man sogar, die deutsche Regierung habe vielfach neue Orts-Namen gewählt, während dieselben, in zweifelhaften Fällen, vielmehr auf Grund angestellter Forschungen in alten Urkunden festgesetzt worden sind.

[1] Etienne, résumé de l'histoire de Lorraine.

Ludwig XIV. war die gemeinsame Bezeichnung «messagerie» für die verschiedenen Boten-Anstalten, den königlichen Posten gegenüber, aufgekommen. Die Verwaltung dieser verschiedenen Messagerien wurde dem Generalpächter der französischen Posten um den Preis von 1,230,000 Livres übertragen und die öffentlichen Wagen-Unternehmungen wurden nunmehr «messageries royales» genannt, deren Beamte fast dieselben Privilegien, wie die Postmeister, erhielten. Ludwig XIV. soll beabsichtigt haben, sämmtliche Transportmittel in einer einzigen Hand zu vereinigen, es kam jedoch unter seiner Regierung noch nicht dazu. Im Jahre 1719 kaufte Ludwig von Orleans, Regent des Reichs, der Universität ihr Privileg ab und zwar in der Weise, daß dieselbe $^1/_{28}$ des Pachtbetrages der Brief- und Päckereiposten als feststehende Rente erhielt. Diese Rente betrug im ersten Jahre nicht weniger als 124,000 Livres[1]. Im Jahre 1738 wurde die Pachtsumme für das Postwesen Frankreichs auf Fr. 3,947,513 festgesetzt, denn man hatte den ansehnlichen Ertrag der Posten, zum Theil durch eigene Verwaltung für königliche Rechnung, kennen gelernt, zum Theil hatten die betreffenden Bewerber die Summe nur deshalb so hoch getrieben, weil mit dem Postwesen zugleich das Privilegium verbunden war, alle Sänften in Frankreich zu liefern[2]. Im Jahre 1774 wurde der Staats- und Finanzminister Turgot zum Chef des Postwesens ernannt, das früher stets dem Kriegs-Departement zugeordnet war. Derselbe setzte eine entschiedene Reformation des Postwesens durch, indem er die Briefposten mit den königl. fahrenden Posten (messageries royales) vereinigte. Hierauf beziehen sich zwei Verordnungen vom 7. und 12. August 1775[3], welche die Ersparung einer doppelten Ausgabe, die sich auf 4 Millionen Livres jährlich belief, zur Folge hatten.

Das Porto für Briefe war nicht hoch, das geringste betrug seit dem Jahre 1673 2 Sols, das höchste 5 Sols. Diese Tarifsätze

---

[1] Bremer Handelsblatt pro. 1856, pag. 704.

[2] Matthias, über Posten nud Postregale.

[3] Die letztere Verordnung ist im Anhange abgedruckt.

bestanden ohne merkliche Aenderungen bis zum Jahre 1775. Für das „Grenzland" Elsaß-Lothringen kam wegen der vielen Beziehungen zu Deutschland die Taxe für Briefe dahin vielfach in Betracht. Die Zunft der Kaufleute in Straßburg beschwerte sich 1770 beim General-Intendanten der Posten und Relais über die Höhe des Portos für die Briefe, insbesondere derjenigen von Deutschland. Es heißt in der Beschwerde: „Die Taxe sei von Nachtheil für das Publikum und entspreche nicht den darüber gefaßten Beschlüssen, da man 8 und 12 Sols für einen Brief zahlen müsse, für den man bisher nur 4 Sols entrichtet habe [1]." Eine Reform war es, als durch Beschluß des Staatsrathes vom 11. April 1779 ein gewisser Auvrest die Conzession zur Errichtung einer besonderen Stadt-Post-Anstalt (petite poste) zur Beförderung und Bestellung der Postsendungen innerhalb der Stadt Straßburg, den Vorstädten und 162 Ortschaften erhielt und dieselbe 1780 in's Leben trat. Das Territorium dieser Anstalt erstreckte sich bis an die Vogesen, Bischweiler auf der einen und Geispolsheim auf der anderen Seite. Näheres über diese interessante Anstalt, welche jedoch nur ein Jahr dürfte bestanden haben, ergiebt der Anhang. Die Gerichtsbarkeit über dieselbe war dem Intendanten beigelegt worden, was den Magistrat in Straßburg zu einem Protest veranlaßte.

Die Postmeister (Posthalter) im Elsaß besaßen nach einer Ordonnanz des Intendanten Blair vom Jahre 1767 [2] folgende Rechte: Sie waren von allen öffentlichen Abgaben und Lasten, selbst von der Einquartierung der Militärpersonen befreit. Wenn dieselben ein Gasthaus oder sonst ein öffentliches Handelsgewerbe besaßen, so brauchten sie aus Anlaß ihrer amtlichen Thätigkeit keine höheren Steuern zu entrichten, als sie vor derselben gezahlt hatten. Außerdem waren sie noch von der Führung der Vormundschaft, Vermögensverwaltung für andere Personen befreit ꝛc. Diese Rechte wurden im Jahre 1789 aufgehoben.

---

1 Spindler, a. o. O.

2 Straßburger Bezirks-Archiv.

Was den Transport der Personen betrifft, so geht aus den in den Straßburger Archiven vorhandenen Schriften hervor, daß die Postmeister die Eigenthümer der vielfach vorhandenen Landkutschen häufig verklagten, weil mit den letzteren Personen befördert wurden, dies aber ihrem Privilegium Nachtheil brächte. Die französischen Behörden begünstigten natürlich die Privilegien der Postmeister. So erließ im Jahre 1748 der Intendant Gayot „auf erhobene Beschwerde der betheiligten Postmeister" eine Ordonnanz — abgefaßt wie die meisten Verordnungen der damaligen Zeit in französischer und deutscher Sprache, — wonach eine zwischen Straßburg und Colmar „seit ungefähr einem Jahre errichtete Landkutsch-Verbindung, die wochentlich dreymal coursirte", sofort aufzuheben sei, oder wie es im deutschen Texte heißt, „völlig abgeschafft sein solle"; in der Ordonnanz heißt es dann weiter: „Bewilligen hingegen und erlauben die von den gedachten Postmeisteren vorgeschlagene Aufrichtung einer Diligence oder Geschwind-Kutsch, alß welche von jeder der beiden Städte Straßburg und Colmar dreymal in der Woch abgehen, mit obgemeldeten Postmeisteren-Pferden geführet und von Post zu Post abgewechselt werden soll. Die Reisenden, so sich besagten Gefährts bedienen wollen, zahlen vor der Fuhr von Straßburg nach Colmar jede Person 7 Livres ꝛc." Wie eine andere Ordonnanz angibt, wurde von 1750 ab von den Posthaltern in Colmar und Befort (sic!) „eine Fuhr nach Art der Landkutschen" eingerichtet. Die Landkutsch-Anstalten wurden dergestalt mehr und mehr durch Diligencen und andere Transportmittel der Messagerie-Gesellschaften verdrängt. Göthe, der 1770 von Frankfurt a. M. nach Straßburg reiste, erwähnt in „Wahrheit und Dichtung", daß er die „neu eingerichtete Diligence" benutzt habe. Nach Stuttgart gingen damals taxissche Postwagen, wie aus einem Vertrage vom 11. März 1761 zwischen Württemberg und Taxis hervorgeht[1]. 1681 war der Stadt Straßburg in der Capitulations-Urkunde

---

[1] Mayer, Sammlung der württembergischen Gesetze in Betreff des Post- und Landbotenwesens.

garantirt worden, daß ihr alle alten Privilegien, Rechte, Ordnungen und Gewohnheiten gewahrt bleiben sollten, und schon im folgenden Jahre erging zum Nachtheil der Landkutscher des Ortes, welche die Conzession zu Fahrten nach Paris besaßen, eine königliche Ordonnanz, durch welche kund gethan wurde, daß zum Behuf der reisenden Personen, sowie zum Transport der Waaren und anderen Sachen eine „richtige Gelegenheit mit Lehn-Pferden, Landkutschen, Karossen und Fuhren" von Straßburg nach Paris und anderen Orten aufgerichtet worden sei. Zugleich ward „Jedermännlich bey confiscation der Pferdt und Geschirr und fünfhundert Livres Straff keine Personen noch Ballen unter fünfzig Pfunden wigend, hinweg zu führen, oder Ballen von vielen, unterschiedlichen Personen zu ständigen Packeten zu formiren, verbotten[1]."

Den conzessionirten Straßburger Landkutschern, welche nach wie vor Personen und Waaren zwischen Straßburg und Paris beförderten, wurden letztere im Jahre 1683 Seitens der Inhaber der Messagerie in Nancy mit Beschlag belegt. Die Landkutscher beriefen sich in der Klagebeantwortung — wie dies fast in allen Fällen geschieht — auf die Capitulationsurkunde[2] und außerdem auf ihre Privilegien. Der Intendant De la Grange erkannte später an, daß die Straßburger Landkutscher im Rechte waren, denn unterm 29. Mai 1683 dekretirte er an dieselben: „wir befehlen den besagten Landkutschern, ihre Fahrten zweimal in der Woche, in Gemäßheit der Bestimmungen ihres Vertrages und bis zum Erlöschen desselben wieder zu beginnen[3]." Den Messagerien gelang es trotzdem längere Zeit nicht, sich im Elsaß festzusetzen, obschon sie es an öfteren Versuchen nicht hatten fehlen lassen.

---

1 Straßburger Stadt-Archiv, Verhandlungen der XIIIer.

2 In einem ähnlichen Schriftstücke heißt es sehr bezeichnend: „Straßburg besteht nur durch die Verbindungen, welche es mit dem Auslande unterhält 2c. Der Handel in einer Grenzstadt, wie Straßburg, verlangt eine vollständige Freiheit ohne Chicane, ohne Schererei und ohne Gewaltthätigkeit." (Sans chicane, sans vexation et sans violence). — (Straßburger Stadt-Archiv.)

3 Straßburger Stadt-Archiv.

1742 wurde jedoch in Straßburg die nachstehende Bekanntmachung in französischer Sprache publizirt: „Wir benachrichtigen alle Diejenigen, welche es angeht, daß während des Monats Februar ein Vertrag der königlichen Messagerie- Kutschen- und Karossen-Unternehmung der Stadt Straßburg in Betreff der Routen nach Basel und Frankfurt, zu Händen des Herrn Kornmann, Direktors der gedachten Messagerie, im Elsaß abgeschlossen und bestätigt werden wird. Diejenigen Personen, welche Neigung haben, sich dabei zu betheiligen, werden ersucht, sich wegen des Preises mit dem Herrn Kornmann zu verständigen, der beauftragt ist, mit ihnen kraft der Vollmacht des Herrn Nicolas Doyen, General-Pächters der gedachten Messagerien dieser Provinz, zu unterhandeln." Diese Bekanntmachung veranlaßte eine große Beschwerde der „Meister der nach Basel und Frankfurt fahrenden Landkutscher und Bürger Straßburgs", welche hervorhoben, daß ihre Vorfahren und sie im ungestörten Besitze dieser Landkutsch-Anstalten seit mehr als 80 Jahren seien und sie nicht ohne Weiteres durch „fremde" Personen verdrängt werden dürften. Es heißt in dieser Beschwerde wörtlich: „Es ist außer allem Zweiffel, daß die Provintz Elßas, deren hiesige Statt das Haupt ist, in Ansehung dero Privilegien nicht gleich andern in dem innern Theile des Königreichs gelegen n Provintzen und Stätten angesehen, noch auff den nemlichen Fuß tractirt werden könne". Die „Meister" drangen aber mit ihrer Beschwerde nicht durch, denn auf dem betreffenden Schriftstücke befindet sich der Vermerk: „Die Partheyen haben sich verglichen."

Die königliche Messagerie-Unternehmung trachtete später auch danach, Antheil an dem Handelsgewinn zu nehmen, welchen die Fuhr-Unternehmer des Elsaß beim Transport der Waaren des Transithandels erzielten, der gegen Ende des achtzehnten Jahrhnnderts eine ziemlich große Ausdehnung angenommen hatte. Damals wurde ein Theil der aus Italien und der Schweiz kommenden Erzeugnisse in Straßburzg u Schiff rheinabwärts und mainaufwärts nach Frankfurt a. M. verladen. Südfrüchte, Lyoneser Fabrikate, Wein aus Burgund, die Produkte der Franche-Comté und des

Jura, die aus Paris, aus Lothringen und der Champagne kommenden Waaren nahmen zum großen Theil über Straßburg ihren Weg, um „ins Reich“ zu gehen[1] und eben so geschah es in umgekehrter Richtung. Zwischen Basel und Straßburg sollen sich Jahr ein, Jahr aus, eine Menge vier- und sechsspänniger Frachtwagen bewegt haben, welche die rheinaufwärts anlangenden Güter zu Lande weiter beförderten. Der Magistrat in Straßburg hatte im Jahre 1657 einen Complex von Gebäuden von etwa 110 Meter Länge an der Ill erbauen lassen; dieses bereits erwähnte Zollhaus, „Kaufhaus„ genannt, trat an Stelle des älteren, ebenso genannten. Das bisher schon ausgeübte Recht, zur Erhebung einer Gebühr von den transitirenden Waaren, war der Stadt durch die Capitulations-Urkunde ausdrücklich gewährleistet worden. Es durfte danach keine Waare in den Laden des Kaufmanns gelangen, ehe dieselbe nicht nach dem Kaufhause gebracht war, und ehe man nicht die Gebühren für das Wiegen und die Lagerung entrichtet hatte. An dem betreffenden, großartigen Gebäude befanden sich Krähne Behufs leichterer Befrachtung und Löschung der Schiffe. Die von den Räthen und Mitgliedern der Kammer der Einundzwanzig — Abtheilung des Magistrats — für den Dienst der Handelshalle und des Zollkellers getroffenen Einrichtungen zeugen von der großen Fürsorge für die Interessen des eigenen und des fremden Handels. Die erzielten Einnahmen betrugen in manchen Jahren nahezu 160,000 Livres; es waren aber auch ziemlich große Ausgaben zu leisten, da eine größere Anzahl Beamten angestellt war. Es gab Controleure, Wieger, Magazin-Aufseher, Bestätter (Bestätiger) zu Wasser und zu Land ꝛc. Außer einer allgemeinen, merfach ungearbeiteten Ordnung[2] waren für jede Be-

---

[1] Deutscher Reichs-Anzeiger pro 1873.

[2] In den Jahren 1736 und 1737 erschienen an Stelle der früher publicirten Ordnungen andere. Schon aus den Ueberschriften dieser verschiedenen „Ordnungen“ wird hervorgehen, wie umfangreich die Stadtverwaltung war, denn die Mitglieder des Magistrats hatten zugleich die Functionen als Leiter der verschiedenen bestehenden Anstalten. Es gab eine **„Allgemeine-Zoller-Ordnung“**, welche sich auf die Erhebung

amtenklasse besondere Instruktionen (Ordnungen) erlassen, in denen Treue und Gehorsam ganz besonders betont sind. Die Betreffenden mußten danach zu „Gott, dem Allmächtigen“ schwören, der Stadt Straßburg „getreu und hold“ zu sein, auf deren Wohl und Vortheil zu achten und Alles zu verhindern, was derselben irgendwie zum Nachtheil gereichen könnte. Geldstrafen oder Entlassung aus dem Dienste waren im anderen Falle vorgesehen. Es wurde selbst an das Gewissen der Arbeiter der mechanischsten Dienstleistungen

---

der Gebühren an den Stadt-Thoren oder an der Rheinbrücke bezog; danach erhob man den Rheinzoll, das Brückengeld für die Schleusen, Brücken, Wege-, Floß-, Zoll-Gebühren ꝛc. ꝛc. Eine besondere **„Ordnung derer Gardes“** regelte die Functionen der Zollbeamten an den Stadt-Bureaus und Zollhebestellen. Die **„Ordnung deß Controlleurs am Rhein-Zoll“** war für den Vorsteher der betreffenden Zollstätte erlassen; derselbe mußte „bey früher Tageszeit in der Rhein-Zoll-Stub“ sich rechtzeitig einfinden. Eine **„Ordnung der Drey deß Umbgeldts“** war erlassen als Vorschrift für drei Beamte, welche im „Umbgeldt-Hauß“ Gebühren von Wein und Bier zu erheben hatten. Die Rechnung darüber stellte der Controleur in Gemäßheit der **„Ordnung deß Controlleurs im Umbgeldt“** auf; die Frage der Erhebung des Umgelds regelte die **„Revidirte Würth- und Wein-Umgeldts-Ordnung“**. Sonst bestanden noch: **„Ordnung der Wein-Kieser“** (zu den Wein-Kiesern sollten „nach alter Gewohnheit vier Personen gebraucht“ werden; „zwey von der Weinsticher und zwey von der Kiefer-Zunft“); **„Ordnung des Wein-Markts auff dem Barfüsser-Platz.“ „Ordnung der Keller-Weinsticher.“ „Biersieder- und Bierkieffer-Ordnung.“** (In derselben werden die Biersieder daran erinnert, „ohne Special-Bewilligung des Jahres über nicht mehr Bier zu brauen, als ihre Artikel solchs außweisen.“) **„Verbesserte Kornmarkts-Ordnung;“ „Wiederholte und ferner vermehrte Mehlwägen-, Müller- und Mühl-Schauer-Ordnung;“ „Ordnung des Pferdt-Unterkauffs;“ „Erneuerte Ordnung derer Beambten im Fleisch-Accis, wie auch Metzig- und Vieh-Zoll-Bedienten;“ Ordnung deß Controlleur im Fleisch-Accis und Vieh-Zoll;“ „Ordnung der Fleisch-Schauer auff dem Land;“ „Land-Policey-Ordnung;“ „Ordnung und Tax derer Ambt-Leuthe unter der Statt Straßburg Obrigkeiten;“ „Ordnung derer Ambt-Schaffner in der Statt Straßburg Aembtere;“ „Ordnung derer Ambt-Schreiber unter der Statt Straßburg Aemtere“** u. s. w. Straßburger Stadt-Archiv.

appellirt, wie an das der „Spanner", der „Kärchelzieher"[1], der „Lastträger" und „Packer". Damit diese Leute ihre Pflichten nicht verabsäumten, sollten ihnen die Bestimmungen ihrer Ordnungen jährlich zweimal, beim Herannahen der Messen, im Kaufhause „bei offenen Thüren" vorgelesen werden. Die verschiedenen Ordnungen und Tarife datiren aus den Jahren 1674, 1685 und 1691 und wurden 1737 erneuert[2]. Die Ausübung derselben geschah bis zu dem Augenblicke, als die Stadtverwaltung durch ein Dekret vom 25. Brumaire des Jahres XIV. von Napoleon autorisirt wurde, das gedachte Gebäude und die dazu gehörige Einrichtung zu den von dem Stadtrath festgestellten Bedingungen der Handelskammer zu überlassen[3].

Diese eigenartige Schöpfung deutscher Selbstverwaltung untergrub man französischer Seits einigermaßen, indem man sie im Interesse Privilegirter zu verwerthen suchte. Im Jahre 1777 war nämlich ein Beschluß des Staatsrathes ergangen, wonach dem Pächter der königlichen Messagerie der, wenn auch nicht ausschließliche, Transport der Waaren, sowohl im Lande selbst, als nach und von dem Auslande gestattet wurde. Demgemäß wollte der gedachte Pächter den Fuhr-Unternehmern, welche die Waaren beförderten und gewissermaßen einen integrirenden Theil der städtischen Anstalt in Straßburg bildeten, Concurrenz machen. Interessant ist es, wie der Magistrat sich dazu verhielt. Eines der Mitglieder desselben, der Advokat Moog, äußerte sich bei der Berathung dieses Projekts: wie die vereinigten Kaufleute sich dahin verwenden sollten, „daß diese Sache in ihrer Geburt möchte erstickt werden". Er votirte dann weiter, daß die Durchführung des Projekts den Umsturz des Straßburger Handels und den Untergang der Speditionshändler nach sich ziehen würde. Die auswärtigen Handelsleute, die Transit-

[1] Zieher der im Elsaß sehr verbreiteten Handkarren (das deutsche „Karch" kommt vom lateinischen « carruca », aus dem « charrette » entstanden ist).

[2] Eine dieser Ordnungen findet sich im Anhange abgedruckt.

[3] Spindler, a. o. O.

Waaren versenden und denen solche zugeschickt werden, würden ihre Fuhrleute selbst wählen und die Fracht mit denselben verabreden wollen. Sie würden sich von einer fremden Macht die Hände nicht binden, noch gar sich vorschreiben lassen, wie und auf welche Art sie ihre Güter versenden sollten, noch weniger aber würden sie den Pächtern einen so großen Vortheil gönnen, den sie selbst beanspruchen könnten. Sie würden also ihre Transitgüter nicht anders, als unter der Aufsicht und Verwaltung der Obrigkeit von Straßburg, zu der sie volles Vertrauen hätten, durch diese Stadt und das Elsaß gehen lassen, in welchem Falle die alte und bisher ausgeübte Einrichtung des Kaufhauses beibehalten werden müßte, was dann zur Folge hätte, daß die projectirte Einrichtung des Pächters „fruchtlos, ja völlig unnütz" sein würde. Sollte man jedoch gesonnen sein, die fremden Kaufleute zu nöthigen, ihre Transit-Güter dem Pächter zu übergeben, so würden sie die Rheinstraße jenseits des Rheins derjenigen im Elsaß vorziehen und ihre Güter auf dem Reichsboden weiter versenden, wodurch der König von Frankreich den Zoll verlieren würde[1].

Es gelang dem Magistrat in Straßburg, die Gefahr für den Handel der Stadt abzuwenden. Nichts desto weniger erging bereits unterm 9. August 1781 ein Beschluß des Staatsrathes, welcher der Verwaltung der königlichen Messagerie den ausschließlichen Transport der Transitwaaren zusprach. Der Magistrat in Straßburg äußerte sich in einem Protest an den Grafen de Brienne[2] dahin, „daß die Sache nicht neu sei" und „daß dieser Plan in direktem Gegensatze zu den Bestimmungen der Capitulations-Urkunde, den Rechten und Privilegien der Stadt stehe." Fast noch schärfer sprach sich die Zunft der Kaufleute in Straßburg aus, welche an die Regierung Vorstellungen über diese, für sie so einschneidende Bestimmung richtete, in welchen

---

[1] Fast wörtlich den Verhandlungen der Einundzwanziger entnommen (Straßburger Stadt-Archiv).

[2] Straßburger Stadt-Archiv.

die Handelsfreiheit warm befürwortet ist. Es heißt nämlich in einer dieser Vorstellungen: „Die ausschließlichen Privilegien ziehen den Verlust der Freiheit herbei, ohne welche der Handel nicht gedeihen kann; wenn man dem Gange des Handels entgegenwirken will, so entweicht der letztere: man darf die Freiheit nur so weit beschränken, als sie schädlich wirkt[1]. Diese energischen Vorstellungen hatten schließlich die erwünschte Wirkung.

Durch das Gesetz vom 17. Jan 1791 wurden alle Arten von Privat-Messagerien aufgehoben und dieselben mit der Generalpachtung vereinigt; dasselbe war jedoch nur von kurzer Dauer. Schon zwei Jahre später wurde der gerichtlich festgesetzte Pachtvertrag ungültig erklärt und durch Gesetz vom 16. Oktober 1794 unumschränkte Concurrenz der Messagerien ausgesprochen. Die Freigebung der Concurrenz benutzte man zu einer neuen Steuer, so daß der Staat von den Transport-Anstalten einen beträchtlichen Reingewinn zog, ohne ein Betriebs-Capital dazu zu verwenden. Seitdem bestanden Staatsposten und Privatposten, erstere zur Beförderung der Briefpost-Gegenstände und in beschränktem Maße auch zum Transport von Personen, letztere zur Beförderung aller Gegenstände — mit Ausnahme der zur Briefpost gehörigen — und ferner der Personen.

Im Elsaß gab es außer den oben erwähnten Transport-Gelegenheiten noch die sogenannten „Nachtwagen“[2], welche einen Theil der Fahrt in der Nacht zurücklegten und daher ihren Namen hatten. Es waren dies große Wagen, welche 10, 20, ja sogar 25 bis 30 Personen aufnehmen konnten. Man fuhr mittelst derselben, „wenn auch mit wenig Bequemlichkeit“, doch schnell zu billigen Preisen von Straßburg nach allen größeren Orten des „Nieder-Rheins“, ja sogar des „Ober-Rheins“. Im Jahre 1800 gab es Nachtwagen von Barr, Buchsweiler, Colmar, Mutzig, Schlettstadt, Wasselnheim, Westhofen, Zabern, und Boten zu Wagen aus Bisch-

---

[1] JULES S... in der Revue d'Alsace vom Jahre 1836.

[2] In anderen Provinzen Frankreichs soll es dergleichen Wagen nicht gegeben haben. Annuaire politique pro 1800.

weiler, Hagenau, Hochfelden, Lauterburg, Marlenheim, Molsheim, Mommenheim, Niederbronn, Oberehnheim, Pfalzburg, Rappoltsweiler, Rosheim und Saarburg. Eine ähnliche Einrichtung scheint auch Lothringen besessen zu haben und bis auf die neueste Zeit zu besitzen. Im Jahre 1858 bestanden nämlich außer den Diligencen nach etlichen Orten noch regelmäßige Verbindungen von Metz nach 51 größeren und kleineren Orten der Umgegend vermittelst öffentlicher Wagen oder sogenannter Commissionäre[1].

Die privilegirten Postmeister führten auch Beschwerde gegen die Vermiether oder „Weglehner" von Pferden, Besitzer von Chaisen oder anderen Gefährten, weil diese Unternehmer Personen beförderten, wodurch sie Nachtheil hätten. Sie beriefen sich auf eine königliche Ordonnanz, in Straßburg im Jahre 1740 publizirt, — confr. Anhang; — dieselbe bestimmt, daß die Vermiether von Pferden letztere nur im Schritt oder Trab und ohne Beigabe eines Wegführers durften gehen lassen.

In Straßburg ließen sich die höheren Klassen der Gesellschaft und die Fremden[2] gegen Mitte des achtzehnten Jahrhunderts noch vielfach in Sänften tragen, obschon es damals auch bereits öffentliche Karossen, «fiacres» genannt, gab. Im Jahre 1741 erließ der dortige Magistrat das nachstehende Reglement für diese Art von Transportmitteln in französischer und deutscher Sprache[3]:

„Demnach Ein Löblich Policey=Gericht dieser Stadt schon eine geraume Zeit hero mit Höchstem Mißfallen wahrnehmen müssen, wie nicht allein wegen derer Lohn=Kutscher, sondern auch derer Chaisen=Trägere, grosse Unordnungen eingerissen, indem von unterschiedlichen Orten her vielfältige Klagen eingeloffen, was massen dieselben nach ihrem eigenen Belieben den Preiß ihrer Kutschen und

---

[1] SAUER, la Moselle administrative, 1858.

[2] Wie Riehl a. o. O. erwähnt, gab es in Straßburg und in den andern großen Orten im Elsaß ganze Straßen, wo lauter Fremde wohnten: Italiener, Schweizer, Schwaben, Preußen 2c.

[3] Straßburger Stadt=Archiv.

Chaisen taxirt, und also jedermann, sowohl hohen als niederen Stands = Personen dero freyen Disposition in diesem Fall sich unterworffen befunden. Solchem Unwesen nun in das Zukünfftige vorzubiegen, und damit ein gewisses Reglement in dieser Sach möge gemacht werden, als haben die Herren Policey=Richtere hiemit wohlbedächtlich erkannt, und wollen, daß Erstlichen die Lohn=Kutscher betreffend, dieselbe, sowohl bei Hochzeiten, Kind=Tauffen, als anderen Spatzier=Fahrten des Tages mehr nicht als vier Gulden, für den halben Tag aber die Helffte zu fordern sollen befugt seyn, zum Andern, was die Chaisen=Träger anbelanget, sollen der Chaisen in allem an der Anzahl Dreyzehen gehalten werden, deren Vier auf dem alten Roß=Marck[1], Vier auf dem Thomas=, Vier auf dem Stephans = Plahn sich ordentlich befinden sollen, die Dreyzehende aber, solle jede Woche von einem Platz auf den andern kommen, damit wenn jemand eine Chaise auf einige Zeitlang zu entlehnen gesinnet wäre, die Anzahl der Zwölffe allezeit vollkommen bleiben möchte, und damit sie eigentlich wissen können, wie sie sich wegen des Preises zu verhalten, wird ihnen derselbe vor den ganzen Tag, welcher sowohl wegen ihrer, als auch der Lohn=Kutscher im Sommer von Morgens um sechs biß Nachts um zehen Uhr, und zu Winterszeit von Morgen um sieben biß Nachts um neun Uhr währen solle auf zwey Gulden für jede Reise in dem Quartier, allwo sie jemand abholen werden auf 8 Sols, außer dem Quartier zwölff Sols bis in die Vor= und Ende der Stadt sechszehn Sols und für jede Stunde Warth=Geld auf sechs Sols gesetzet, doch mit diesem expressen Anhang, daß sie wochentlich damit keiner vor dem andern sich einiges Vorzugs rühmen möge, wegen derer Plätze umzuwechslen sich fleißig auf denenselben einzufinden, friedlich mit einander zu leben, sich gegen Jedermann gebührend aufzuführen, mit dem Ersten, von welchem sie angesprochen werden, gleich ohne einzige Widerrede fortzugehen und ihre Tour ordentlich zu halten, sollen verbunden seyn, es seye dann, man wollte einige lieber haben, als die andere,

---

[1] Der Markt heißt jetzt Broglie=Platz.

in welchem Fall selbige alsobald gehen und ihre Tour nach denen anderen wieder nehmen sollen. Wurde aber jemand sowohl von denen Lohn-Kutscher, als auch denen Chaisen-Trägeren sich dieser unserer wohlgemeinten Verordnung oder einigen der darin enthaltenen Punkten unter was für einen Vorwandt und in welcher Zeit es auch immer sein möge muthwillig widersetzen, so solle demselben ohnnachläßig die Straff von sechs Pfund Pfenning abgenommen und selbiger so gar, nach Befinderung der Umstände, mit der Thürnung[1] angesehen werden, darnach sich männiglich zu richten und für Schaden zu hüten wissen wird. Und soll gegenwärtige Verordnung, damit sich niemandt mit der Unwissenheit entschuldigen könne, gewöhnlicher Orten publizirt und angeschlagen werden. Decretum Montags den 30. Octobris 1741"[2]. Man sieht, es ist dies bereits eine Art Droschken-Reglement.

Einige Jahre später, 1747, erhielt Peter Dubocq vom Magistrat in Straßburg die Concession zur Aufstellung von 6 Fiacres; derselbe hatte für die Concession jährlich 100 Gulden, von 1767 ab 300 Gulden zu entrichten. In einem Zusatz-Paragraphen heißt es, diese Einrichtung sei erfolgt: „Zum Vergnügen Eines Hochl. Magistrats alß des Publici ꝛc." Eine sehr ausführliche Polizei-Ordnung über die Lohnkutschen und Fiacres erging im Jahre 1785; nach derselben wurde die Zahl der Landkutschen auf 20 herabgesetzt, die Zahl der Fiacres auf 12 festgestellt; die Lohnkutschen dienten zur Reise über Land, die Fiacres zu Fahrten in der Stadt. Bezeichnend für den bestehenden Zunftzwang ist es, wenn ein Paragraph dieser Polizei-Ordnung hervorhebt, daß die Sattlermeister und die „vornehmen Gastgeber" der Stadt „ein Gefährt und drei Pferde zum Behuf des Publici" resp. „zur Bequemlichkeit der bei ihnen logirenden Fremden" unterhalten durften.

In Artikel V der zwischen dem Marquis Louvois und der Stadt Straßburg unterm 30. September 1681 abgeschlossenen Capitu-

---

[1] Bedeutet Gefängniß.

[2] Städtisches Archiv in Straßburg.

lations-Urkunde war der gedachten Stadt unter anderen Rechten auch dasjenige des Schlagens von Münzen zugestanden worden. Demgemäß ließ der Magistrat nach wie vor Münzen prägen, nunmehr aber nach französischem Münzfuße; es waren vorzugsweise 10, 15, 30 und 32 Sols- (Sous-)Stücke. 1716 wurde jedoch die Münze der Stadt geschlossen. Im Jahre 1693 war bereits eine Münzstätte des Staats eingerichtet worden, welche als unterscheidendes Merkmal die Buchstaben BB. führte. In der letzten Zeit — vor dem Kriege im Jahr 1870 — wurden neben Münzen für Frankreich auch solche für die Schweiz, Griechenland ꝛc. in Straßburg geprägt. — Im Jahre 1725 hatte die französische Regierung ein Verbot der fremden Münzen erlassen, die im Elsaß, wie in jedem Grenzlande, häufig vorkommen. Die Zunft der Kaufleute in Straßburg wußte jedoch den nachtheiligen Einfluß, welchen gerade das Elsaß durch dieses Verbot erleide, in einem Bericht an den Finanzminister scharf hervorzuheben. Es heißt darin: „Man wird zugeben, daß der Kaufmann nicht ohne Handel, der Fabrikant nicht ohne Arbeit bestehen kann. Der Handwerker ist genöthigt, seine Gesellen und Arbeiter zu entlassen, wenn es ihm an Beschäftigung fehlt. So ergeht es uns jetzt im Elsaß. Der fremde Kaufmann vermeidet diese Provinz, weil er wahrnimmt, daß er seine Einkäufe anderswo besser bewerkstelligen kann; der Fuhrmann nimmt ebenfalls nicht mehr den Weg über Straßburg und daher kommt es, daß ein Gastwirth, der früher hier 200 Pferde unterstellte, jetzt deren nur 10 oder 11 hat. Diese Thatsachen sind notorisch und zeigen, wie nothwendig es ist, daß den Fremden, welche unsere Waaren und Lebensmittel aufzusuchen kommen, gestattet sein muß, ihre Münzen mitzubringen, um damit ihre Einkäufe zu bezahlen“ [1].

Im Jahre 1716 hatte der Schotte Law in Paris das Privilegium erhalten, ein Bank-Institut zu gründen, das später in eine königliche Bank umgewandelt wurde und in allen größeren Städten Comptoire errichtete. Der Gebrauch des Goldes oder der Banknoten

---

[1] Spindler, a. o. O.

war bei allen Zahlungen über 600 Livres obligatorisch. Die Zunft der Kaufleute in Straßburg protestirte gegen die Einführung der Banknoten im Elsaß, ohne jedoch damit Erfolg zu erzielen; sie führte in dem betreffenden Berichte aus, daß von den Banknoten in dieser Provinz kein Gebrauch gemacht werden könnte, da dieselbe von Fremden umgeben wäre, diese aber die Noten um keinen Preis nehmen wollten.

In der vom Intendanten de la Grange verfaßten Denkschrift, von der oben die Rede war, findet sich auch ausdrücklich erwähnt, daß eins der hauptsächlichsten Mittel, durch welche Geld vom Auslande nach Straßburg gekommen, die Universität sei, welche viele junge Adelige aus Deutschland und Spanien angezogen habe und noch anziehe. Auch Göthe war, angelockt durch den europäischen Ruf der Universität, 1770 nach Straßburg gegangen, jedoch nicht, wie vielleicht andere junge Studenten, „wegen der französischen Sprache, die schon sehr in Gebrauch war", sondern um dort seinen juristischen Studien obzuliegen, wo unter Anderem die berühmten Lehrer Schöpflin, Koch, Oberlin ꝛc. wirkten. Göthe selbst sagt, daß er gerade in Straßburg, an der Grenze Frankreichs „allen Franzosenthums ledig geworden sei."

Der Kern der elsässischen Bildung war damals, gleichwie das Schul- und Unterrichtswesen, die Presse und der Buchhandel noch deutsch. Die große Verschiedenheit der Elsässer von den Franzosen entging auch aufmerksamen Beobachtern anderer Nationen nicht. So schrieb der Engländer Arthur Young, der 1789 von Paris nach Straßburg reiste, unter Anderem Folgendes in seiner Reisebeschreibung:

„In Elsaß-Zabern befand ich mich allem Anscheine nach wirklich in Deutschland. Seit zwei Tagen hatte ich schon den allmählichen Anfang einer Veränderung bemerkt; aber hier ist nicht Einer unter Hundert, der französisch spricht. Wenn man eine Karte von Frankreich betrachtet und die Geschichte Ludwigs XIV. liest, erscheint die Eroberung des Elsaß nicht in dem Lichte, als wenn man das Land selbst bereist. Daß ich über eine große Reihe von Bergen mußte und dann in eine flache Ebene kam, worin ein Volk wohnt, welches sich in Sitte, Sprache, Ideen, Vorurtheilen und Kleidung gänzlich von den Franzosen unterscheidet; das machte einen stärkeren Eindruck auf mich, als ich je beim Lesen eines so ungerechten, ehrsüchtigen Verfahrens empfunden hatte. So ungleich mächtiger wirken Sachen als Worte!"

Die fortdauernde Wirksamkeit der französischen Behörden und Beamten machte sich freilich mehr und mehr auch nach außen bemerkbar. So hatte man beispielsweise vielen Ortschaften und den Straßen in den Städten französische Namen gegeben[1]; die Elsässer aber, — conservativ, wie sie sind, — hielten mehrere Menschenalter hindurch trotz der französischen Inschriften die alten deutschen Bezeichnungen fest. Dies bestätigt auch ein Gutachten des Präfecten des Departements Niederrhein, welcher noch im Jahre 1800 offen bekannte, daß die deutsche Sprache aus dem Verkehr und Umgang nicht verbannt werden könnte. Allein durch den Gebrauch bei allen öffentlichen Angelegenheiten und im Verkehr mit den Behörden werde die französische Sprache der deutschen Raum abgewinnen. Französisch werde zwar in allen Theilen des Elsaß verstanden, aber die Umgangs- und Verkehrssprache wäre es nicht. Das Volk kehre sich selbst nicht an die officiellen Bezeichnungen; es nenne nach wie vor mit deutschen Namen seine Städte, Dörfer und Straßen. Selbst in Metz hatte es lange Zeit gewährt, ehe die französische Sprache dort Wurzel faßte. Der Franzose Etienne[2] giebt zu, daß noch im Anfange des letzten Jahrhunderts die französische Sprache in Metz in den ersten (nobles) Häusern der Stadt beinahe ganz unbekannt gewesen, daß man damals noch ein Patois gesprochen habe, während in Diedenhofen die gewöhnliche Sprache die deutsche gewesen sei.

Die französische Revolution brachte für Elsaß-Lothringen einen

---

1 Dabei waren manche Irrthümer mit untergelaufen; so wurde in Straßburg eine Straße, die nach einem Herrn von Kalb, „Kalb's-Gasse" hieß, rue des Veaux, also Kälbergasse genannt. Hermann, notices, Bd. I, S. 44.

2 Etienne, résumé de l'histoire de Lorraine.

ungemeinen Umschwung aller Verhältnisse mit sich: Verwaltung und Rechtspflege wurden mit der des übrigen Frankreichs vollständig verschmolzen, die Zolllinie von den Vogesen an den Rhein verlegt [1], das Land in Departements eingetheilt. Die Verfassung der Stadt Straßburg fiel, die Universität wurde beseitigt, an deren Stelle eine französische Akademie trat. In den Schulen wurde die französische Sprache mehr gepflegt und die Französirung der Bewohner — insbesondere der höheren Klasse der Gesellschaft — machte seitdem bedeutende Fortschritte. Wohl kein anderes historisches Ereigniß hat einen größeren Einfluß auf das Land ausgeübt, als dieses; keins hat die Grundlage aller Einrichtungen so erschüttert, die internationalen Verbindungen so umgestaltet. Die Verlegung der Zollgrenzen und die alsbald ausbrechenden Revolutionskriege übten nachtheiligen Einfluß auf den Transithandel des Elsaß aus, der demselben jährlich mehrere Millionen Franken eingetragen hatte. Ein Dekret vom 24. Juli 1793 vernichtete die Handelsfreiheit der Stadt Straßburg, da es ihr die Rechte des Freihafens und des freien Transits nahm. Die Waaren nahmen nunmehr den Weg durch Baden, und wenn später auch Zoll-Erleichterungen gewährt wurden, so daß das Elsaß mit Baden erfolgreich zu concurriren vermochte, so ließen

[1] Aus einer Reihe von Verhandlungen, welche sich im Archiv der Handelskammer in Straßburg befinden, geht hervor, daß die General-Pächter, welche die Staatszölle gepachtet hatten, in den Jahren 1781 und 1782 bei den obersten Behörden Frankreichs lebhafte Klagen darüber erhoben, daß der Magistrat in Straßburg ihren Beamten den Eintritt in das Zollgebäude der Stadt — Kaufhaus — verweigere. Auch die Zunft der Kaufleute in Straßburg wies diesen Anspruch der General-Pächter entschieden zurück; sie richtete eine Denkschrift an den Königl. Prätor Gérard, in welcher sie alle von den General-Pächtern erhobenen Ansprüche bekämpfte, indem sie gleichzeitig auf die städtischen Freiheiten und die Vortheile, welche dieselben dem Handel gewährten, hinwies (Spindler a. o. O). Bei den darauf folgenden Erörterungen zwischen dem Handelsstande und den General-Pächtern verlangte die Kammer XV des Magistrats in Straßburg, in Folge eines Beschlusses vom 30. August 1783, von der Zunft der Kaufleute daselbst eine authentische Erklärung darüber, ob es für den Handel Straßburgs vortheil-

sich die früher erzielten Vortheile doch nicht wieder erreichen, weil die Waaren jetzt schneller durch das Land gingen und es auf die größtmöglichste Billigkeit der Frachtgebühren bei der Beförderung vorzugsweise ankam.

Der Handelsstand Straßburgs erinnert sich dagegen noch gerne der Jahre 1808 und 1809. Als nämlich 1803 der Vertrag von Amiens gebrochen war und die Engländer die französischen Häfen blockirt hatten, nahm der Handel in Straßburg einen großen Aufschwung an, weil die politischen Ereignisse nunmehr zu der Nothwendigkeit führten, den geeignetsten Verkehrsweg aufzusuchen; es war dies derjenige über Straßburg. Kaffee, Zucker, Indigo, Gewürze nahmen deshalb fortan die Richtung über diesen Ort. Die Kaufleute Straßburgs gingen nach Hamburg, Bremen, Amsterdam, Triest, um ihre Waaren gegen die reichen Produkte Indiens oder des Orients auszutauschen, welche letztere entweder den Rhein hinaufzogen oder durch Deutschland transitirten, um in Straßburg ein ungeheures Proviant-Lager für ganz Frankreich zu bilden. Der Ort war gewissermaßen das Thor geworden, durch welches fortan auch die Export-Artikel: die Seidenwaaren aus Lyon, die Weine aus Burgund und Bordeaux, die Produkte des mittleren Frankreichs aus dem Lande herausgingen. Lyon, Amsterdam, Bordeaux und Hamburg schienen sich das Stelldichein auf dem Markte Straßburgs, als dem Centralpunkte ihres großartigen Austausches, gegeben zu haben. Dazu kam noch der Handel mit den Produkten des Elsaß selbst, der freigegebene Bau des Tabaks, welcher eine solche Aus-

---

haft sei, daß das Elsaß auch ferner in Zoll-Angelegenheiten als eine fremde Provinz angesehen werde, oder ob eine Aenderung in dieser Beziehung erwünscht sei (comme province assimilée à l'étranger effectif, ou seulement comme province réputée étrangère). Mit großer Majorität erbaten darauf die Kaufleute und Händler das Aufrechterhalten der Privilegien, welche durch Beschlüsse des Staatsraths aus den Jahren 1682, 1683, 1684 und 1698 eingeräumt worden waren und die fernere Behandlung des Elsaß als eine fremde Provinz (Hermann, a. o. O. Bd. II, S. 117).

dehnung genommen hatte, daß 15 Manufacturen zur Fabrikation des Rohstoffes kaum genügten. Vergegenwärtigt man sich dabei, daß die Straßburger vom öftern Durchzuge der in Austerlitz, Friedland, Wagram siegreichen Armeen, von dem magischen Glanze der öfteren Anwesenheit des Kaisers Napoleon I. geblendet waren, so kann man sich ein einigermaßen lebhaftes Bild von dem damaligen Zustande Straßburgs entwerfen: „Es schien, als wenn für die Hauptstadt des Elsaß das goldene Zeitalter wiedergekehrt wäre“[1]. Damals konnte das „Kaufhaus“ an der Ill die unterzubringenden Waaren nicht bergen[2].

Als der Frieden im Lande wieder eingekehrt war, nahmen der Ackerbau und insbesondere die Industrie einen großen Aufschwung. Die wichtigsten Produkte des Reichslandes sind: Getreide[3], Wein, Krapp, Hanf, Colza- und Mohnöl, Tabak, Hopfen, Kleesaat,

---

[1] JULES S. in der Revue d'Alsace für das Jahr 1836. (Aperçu historique et critique sur le commerce de Strasbourg depuis la révolution jusqu'à nos jours.)

[2] In der Schrift: Almanach du commerce de Strasbourg pour l'année 1812 befinden sich Auszüge aus verschiedenen, für den Handel wissenswerthen Reglements. Danach war unterm 5. September 1808 vom Maire in Straßburg ein Beschluß ergangen, welcher den Betrieb im Kaufhause in einigen Beziehungen neu regelte. In demselben sind auch Taxen für das Beladen und Entladen der Wagen und das Bewachen derselben vorgesehen. Für das Bewachen eines vor dem Hause stehenden Wagens während der Dauer von 24 Stunden waren nur 40 Centimes zu entrichten. Ein kaiserliches Decret vom Jahre 1806 hatte das Gewicht der beladenen Wagen genau festgesetzt und im Anschlusse an das Dekret war ein besonderer Beschluß des Maires ergangen, welcher diejenigen mit Strafen bedrohte, die zu schwere Wagen benutzten.

[3] Das Türkisch- oder Welschkorn darf nicht unerwähnt bleiben; es dient zum Mästen des Rindviehs, der Schweine, der Gänse. Das Gänsemästen ist eine ergiebige Hilfsquelle für die Haushaltungen, besonders in Straßburg und Umgegend. Aus den Lebern der Gänse werden theils die berühmten Gänseleber-Pasteten mit Trüffeln, theils andere wohlschmeckende Gerichte gemacht. Das Fett ersetzt vielfach die Butter.

Senf ꝛc. Ein ökonomisch-belletristischer Kalender vom Jahr 1801 sagt sehr richtig: „Es ist beinahe kein Landesprodukt, das nicht in diesen Departementen angetroffen wird.“ Die Viehzucht scheint dagegen noch nicht in demjenigen Zustande zu sein, den sie einnehmen könnte. Während man im Anfange dieses Jahrhunderts manchen wohlhabenden Bauern mit Pferden von 1200 Franken Werth vor seinem Wagen angetroffen haben soll, bemerkt man heutzutage dergleichen sehr selten. Im Allgemeinen werden die Fohlen zu frühzeitig angespannt, woher es kommt, daß dieselben in ihrer Entwickelung zurückbleiben. Diesem Uebelstande wird nur durch geeignete Einwirkung auf die Unverständigen Abhilfe geschaffen werden können[1]. Auch der Bezug von Pferden, Rindern und Schafen aus anderen Gegenden mit besseren Racen wird wohlthätig auf die Viehzucht im Lande einwirken.

Dem Aufblühen der Industrie kam es sehr zu Statten, daß in den Berggegenden der Arbeitslohn billig war, dort auch gewöhnlich die vielen Bäche starkes Gefälle haben, Momente, welche Erleichterungen bei der Anlegung von Fabriken gewähren. Im Elsaß ist es vor Allem die Baumwollen-Industrie, die in Betracht kommt; nach den Spinnereien, Webereien, Druckereien ist die Fabrication von Tuch am wichtigsten. Die erste Spinnerei wurde 1803 in Wesserling begründet. In Lothringen ist die Metall-Industrie, namentlich in Eisen und Stahl von großer Bedeutung. Im Bergbau werden gewonnen: Silber- und Bleierze, Alaun- und Vitriolerde, Steinkohlen, Petroleum, Schwefelkies ꝛc. Längs der Vogesen

---

[1] Die Verbesserung der Pferdezucht im Elsaß ist unter Anderem auch in einer Schrift des Direktors des Königl. Beschäler-Depots, THIERY, betitelt: « Mémoire sur l'amélioration des chevaux dans les deux départements du Rhin, Strasbourg 1835 », in Anregung gebracht worden. Diese in französischer und deutscher Sprache erschienene Schrift behandelt die Herkunft der Hengste von unvermischtem Geblüte oder edler Abkunft, ihren Nutzen, die Vortheile, welche das Aufziehen der Füllen im Stalle gewährt und Mittel gegen die Mißbräuche dieser Art der Zucht, den zu frühen Gebrauch der Pferde ꝛc. ꝛc.

befinden sich Steinbrüche, in denen der als Baumaterial sehr geschätzte Sandstein gebrochen wird.

In Mülhausen, das, wie erwähnt, sich 1515 dem Schweizerischen Bunde angeschlossen, hatte sich ein reger Industrie- und Handelsgeist derartig geltend gemacht, daß es in verhältnißmäßig kurzer Zeit einer der wichtigsten Orte für die Baumwoll-Fabrikation geworden war. Die Anregung dazu war von Samuel Köchlin, Johann Heinrich Dollfuß und Jakob Smalzer ausgegangen, welche im Jahre 1746 eine Indienne-Fabrik begründet hatten. Die „Republik Mülhausen", welche durch die Verlegung der Zollgrenze in ihrem freien Verkehr mit dem Auslande sehr behindert war und es kommen sah, daß andere Zoll-Barrieren um ihr Territorium gezogen werden würden, zog es, nach mehreren Unterhandlungen mit der französischen Republik, vor, sich der letztern anzuschließen. Die Begründung der industriellen Gesellschaft (Société industrielle) in Mülhausen trug zu den Fortschritten auf dem Gebiete der Industrie und der allmählichen Vervollkommnung der Methode sehr wesentlich bei, indem sie den elsässischen Fabrikanten einen gemeinsamen Mittelpunkt gab, wo dieselben sich gegenseitig aufklären konnten[1]. Bekannt sind auch die Bestrebungen der dortigen Fabrikanten, das Loos der Fabrikarbeiter zu verbessern.

In Mülhausen war 1674 eine regelmäßige Postverbindung über Hüningen nach Basel eingerichtet worden. Der Postmeister hatte Anweisung erhalten, „so viel es Leibs halben geschehen konnte," selbst zu reiten. Im Jahre 1715 wurde zur besseren Leitung des Postwesens ein Directorium der Kaufmannschaft, aus einem Präsidenten und sechs Beisitzern bestehend, eingesetzt. Diese Einrichtung währte bis zum Anschlusse der Stadt an Frankreich. Im Jahre 1767 richtete ein Herr Waldner aus Sierenz einen Nachtwagen, den sogenannten „Sierenzer Nachtwagen" ein, welcher zwischen Basel (über Mülhausen) und Colmar coursirte und an Johannes Dollfuß in Mülhausen vermiethet wurde. Im Jahre 1772 ver-

[1] Grad, Revue d'Alsace, 1872.

lor der letztere Ort die Postverbindung nach Basel. Waldner unterhandelte mit der Stadt Mülhausen wegen Einrichtung einer Postanstalt in Sierenz, wozu selbige jedoch nicht geneigt war, da sie „den alten Fuß“ beizubehalten wünschte. Sie schrieb dieserhalb an die französischen Behörden, deren Antworten jedoch „höflicher als vergnügend“ waren. Die Postverwaltung beschloß vielmehr, drei Post-Anstalten in Sierenz, Habsheim und Ensisheim einzurichten. Der Stadt Mülhausen wurde anheim gestellt, ihre Briefe bei einer der bezeichneten Postanstalten abzugeben und in Empfang zu nehmen. Diese Einrichtung behagte jedoch dem Magistrat daselbst nicht und wurde der Kaufmann Hofer beauftragt, nach Paris zu reisen und darauf anzutragen, daß gleichwie in Genf, so auch in Mülhausen, ein französisches Pöst-Bureau eingerichtet werden möchte. Die evangelischen Stände und der französische Gesandte der Schweiz wurden um ihre Fürsprache gebeten. Demnächst wurden andere Vorschläge gemacht, ohne daß jedoch der beabsichtigte Zweck erreicht worden wäre. Es wurde bewilligt, daß man wöchentlich einen Boten nach Basel senden durfte, um Packete dort abzugeben und Aufträge auszuführen. Diese Einrichtung mußte man sich „bis auf bessere Aspecten“ gefallen lassen; sie hatte das Nachtheilige, daß die Taxe für ausländische Briefe, welche über Basel spedirt wurden, viel höher, als bis dahin, zu stehen kam [1].

Die kleine Stadt Kehl am Rhein, Straßburg gegenüber, befand sich in Kriegszeiten abwechselnd in den Händen der Franzosen und Deutschen. 1808 wurde Kehl von Napoleon mit dem Departement Niederrhein vereinigt, 1815 aber an Baden zurückgegeben. Die von den Franzosen hergerichteten Festungswerke wurden wieder abgetragen.

Der Schriftsteller Kohl [2] sagt: „Fast jede Flußstadt, die nur auf der einen Seite des Strom's liegt, hat einen Ueberfahrtsort sich als Gehilfen gegenüber auf der andern Seite des Strom's pla-

---

[1] Graf, Geschichte der Stadt Mülhausen, 3 Thl.
[2] J. G. Kohl, der Verkehr und die Ansiedelungen der Menschen.

cirt, zuweilen nur einige Häuser, zuweilen ein Dorf oder ein eigenes Städtchen, in andern Fällen eine Vorstadt, die endlich wohl als Neustadt gänzlich mit der Hauptstadt verschmilzt." Als solchen Hilfsort von Straßburg führt der bezeichnete Schriftsteller ausdrücklich Kehl auf und seine Ausführungen in Betreff der Verschmelzung auch in diesem Falle sind um so richtiger, als es in der Absicht der deutschen Behörden liegt, Straßburg und Kehl durch einen Kranz von Forts[1] gewissermaßen zu einem gemeinsamen Orte zu vereinigen. Jedenfalls hat der kleine Ort Kehl für die Bewohner Straßburgs stets große Anziehungskraft ausgeübt und übt sie heute noch aus[2]. Diejenigen, welche zu französischer Zeit deutsche Sympathien hatten, fühlten sich in Kehl, das so leicht zu erreichen war, urplötzlich wieder in Deutschland, zumal die Bewohner daselbst ihr deutsches Wesen, im Gegensatze zum französischen, nicht verbargen, sondern vielleicht es gerade stark bekundeten. Dies dürfte auch aus der nachstehenden Skizze des Franzosen J. Marmier[3] über den Verkehr der Leute daselbst in den dreißiger Jahren hervorgehen; derselbe sagt etwa:

„Kaum ist auf der Fahrt von Straßburg in das Innere Deutschlands eine Stunde verflossen und man hat Frankreich verlassen, so nimmt man eine sehr abweichende Verschiedenheit der Leute und ihrer Sitten wahr, so daß man glauben könnte, man hätte bereits 100 Meilen Wegs zurückgelegt. Da ist die Post von Kehl mit ihren Conducteuren, welche sehr wichtig aussehen, da sind die Postillone mit ihren Grün-Gelb, welche sich mit vielem Stolz auf ihrem Pferde aufrichten, weil sie auch Staatsbeamte sind und somit sich über dem Volke erhaben dünken. Hier ist das Bemer-

---

[1] Die Forts in Straßburg, wie auch diejenigen in Metz, haben vor Kurzem die Namen der Feldherren, Commandeure der größeren Truppen-Abtheilungen rc. im letzten Kriege erhalten.

[2] Am Pfingst-Montage im Jahre 1873 waren nach Aussage des Brückengeld-Erhebers 11,000 Personen aus Straßburg über die Brücke nach Kehl gegangen, während noch 3000 mit der Eisenbahn dorthin gefahren waren.

[3] Artikel im Album alsacien.

kenswertheste; es ist dies das „Hôtel“ von Kehl im vorzüglichsten Sinne des Wort's, nämlich dasjenige, an welchem alle Diligencen anhalten und woselbst alle Reisenden absteigen. Da ist der große Empfangssaal, dessen Tisch fortwährend gedeckt ist; hier sind Leute, welche sich bereits beim Dessert, dort andere, welche sich soeben erst zur Tafel hinsetzen. Zu jeder Zeit kann man hier ein eigenthümliches Gemisch von Sprachen und Meinungen aller Art vernehmen: Engländer, welche von der „Bill,“ Franzosen, die von Ludwig Philipp und der Revolution, Deutsche, welche von ihren Kurfürsten sprechen. Zu gleicher Zeit hört man die Postillone fluchen, die Offiziere wo möglich auch schelten, die Mägde kreischen, die Kellner die Regelung der Rechnungen bewirken. Selbst die Pferde, welche vor der Thür warten, nehmen von Zeit zu Zeit durch langes Gewieher an der Unterhaltung Theil. Ihr könnt auch in einem kleinem Kabinet, am Ende des Saales, woselbst eine Wolke von Tabaksdampf sich an die Gardine lagert, fünf oder sechs Männer oder auch Frauen an einem Tische Karten spielen sehen. Sie haben große Gläser Bier vor sich und Pfeifen, die sie nur kurze Zeit fortnehmen, um auszurufen: «cœur!» oder «carreau»! „König“ oder „Bube“! Während dieser Zeit geht der Wirth von einem Tische zum andern, reicht den Bekannten die Hand, plaudert mit Diesem, nimmt eine Prise von Jenem und ist stets eifrig, höflich, zuvorkommend, unterwürfig zu einem Epauletten-Träger oder einem Ordens-Inhaber, gewöhnlich aber verschieden, je nach dem Wein oder nach den Speisen, die gewählt werden. Teniers würde sich voraussichtlich amüsiren, hier in dieser Atmosphäre von Rauch, auf der Grenze der beiden Völker, in der Mitte dieser seltsamen Figuren zu sein, welche von Norden und von Westen kommen, der Eine mit einem Judenbart, der Andere mit einer Doctor-Perrücke. Diejenigen jedoch, welche nicht den geistreichen und doch so wahren Pinsel des flamländischen Malers zu führen verstehen, werden gut thun, sich in den Winkel einer Stube zu begeben und geduldig zu warten, bis ein Mann in großen, mit Sporen versehenen Stiefeln sie benachrichtigen wird, daß der Wagen bereit steht.“

Straßburg und Kehl sind seit langer Zeit durch eine Brücke verbunden, die zu Kriegszeiten öfters zerstört wurde; die erste Erwähnung einer solchen in den Annalen Straßburgs datirt vom Jahre 1333. Ein Patent vom Jahre 1393 in Betreff dieser Brücke befindet sich im Anhange. Wegen des Brückenzolls [1] war dieselbe stets von großem Interesse für den Handelsstand in beiden Orten. Als Straßburg seine Souveränität verlor, ging das Eigenthumsrecht an die Brücke auf den Staat über und damit auch die Einnahme an Zoll. Zu Napoleon's I. Zeit wurde eine Brücke aus Holz über den Rhein gebaut, die ein wahres Meisterwerk gewesen sein soll. Sie war 395 Meter lang und kostete mehr als eine Million Franken. Als die zweite Invasion der Franzosen in Deutschland nach der Rückkehr Napoleon's von Elba sich vorbereitete, ließ Baden einen Theil der Brücke zerstören; der andere Theil hielt darauf nicht lange Stand. Die stehende Eisenbahn-Brücke, welche 1858—61 auf gemeinschaftliche Kosten Frankreichs und Badens erbaut wurde, gehört zu den bedeutendsten Bauten dieser Art aus der neueren Zeit [2]. Bekanntlich wurde

---

[1] Der Magistrat in Straßburg hatte 1686 eine Ordnung erlassen, (erneuert 1764) „nach welcher auf der Statt Straßburg Rhein-Brucken das Zoll und Bruckengeld abgerichtet werden sollte:“ Der berühmte Redner Mirabeau machte von der Tribüne der National-Versammlung aus, dem Magistrat den Vorwurf, daß derselbe die Juden, welche die Rheinbrücke passirten, unter die leblosen Sachen classificirt habe. Der Maire Hermann in seinem erwähnten interessanten Werke (Notices historiques) meinte, diese Behauptung könne nur ein schlechter Witz sein, da der Tarif alphabetisch aufgestellt und auch die Christen besonders aufgeführt seien. Nichts destoweniger ist die Angabe Mirabeau's richtig; die Christen hatten nach dem Tarif 3, die Juden 4 Pfenninge Brückengeld zu entrichten und sind die Personen nicht abgesondert aufgeführt worden.

[2] M. L. Larchey erwähnt in seinem amüsanten und geistvollen Buche « Les Joueurs de mots », dem die ganze französische Presse Lob gespendet hat, eines Epigramms auf die Brücke von Kehl, das man dem Legendenschreiber « Monsieur On, den alle Welt versteht und Niemand kennt“, zuschreibt und das so lautet:

„(1858) — Man hat dieses Epigramm auf die Brücke von Kehl gevor Beginn des Krieges ein Joch dieser Brücke auf badischer Seite gesprengt. Neben der Eisenbahnbrücke vermittelt eine Schiffbrücke den Verkehr der Personen und Fuhrwerke zwischen Straßburg und Kehl.

Im Zusammenhange mit den eingetretenen politischen Verhältnissen war die Rheinschifffahrt immer mehr in Verfall gerathen, so daß der Nebenfluß, die Ill, für das Elsaß nachgerade wichtiger geworden war, als der Rhein selbst.

Im Hinblicke darauf, daß die Schifffahrt auf dem Rhein voraussichtlich wieder größere Bedeutung gewinnen wird, möchte es angezeigt erscheinen, hier im Zusammenhange näher zu untersuchen, welche Ursachen es waren, die den Verfall der Schifffahrt vorbereiteten[1]. Oben ist bereits angedeutet, daß die Stadt Straßburg ein Brückengeld erhob; außerdem besaß dieselbe das Recht, für alle Waaren, welche die Rheinbrücke passirten, einen Zoll zu erheben. Kaiser Maximilian hatte 1566 dieses Recht auch auf die Kinzig — am anderen Ufer des Rheines, — die Ill und die Breusch in einer Entfernung von 2 Meilen ausgedehnt. Die Schifffahrtsrechte waren schon während des 15. Jahrhunderts der Gegenstand langwährender Streitigkeiten der Städte Straßburg und Basel. In Breisach wurde

---

macht, die, wie man sich erinnern wird, von Frankreich und Deutschland auf gemeinschaftliche Kosten hergestellt ist:

Le pont fixe du Rhin sera bien fait, je crois,
Car on a confié chaque œuvre aux plus habiles :
L'Allemagne fournit le bois,
La France se charge des *piles*.

(„Frankreich liefert die Pfeiler" und auch „Frankreich theilt Schläge aus".) Man darf dabei nicht außer Acht lassen, daß Preußen uns damals nöthigte, eine Ost-Armee zu bilden, denn es mobilisirte seine Landwehr, um den Uebertritt der Italiener nach Venetien zu verhindern. Das ist geschichtlich."

Die Zeitschrift « Le Bibliographe alsacien » pro 1867, Nrn. 7 u. 8, S. 176, welche dies mittheilt, sagte bereits dazu: „Sollte man denn uns heute noch nöthigen, Schläge auszutheilen?"

[1] HERMANN, notices historiques, dem ich im Wesentlichen gefolgt bin.

1424 ein schiedsrichterliches Urtheil gefällt, das der Stadt Basel freie Schifffahrt unterhalb Straßburgs zusprach und damit die Interessen der letzteren Stadt ungemein schädigte. Sie beklagte sich über Parteinahme der betreffenden Schiedsrichter und verweigerte es, sich dem Urtheile derselben zu unterwerfen. Neuen Vereinbarungen in den Jahren 1453 und 1477 folgten neue Streitigkeiten, die schließlich erst durch eine letzte Convention vom 16. und 26. September 1711 vollständig ausgeglichen wurden [1]. In dieser Convention wurde festgesetzt, daß die Baseler so lange das Recht der Schifffahrt den Rhein hinab aufrecht erhalten durften, wie ihnen dies durch das schiedsrichterliche Urtheil vom Jahre 1424 zugesprochen war, bis die Schiffer Straßburgs durch urkundliche Documente den Widerruf und die Vernichtung des gedachten Urtheils bewiesen haben würden. Andererseits wurde den Straßburger Schiffern das Recht zugestanden, in Basel in jedem Jahre 500 Centner Waaren zu laden und ferner auch Passagiere daselbst aufzunehmen. Alle anderen Schiffsladungen daselbst sollten den Baselern Schiffern zufallen, die sich aber der Befrachtung ihrer Schiffe jenseits Straßburgs gänzlich zu enthalten hatten. Auch das Recht, den Rhein aufwärts befrachtet zu befahren, sollten die Letzteren nur haben, wenn die Straßburger Schiffer ihre Zustimmung dazu gaben.

Auch mit der Stadt Breisach entstanden gegen Ende des fünfzehnten Jahrhunderts Streitigkeiten, die erst durch eine Convention von 1496 ausgeglichen wurden. Durch dieselben erhielten die Schiffer dieser Stadt das Recht, Personen jenseits Straßburgs zu befördern; sie waren jedoch verpflichtet, sich jeder Handelsschifffahrt zu enthalten. Am Anfange des achtzehnten Jahrhunderts machte die Stadt Breisach Versuche, an der Handelsschifffahrt Theil zu nehmen, indem sie behauptete, ein Recht dazu aus den inzwischen abgeschlossenen Friedens-Verträgen herleiten zu können. In Straßburg gab man jedoch

---

[1] Wie großartig die Schifffahrt der Stadt Basel war, erhellt daraus, daß die Baseler Bandwirker im Jahre 1670 allein 359 Schiffe auf dem Rhein besaßen, die lediglich im Dienste dieses Gewerbes standen (Emminghaus, schweizerische Volkswirthschaft, Bd. I, S. 265.)

in dieser Beziehung nicht nach, und schließlich trat Breisach von seinen Ansprüchen zurück. Wie Hermann [1] erwähnt, ließ Kaiser Joseph II., der das Recht der deutschen Stadt Breisach wahren wollte, 1775 ein Schiff ausrüsten, das die Kaiserliche Flagge trug. Das Schiff passirte die Brücke bei Straßburg; ein Kanonenschuß aus dem Fort Louis [2] nöthigte jedoch dasselbe, anzuhalten und sich zurückzuziehen.

Was die Schifffahrt den Rhein abwärts anbetrifft, so fuhren die Schiffer Straßburgs nicht nur nach Mainz, sondern häufig nach Köln, selbst bisweilen nach Holland, um Waaren dorthin zu schaffen oder von dort zu holen. Die Schiffer von Mainz hatten sich längere Zeit mit kleinen Fahrten auf dem Rhein begnügt. Im Jahre 1651 stellte jedoch der Kurfürst Johann Philipp von Mainz, der seine im dreißigjährigen Kriege zerstörte Hauptstadt gerne heben wollte, das der Stadt im Jahre 1486 vom Kaiser Maximilian verliehene Stapelrecht wieder her. Der Kurfürst ordnete an, daß sämmtliche Waaren, welche in Mainz vom Main oder von den unteren Theilen des Rheines eintrafen, nur von Schiffern aus Mainz weitergeführt werden durften. Die Reklamationen der benachbarten Bischöfe und Städte brachten ihn nicht von seinem Beschlusse ab. Gleichwohl begünstigte der Kurfürst die Schiffer Straßburgs, indem er bestimmte daß sie allein das Recht haben sollten, Waaren nach Schwaben, dem Elsaß, der Schweiz und der Franche-Comté zu befördern. In Folge fortgesetzter Klagen der benachbarten Staaten, welche eifersüchtig wegen dieser Bevorzugung waren und aus Anlaß häufiger Uebertretungen der erlassenen Vorschriften Seitens der Schiffer Straßburgs kam es, daß letztere nach und nach weniger begünstigt wurden. Nach verschiedenen unfruchtbaren Unterhandlungen, veranlaßte der Kurfürst Anselm, indem er von der Verwirrung Nutzen zog, in der Straßburg sich 1681 befand, mit deren Abgeordneten am 24. Mai desselben Jahres eine Uebereinkunft zu unterzeichnen, durch

---

[1] A. o. O.

[2] Das Fort existirt nicht mehr.

welche festgesetzt wurde, daß die Schiffer von Mainz das Recht haben sollten, während des ganzen Jahres bis nach Straßburg hinauf zu segeln, diejenigen von Straßburg jedoch nur bei der Rückfahrt von Mainz, während der Dauer von zwei Wochen vor und nach den beiden Frankfurter Messen, — im Ganzen also 6 Wochen zur Zeit der Messen, — eine Ladung und zwar gemeinsam mit den Schiffern von Mainz, aufnehmen durften. Der Magistrat von Straßburg behauptete zwar beharrlich, diese Uebereinkunft nicht ratificirt zu haben; der Kurfürst hielt jedoch an den Bestimmungen derselben fest und die Angelegenheit blieb bis zur Mitte des achtzehnten Jahrhunderts in diesem Zustande. Nun verlangte der Kurfürst von Baiern für seine Schiffer in der Pfalz ebenfalls einen Theil der Schifffahrt auf dem Rheine. Da derselbe von Straßburg nichts erlangen konnte, wandte er sich an den Kurfürsten von Mainz, der durch eine Convention am 10. Februar 1749 ihm die Hälfte der so lange von den Mainzern wahrgenommenen Schifffahrt abtrat. Der Magistrat in Straßburg, der die Rechte der Stadt durch diese neue Theilung beeinträchtigt sah, wandte sich nunmehr an die französische Regierung, welche, nachdem Unterhandlungen mit den betheiligten Höfen gepflogen worden waren, im Jahre 1751 je einen Vertrag mit den beiden Kurfürsten abschloß. Der Vertrag mit dem Kurfürsten von Baiern sicherte den Schiffern der Pfalz den Genuß der Hälfte der Schifffahrt von Mainz nach Straßburg und zwar abwechselnd während des ganzen Jahres mit den Schiffern von Mainz. Der Vertrag mit dem Kurfürsten von Mainz stellte Folgendes fest: das Recht für die Schiffer von Straßburg, Passagiere mit ihrem Gepäck von dort nach Köln zu befördern, die Gleichstellung der Zölle für alle betheiligten Parteien, die Verpflichtung für die Schiffer von Mainz und der Pfalz, sich keiner anderen Steuerleute, Schiffer und Schiffsleute als derjenigen Straßburgs bei der Fahrt dahin zu bedienen, endlich den Vorbehalt für den Kurfürsten von Mainz, davon zu Gunsten der Straßburger abzusehen, wie dies auch schon früher gegolten hatte. Gleichzeitig kam man überein, sich die Hand zu bieten, damit die Schifffahrt nach Straßburg hinauf von Niemandem abgeändert werde, so daß weder eine Fortführung, noch eine Vertheilung der Waaren stattfände. Der Kurfürst von Mainz stimmte auch darin zu, daß die Schiffer aus Straßburg beim Hineinfahren in den Main, um nach Frankfurt zu gelangen, keine Zahlung zu leisten, und auch das Recht wie auch die Wahl hätten, ihre Schiffe an die Barken der Mainzer, welche gewöhnlich von Mainz nach Frankfurt hinaufgingen, zu befestigen oder sich wegen des Transports mit den Steuerleuten von Mainz zu verständigen. Endlich wurde auch bewilligt, daß die Stapel-Abgabe, „Ueberschlag" genannt, in einer Summe entrichtet werde. Es muß dabei erwähnt werden, daß der Magistrat in Straßburg das Recht ausübte, die Frachtpreise festzusetzen und daß sämmtliche Schiffer verpflichtet waren, sich diesen Festsetzungen zu unterwerfen[1].

---

[1] Im Jahre 1731 war ein Büchlein erschienen, welches folgenden Titel führt: „Fracht-Büchlein de Anno 1731, den 27. Augusti 1731 wurde bey Gnädigen Herren den Fünffzehen Erkandt, daß es bey der hierin bemelten Fracht biß auff anderwärtig Verordnung gelassen und selbige auff diesen Fuß denen Schiffischen (sic!) bezahlt werden solle. Strasburg, gedruckt bey Simon Kürßner. Cancelley Buchdrucker." In diesem Büchlein, von dem ein Exemplar in dem Straßburger Stadt-Archiv aufbewahrt ist, befinden sich mehrere Abtheilungen und darunter die verschiedenen Waaren nebst den dafür zu entrichtenden Frachtpreisen; auszüglich gebe ich aus denselben nachstehende:

Nach Frankfurt zu Thal:

1 Fuder Brandenwein	27 Fl.
1 Fuder Wein	22 Fl. 5 ß.
1 Fuder Essig	22 Fl. 5 ß.

Nach Mayntz zu Thal:

1 Fuder Brandenwein	24 Fl.
1 Fuder Wein	19 Fl. 5 ß.
1 Fuder Essig	19 Fl. 5 ß.

Nach Speyer und Ketsch zu Thal:

1 Ctr. Leinwandt, Baumöhl und dergleichen 6 ß. 8 Pf. rc.

Nach Sandhoffen, Mannheim und Wormbs rc.

. . . .

Die französische Gesetzgebung war dem Personenverkehr auf dem Wasserwege im Allgemeinen nicht günstig. So war unterm 15. April 1746 eine Verordnung ergangen, wonach die Schiffer in denjenigen Städten, in welchen Postanstalten sich befanden, keine Person, die mit der Post eingetroffen war, welchen Standes sie auch sein mochte, aufnehmen durften, ohne dem Posthalter (Postmeister) der gedachten Stadt den Betrag von 3 Livres zu entrichten. Der Zunftmeister der Straßburger Schiffer, der sich über Bedrückung seines Gewerbes beklagte, hob in seiner Beschwerde vergebens hervor, daß die Schifferzunft Jahrhunderte lang ausgedehnte Freiheiten besessen hätte und nicht mit den Schiffern in anderen französischen Städten gleichgestellt werden könnte [1].

Wie oben erwähnt, hatten die vertragschließenden Theile sich im Jahre 1751 dahin verständigt, daß sie sich zur Aufrechterhaltung des früheren Zustandes bezüglich der Schifffahrt, den Rhein nach Straßburg aufwärts, die Hand bieten wollten. Dies wurde auch bis 1771 beobachtet. Der Zustand der Angelegenheit änderte sich jedoch, als die Markgrafschaften von Baden-Baden und Baden-Durlach vereinigt wurden. Bisher hatten die Schiffer dieser Staaten auf dem Rheine nur Produkte ihres Landes verfrachtet, was ihnen gestattet war; jetzt jedoch fingen sie einen Schmuggelhandel an, indem sie Waaren von verschiedenen Orten des Nieder-Rheins auf ihre Schiffe luden und nach dem anderen Ufer schafften, von wo sie dieselben per Achse nach der Schweiz und anderswohin, unter Ausnutzung der von den deutschen Staaten gewährten Zollbegünstigungen, beförderten. Diese widerrechtliche Schifffahrt, meint Hermann [2], nahm in jedem Jahre größere Dimensionen an, und die

---

Von Frankfurt zu Berg:
1 Ctr. Rohe Häuth und Woll . . . . 1 Fl. 8 ß. ꝛc.
Von Maynz zu Berg:
1 Ctr. Rohe Häuth und Woll . . . . 1 Fl. 6 ß. 4 Pf. ꝛc.
Von Wormbs zu Berg ꝛc. ꝛc.

[1] Straßburger Stadt-Archiv.

[2] HERMANN, a. a. O.

Revolution trat ein, bevor dieser Mißbrauch beseitigt war. Die Kriegsereignisse unterbrachen seitdem mehrfach die Handelsschifffahrt auf dem Rhein. Im Jahre IV der Republik (1796) wurde ein Friedensvertrag zwischen Frankreich und dem Markgrafen von Baden geschlossen, in welchem im Artikel XI vorgesehen war, daß die Schifffahrt auf dem Rhein fortan für alle Bürger und Unterthanen beider Mächte frei sein sollte.

Auf diese Weise haben das Elsaß und insbesondere die Stadt Straßburg, nicht ohne Nachtheil für den Wohlstand der früheren Zeit, ihre auf dem Rhein bis Mainz fast ausschließlich betriebene Schifffahrt eingebüßt. Die Straßburger Schifferzunft, welche noch im Jahre 1789 aus 24 Schiffern (Meistern), „welche den Umgang der Ordinari-Rheinreise hatten“, 5 Schiffleuten „mit dem Umgang der Nebenreisen“, 11 Schiffbauern, 20 Steuerleuten nebst 40 Vicarien und 51 Schiffleuten, „die nicht im Umgang waren oder das Handwerk noch nicht hatten“, bestand [1], verlor mehr und mehr ihre Bedeutung. In den Revolutions- und in den Napoleonischen Kriegen traten viele Schiffer in das Heer und bildeten besondere Pontonnier-Compagnien, die sich längs des Rheins rekrutirten und in Straßburg ihr Depot hatten.

Die Schifffahrt auf dem Rhein, welche während der Continentalsperre, selbst auf dem elsässischen Ufer, trotz aller entgegenstehender Hindernisse, nochmals eine gewisse Lebhaftigkeit annahm, wurde durch die Verträge von 1815 frei erklärt. Die schwebenden Unterhandlungen, welche die Ausübung dieser freien Schifffahrt regeln sollten, führten längere Zeit zu keinem Resultat. Erst im Jahre 1831 kam das Rheinschiffsfahrt-Reglement zu Stande. Der Hafen von Straßburg wurde als Freihafen erklärt. Die rheinische (kölnische) Dampfschifffahrts-Gesellschaft, welche 1827 ihre Fahrten auf dem Mittelrheine zwischen Köln und Mainz begonnen hatte, dehnte 1832 ihren regelmäßigen Dienst bis Straßburg aus. Eine andere Gesellschaft, die in Basel ihren Sitz hatte,

[1] Heitz, a. o. O.

fuhr zwischen Basel und Mainz; ihre schnellfahrenden Schiffe, welche Personen auch nach und von Straßburg beförderten, hatte sie die „Adler des Oberrheins“ genannt. Diese Gesellschaft, „Adler-Gesellschaft“ geheißen, welche mit der Düsseldorfer in Verbindung stand, ließ von Mainz die Nacht durch nach Straßburg, in anderer Richtung am Tage fahren, während die schnellsten Schiffe der Kölner Gesellschaft zu Thal in einem Tage von Straßburg nach Mainz fuhren, zu Berg die Nachtzeit auf der Strecke von Mannheim nach Straßburg benutzten. Im Jahre 1842 entrichtete man für einen Platz in der großen Cajüte (Salon) von Köln nach Kehl (Straßburg) 9 Thlr. 20 Sgr., für einen solchen in der Vorkajüte 5 Thlr. 20 Sgr. In Folge der zunehmenden Conkurrenz der Eisenbahnen mußte zunächst die Baseler, alsdann die Kölnische Dampfschifffahrts-Gesellschaft, welche sich mit der Düsseldorfer zur Köln-Düsseldorfer-Gesellschaft vereinigt hatte, im Jahre 1855 ihren Betrieb einstellen.

Der Zustand der Schifffahrt auf der Mosel entsprach in den letzten Jahren nicht den Anforderungen, welche der Handelsstand zu machen berechtigt war. Die Regierung sah dies ein, denn sie ließ Vorarbeiten zur Canalisation des Flusses, von der Mündung des Marne-Rhein-Kanals bei Frouard bis nach Diedenhofen, auf einer Strecke von 90 Kilometern, ausführen. Die projektirten Arbeiten wurden durch das Dekret vom 10. April 1867 als im allgemeinen Nutzen liegend erklärt und in den Jahren 1868 und 1869 begonnen. Am Schlusse des Jahres 1869 waren die Arbeiten zwischen Frouard und Ars an der Mosel schon ziemlich weit vorgeschritten [1].

Große Verdienste hat sich die französische Regierung um das Land durch die Herstellung trefflicher Kanäle erworben; vermittelst derselben gelang es, das Elsaß in die innigste Verbindung mit den übrigen Provinzen Frankreichs zu bringen. Eine seltene Gunst der Bodengestaltung gestattete nämlich, durch zwei Gebirgslücken hin-

[1] SAUER, a. a. O.

durch, Kanäle vom Rhein nach dem Rhone und vom Rhein nach der Marne herzustellen. Durch diese Kanäle wurde zugleich den Schiffern ein gewisser Ersatz für die dem Verfall entgegengehende Rheinschifffahrt gewährt.

Der Rhone-Rhein-Kanal ist für das Elsaß, gleichwie auch für die südlichen Provinzen Frankreichs und die angrenzenden Länder, von großer Wichtigkeit, da er vermittelst der beiden großen, in der Schweiz entspringenden Ströme, die nach entgegengesetzten Richtungen hin fließen, das Mittelländische Meer mit der Nordsee verbindet. Unter Ludwig XV. und Ludwig XVI. wurden die Vorarbeiten zu diesem Kanal von dem General Lachiche und dem General-Inspektor der Brücken und Chausseen Bertrand, begonnen. 1792 gewährte der Staat eine Summe von 25,000 Franken behufs Aufnahme eines Plans; die Ingenieure Carvaignac und Tournel wurden mit der Fortsetzung der Arbeiten im Elsaß beauftragt. Die Ehre des Anfanges der Ausführung des Kanals gebührt jedoch Napoleon I. während der ersten Jahre seiner Regierung. Es fehlte damals sehr an den erforderlichen Arbeitern zur Ausführung dieser kolossalen Unternehmung, da ein großer Theil der rüstigeren Bevölkerung die Waffen trug. Man nahm deshalb zu dem Mittel seine Zuflucht, alle spanischen Kriegsgefangenen an den Rhone und den Rhein zu beordern, und fortan sah man Tausende derselben an dem Werke arbeiten, das ihr Heimatsland auf dem Wasserwege mit der Nordsee verbinden sollte. Es kamen nun die für Frankreich unheilvollen Jahre 1812 bis 1815; in Folge dessen blieben die Kanal-Arbeiten bis zum Jahre 1821 liegen, bis die drei Deputirten des Nieder-Rheins, Humann, Florent Saglio und Renouard de Bussière der Regierung einen Vorschuß von 10 Millionen Franken behufs der vollständigen Vollendung des Kanals Napoleon, der vor 1814—30 auch Canal Monsieur genannt wurde, anboten. Dies Anerbieten wurde durch das Gesetz vom 5. August 1821 angenommen und nunmehr die Arbeiten weitergeführt[1]. 1828 konnte bereits ein

[1] SPINDLER, a. a. O.

Theil des Kanals der Schifffahrt übergeben werden, der im Ganzen einen Kostenaufwand von 28,249,562 Franken veranlaßt hat. Der Kanal ist 42 Meilen, 6925 Meter lang, woran 17½ Meilen auf das Elsaß kommen. Derselbe beginnt zu St. Symphorien in der Saone, 219 Kilometer oberhalb Lyon, folgt dem Doubs, geht bei Valdieu über die Wasserscheide — 340 Meter hoch — kommt in das Illthal und zieht sich alsdann, im Ganzen parallel mit der Ill und dem Rheine, bis nach Straßburg, wo er unmittelbar oberhalb der Stadt in die Ill mündet. Die Haupthafenplätze im Elsaß daran sind: Mülhausen, Neubreisach, Markolsheim, Sundhausen, Boofzheim, Kraft, Illkirch-Grafenstaden und Straßburg. Der Kanal verbindet nicht nur das Mittelmeer mit der Nordsee, sondern durch denjenigen von Burgund, hat Straßburg eine schiffbare Verbindung mit Bordeaux, Nantes, Paris und Le Havre, jenseits des Rhein-Marne-Kanals, erlangt. An die Schifffahrt auf dieser großartigen Wasserstraße knüpft sich der Name eines Mitgliedes der Straßburger Schifferzunft, des Schiffers Johann Jakob Jung; er war nämlich der Erste, welcher im Jahre 1834 eine Reise auf diesem Wasserwege von Straßburg nach Lyon ausführte, zugleich ist er auch der Erste gewesen, der mit seinem Schiff in Paris erschien[1]. In Verbindung mit dem Rhone-Rhein-Kanal steht der Zweig-Kanal von Hüningen, 3 Meilen 5600 Meter lang, der sich aus dem Rheine bei Hüningen abzweigt und in den Rhone-Rhein-Kanal, 4 Kilometer unterhalb Mülhausen, mündet. Der Kanal von Colmar verbindet Colmar mit der Ill und dem Rhone-Rhein-Kanal und ist 13,6 Kilometer lang. In den Jahren 1863 bis 1868 war die Waarenbewegung auf dem Rhone-Rhein-Kanal folgende:

1863 . .	246,362 Ctr.	1866 . .	207,393 Ctr.
1864 . .	191,854 „	1867 . .	181,818 „
1865 . .	210,568 „	1868 . .	264,083 „

Die Einnahme aus den Schifffahrts-Abgaben betrug im Jahre 1867 192,392, im Jahre 1868 263,076 Franken.

Der Marne-Rhein-Kanal verbindet die Seine mit dem

---

[1] PITON, a. o. O.

Rhein, Paris und Le Havre mit Straßburg und ermöglicht die Schifffahrt von dem Westen nach dem Osten Frankreichs und dem Elsaß. Die Vorarbeiten zu diesem Kanal wurden 1827 für Rechnung einer Actien-Gesellschaft durch den Ingenieur Brisson bewirkt; die Eröffnung für die Schifffahrt erfolgte zwischen Vitry und Nancy 1851, zwischen Nancy und Straßburg 1853. Die Länge des Kanals beträgt 42 Meilen, 4855 Meter, wovon auf das Reichsland 13 $^{2}/_{3}$ Meilen kommen. Er beginnt bei Vitry-le-Français, an einem Seiten-Kanal der Marne, berührt Toul und Nancy, tritt in Lothringen ein bei Garde am Sanon, durchbricht die Wasserscheide der Vogesen bei dem Tunnel von Arzweiler, führt bei Zabern vorbei und mündet 2 Kilometer unterhalb Straßburgs in die Ill. Der Kanal, dessen Gesammtkosten 7,188,927 Franken betrugen, hatte den Zweck, nicht nur den von ihm durchschnittenen Provinzen einen Absatzweg zu gewähren, sondern auch einen größern Theil des Waaren-Transits anzuziehen, der vom Ocean nach Süddeutschland und der Schweiz geht. Man glaubte, daß dieses Resultat zu erreichen sein werde, weil die von Amsterdam oder Rotterdam abgesandten Waaren mehr Zeit brauchen, ihren Bestimmungsort zu erreichen und dabei doch größere Kosten verursachen, als auf diesem Wege durch Frankreich. In den nachbezeichneten Jahren wurden befördert:

Zwischen Nancy und Straßburg:	1867	1868
a) von der Marne zum Rhein . . .	210,402 Ctr.	285,516 Ctr.
b) von dem Rhein zur Marne . . .	102,575 „	119,001 „
zusammen	312,977 Ctr.	404,517 „

Im Zusammenhang mit dem Rhone-Rhein-Kanal ging man auch damit vor, die Ill theilweise zu kanalisiren. Dies geschah auf Grund eines Gesetzes vom 30. Juli 1835, welches einen Betrag von 1,400,000 Franken aussetzte zur Verbesserung der Schifffahrt der Ill zwischen dem Eintritt des Rhone-Rhein-Kanals in den Fluß und seiner Mündung in den Rhein auf einer Länge von 23,800 Metern. Man erkannte jedoch bald, daß anstatt die Ill bis an ihre Mündung in den Rhein zu kanalisiren, es vortheilhafter sein werde, dieselbe mit dem Rhein durch einen Kanal von ungefähr 2 Kilometern Länge unterhalb Straßburgs zu verbinden und nur die Ill bis zu diesem Punkte zu kanalisiren. In diesem Sinne wurden die projectirten Arbeiten definitiv ausgeführt. Sämmtliche Arbeiten waren 1841 beendet; es beliefen sich die Ausgaben auf 2,500,000 Franken, wovon ungefähr 1,400,000 Franken allein für die Herstellung des Kanals von der Ill zum Rhein.

Die Dampf-Remorqueure, welche auf dem Rhein die bemasteten Schiffe schleppen, bleiben außerhalb des Ill-Rhein-Kanals, da die Schleusen nicht groß genug sind, um sie aufzunehmen; die Schiffe werden meistens durch Pferde bis zum Hafenplatze gezogen. Die Dimensionen der meisten Schiffe, welche die Kanäle befahren, sind gewöhnlich 5 Meter 60 Cent. breit und 35 Meter lang; die mittlere Ladung der bemasteten Schiffe, welche in die Ill eintreten, ist 100 Tonnen. Die Ladung der größten Schiffe — bis zu 280 Tonnen, — welche die Schleuse nicht passiren können, wird am Eintritt des Kanals in den Rhein auf kleinere Schiffe übergeladen.

Der Breusch-Kanal fängt bei Sulzbad in der Nähe von Molsheim an und endet in der Ill, stromaufwärts von Straßburg; derselbe wurde 1682 durch Marschall Vauban hergestellt und war ursprünglich nur zum Transport der Steine und Bau-Materialien bestimmt, welche aus den Steinbrüchen von Sulz und Wolxheim kamen, um zu den Fortifications-Arbeiten in der Citadelle von Straßburg verwendet zu werden, ist demnächst aber dem Handel überwiesen worden. Er ist 19,78 Kilometer lang, seine Dimensionen gestatten jedoch nicht die Befahrung mit Schiffen mittleren Kalibers, wie die der größeren Kanäle. Im Jahre 1868 gingen auf diesem Kanal, der 11 Schleusen hat, im Ganzen 872 beladene Schiffe und 99 Holzflöße von 35,095 Tonnen Gehalt; der Werth der Waaren betrug 1,959,000 Franken. Die Schifffahrts-Gebühren betrugen in demselben Jahre 733 Franken[1].

---

[1] Der verstorbene Archivar Ludwig Schneegans (Straßburgische Geschichten, Sagen 2c.) hat indessen nachgewiesen, daß der Ursprung des Breusch-Kanals bereits bis zum Jahre 1402 hinaufreicht.

Die Herstellung des Saarkohlen-Kanals wurde schon 1806 von Napoleon I. begonnen; derselbe gedieh jedoch nicht bis zur Brauchbarkeit. Frankreich übernahm in Folge eines Vertrages vom 4. April 1861 die Herstellung eines Kanals von der Grenze bis zum Marne-Rhein-Kanal behufs der erleichterten Abfuhr der Steinkohlen aus dem Saarbrücker Revier, wogegen Preußen sich zur Kanalisirung der Saar auf seinem Gebiete verpflichtete. Im Frühjahr 1862 begann der Bau und konnte der Kanal der Schifffahrt im Mai 1866 übergeben werden. Derselbe ist im Ganzen 75 Kilometer 608 Meter lang und hat 30 Schleusen. Die Schiffe haben gewöhnlich 3000 Centner Tragfähigkeit, einzelne über 4000. Am eigentlichen Kanal liegen 7 Häfen. Die hauptsächlichsten Frachten sind aufsteigend die Saarbrücker Kohlen, absteigend Mineralien und Bau-Materialien aus dem Meurthe-Departement. Im Jahre 1867 betrug der Gehalt der Schiffe 472,991 Tonnen, im Jahre 1868, 579,573 Tonnnen.

Die nachstehenden Angaben zeigen, in welchen Quantitäten die Industrie die Saarkohlen im Jahre 1868 benutzte:

Der Theil des Kanals von der Marne zum Rhein	14,329	Tonnen.
Zabern und Umgebung	3,892	„
Straßburg „	93,236	„
Colmar „	42,512	„
Mülhausen „	127,408	„
Basel „	26,981	„
Besançon und Montbéliard	5,979	„
Nancy, Moussey für Dieuze	26,854	„

Eine Urkunde aus jener Zeit, abgedruckt im Anhange, bezeugt nämlich, daß Bischof Wilhelm von Diest denselben, gemeinsam mit der Stadt Straßburg, ausführen und „die Brüsche verig machen“ ließ, „daß man mit flößen, schiffen vnd andern dingen, vffe vnd abe faren müge“. Der Kanal scheint aber so sehr in Verfall gerathen zu sein, daß die im Jahre 1682 begonnenen und nach großem Maßstabe ausgeführten Arbeiten einer gänzlichen Erneuerung desselben gleichkamen. So erklärt es sich auch ganz einfach, wie es geschah, daß dieses Neubaus halber, der ältere, ursprüngliche Bau in den Hintergrund trat und sogar dessen Andenken meist gänzlich verwischt wurde.

die übrigen wurden in's Innere Frankreichs geführt. Die Fracht betrug im bezeichneten Jahre 0 Fr. 019 Cent. pro Tonne und Kilometer. Man kann mit Sicherheit annehmen, daß dieselbe sich künftig noch ermäßigen wird.

Der mittlere Preis stellte sich im Jahre 1868 wie folgt:

1) per Eisenbahn.

von Saarbrück nach Mülhausen	14 Fr.	39 C.
" " " Colmar	12 "	94 "
" " " Straßburg	10 "	74 "
" " " Zabern	10 "	29 "
" " " Moussey	8 "	69 "

2) per Kanal incl. der Schifffahrts-Gebühren.

von Saarbrück nach Mülhausen	5 Fr.	87 C.
" " " Colmar	4 "	92 "
" " " Straßburg	4 "	02 "
" " " Zabern	3 "	34 "
" " " Moussey	2 "	89 "

Der Kanal von Colmar ist 13 Kilometer lang und verbindet den Rhone-Rhein-Kanal von Künheim ab mit Colmar und der Ill.

Der Salinen-Kanal verbindet Dieuze an der Seille mit Saaralbe; er ist 4 $^7/_8$ Meilen lang.

Bisher bestand, zum Theil innerhalb der Stadt Straßburg, ein kleiner Kanal von der Ill nach dem Rhein, der ehemals ein natürlicher Arm der Ill war, dessen sich die Fischer bedienten. 1576 kamen die Züricher mit ihrem heißen Brei auf diesem Kanal an, der innerhalb der Stadt jetzt übermauert ist[1].

---

[1] Neuerdings ist die an der Stelle des Canals entstandene Straße „die Züricher-Straße" wohl zum Andenken an die Fahrt der Züricher genannt worden.

Bodmer giebt in einer Sammlung, die in den Jahren 1740—44 erschien, folgende Standrede, welche die Schiffer aus Zürich im Jahre 1576 an den Rhein gehalten haben sollen: „O Rhein, diene du uns nun mit deinem hellen Flusse zur Bedürfniß. Laß uns deiner Gunst genießen, dieweil du doch bei uns entspringest, am Vogelberg bei den Luchtmanen im Rheinzierland, von alten Ahnen; und wir dein Thal, dadurch du rinnst, mit Feldbau den schönsten Diensten auszieren.

Die Bewegung der Schifffahrt in dem Theile der kanalisirten Ill, zwischen dem Rhone-Rhein-Kanal und der Mündung des Kanals von der Ill zum Rhein und von der Marne zum Rhein in der Nähe Straßburgs ist einigermaßen verwickelt. Es kommt dies daher, daß hier der Rhone-Rhein-Kanal, der Kanal der Breusch und der Ill-Kanal, der Kanal von der Marne zum Rhein mit demjenigen des Saarkohlen-Kanals, dem Kanal von Ruprechtsau — aus der Ill nach dem Rhein — und der unteren Ill zusammenstoßen. Alle diese Schifffahrtswege stehen unter sich und mit Straßburg in Verbindung, welche entweder durch einfachen Uebergang, durch Ueberladung von einem auf das andere Schiff oder durch Löschen der Ladung in den Hafenplätzen herzustellen ist.

Während der Verkehr im Lande durch Wasserstraßen, sowie durch gute Landstraßen sehr erleichtert war — nur die Aufhebung der Schifffahrts-Abgaben konnten die Bewohner von der Regierung nicht erreichen — erfreuten die Handelsbeziehungen mit den an-

---

Schalte dieses Waagschifflein nach seinem Begehren; wir wollen's dir doch verehren; leite es nach Straßburg, davor du doch gerne und mit Gierde laufst, weil es deinen Strom wie ein Gestein im Ringe versetzet, zieret und ergötzet."

Diese Rede findet sich übrigens ziemlich wörtlich in dem „Glückhafft Schiff" von Fischart. Es verdient der Erwähnung, daß der Thurm an der Ill, in dessen Nähe die Züricher anlegten, in diesem Jahre, auf Veranlassung des Besitzers, abgetragen worden ist; mit demselben ist das letzte Wahrzeichen an die gedachte Fahrt verschwunden. Jetzt ist nur noch ein Haus am alten Weinmarkt — das Speyer-Bad, an der entgegengesetzten Seite der Stadt — vorhanden, das die Erinnerung an die Fahrt der Züricher aufrecht erhält, weil es damals erbaut wurde und eine darauf bezügliche Tafel von Stein mit folgenden Worten trägt: „Das Havs stot in Gotes Hant vnd ist im Spirbad gnent, do die Wand mit Qvadersteinen gmacht war, zalt man 1576, in der Zit was es volent, do die schwitzer von Zirch gnent. Fvoren in eim Dag herab mit Gwalt, brachten mit inen ein hirsen in rechter gstalt, der war noch warm und sies, do zv Strosbvrg war das schiesen. Das sag ich onvermesen vf der mvrrer Stob war der gegesen. Die geschrift ist doran gemacht, wer do fir get das er bedracht, wan das schiesen ward volent, domit bring ich den Rimen zvm End."

grenzenden Ländern sich nicht der gleichen Fürsorge der Regierung. Für Straßburgs Handel, der ehemals so blühend war, wurden die Gesetze vom Jahre 1816, welche die Einfuhr der Colonial-Waaren über die Landgrenzen verboten, und diejenigen vom Jahre 1822, welche von harten Repressalien Seitens der deutschen Staaten begleitet waren, verhängnißvoll[1]. Nach und nach verließen viele bedeutende Handelsfirmen die Stadt, ohne daß an deren Stelle andere traten. Der Deputirte des Niederrheins und bekannte Schriftsteller Benjamin Constant gab im Jahre 1828 den Klagen der Elsässer über die französische Handelspolitik[2] in einer in der Deputirten-Kammer in Paris gehaltenen Rede[3] energischen Ausdruck. Derselbe sagte:

„Meine Herren, als das Elsaß mit Frankreich vereinigt wurde, nahm dessen Hauptstadt, nahm Straßburg, eine vorzügliche Stelle unter den freien Reichsstädten ein. Diese Stadt besaß Rechte, Privilegien, Befreiung von Abgaben; diese Befreiung von Abgaben wurde ihr zugesichert: sie hatte wahrlich gerechte Ansprüche darauf. Als Sammelplatz der aufgeklärtesten und gewerbsamsten Menschen, einer tapfern, thätigen, arbeitsamen und unterrichteten Bevölkerung,

---

[1] JULES S., a. o. O.

[2] Der frühere Maire Hermann in Straßburg bestätigt die schädlichen Wirkungen der französischen Handelspolitik, wenn er 1819 schrieb: „Der berühmte Hogarth, der durch seine Carricaturen die Sitten zu richten verstand, zeichnete auf die Oeffnung einer Sparbüchse ein sehr wohl erhaltenes Spinnengewebe, um damit anzudeuten, daß nichts hineingelegt worden sei. Ich, der in der Nähe des Kaufhauses wohne, sehe in diesem Augenblicke und seit zwei Tagen (im Juli obigen Jahres) die benachbarten Quais an diesem Gebäude, an denen die Waaren ankommen oder vielmehr ankommen sollten, mit Gras bedeckt, um es zu Heu trocknen zu lassen. Weder ein Wagen noch ein Karren bringt diesen grünen Teppich in Unordnung. Seit sehr langer Zeit ist nämlich unser Kaufhaus beinahe verödet.“ HERMANN, a. o. O.

[3] Reden und Meinungen der Deputirten des Niederrheinischen Departements. Session vom Jahr 1828, aus dem Französischen übersetzt von Ehrenfried Stöber. Straßburg, Schuler.

die schätzbare Eigenschaften zweier berühmter Nationen vereinte, als Mittelpunkt des Wohlstandes, von welchem die Aufklärung ausging, war diese Stadt ein ungeheurer Zuwachs für die Macht und den Ruhm Frankreichs. Ihre Privilegien, welche beibehalten, wiewohl zuweilen unter der alten Regierung angegriffen wurden, hat sie großmüthig geopfert, als die Franzosen versprachen, eine große Familie, unter der Obhut der gesetzmäßigen Gleichheit, zu bilden. Sie hat sich mit einer innigen Zuneigung diesem Frankreich beigesellt, wovon sie ein unschätzbarer Theil geworden war. Da sie, wie das Ganze dieses schönen Reichs, durch die Stürme einer wahnsinnigen Revolution erschüttert, da sie noch insbesondere durch zwei Einfälle verheert wurde, ist sie Frankreich erhalten worden, viel mehr noch durch die bewunderungswürdige Tapferkeit seiner unerschrockenen, großmüthigen Bewohner, als durch unsere damals so unstäte und so schwankende Politik.

Vergönnen Sie ihr denn, meine Herren, den Lohn ihrer Aufopferungen zu empfangen. Dieser Lohn, der einzige, auf den sie Anspruch macht, ist die Freiheit ihrer Produkte, die Gleichheit in der Ausübung ihrer Industrie. Hemmen Sie ihren Handel nicht mehr durch zwecklose Hindernisse, verschließen Sie ihren Weinen nicht den Eingang in's Ausland durch eine übertriebene Zollgebühr, welche zu drückenden Gegenforderungen den Anlaß oder den Vorwand gibt. Opfern Sie dieselbe nicht den Privatrechnungen, den engherzigen Zumuthungen einiger Städte im Innern auf, zwingen Sie nicht einen Theil ihres Bodens zur Unfruchtbarkeit."

Auch der Präsident der Straßburger Handelskammer, J. Sengenwald, hob in einer im Jahre 1857 herausgegebenen Brochüre [1] die unheilvollen Folgen hervor, welche die bisher geübte Handelspolitik dem Lande gebracht hatte; er sagt dort unter Anderm: „Bei uns kennt man noch sehr unvollkommen diejenigen Gesetze, welche den Wohlstand nach sich ziehen"; und weiterhin: „Frankreich geht

[1] Rapport de M. Jules Sengenwald sur la levée des prohibitions.

immer noch von einem Extrem in's andere über". Wahrscheinlich ist es derselbe Verfasser, welcher den sehr beachtenswerthen Artikel über den Handel Straßburgs im Jahrgange 1836 in der Revue d'Alsace veröffentlicht hat[1]. Es heißt dort etwa: „Vor 40 Jahren war Frankreich in eine Anzahl Provinzen eingetheilt, die von einander durch Zolllinien getrennt, nach verschiedenen fiscalischen Gesetzen verwaltet wurden, dergestalt, daß sie in commercieller Beziehung unabhängig von einander waren. Die Revolution gab Frankreich die Einheit, welche seine Stärke bildet. Diese von Glück begünstigt gewesene Erfahrung sollte uns ermuthigen, dieselben Grundsätze auf ein größeres Gebiet auszudehnen. Wenn zwei Völker, wie die Franzosen und diejenigen Deutschen, welche dem Zollverbande angehören, beinahe gleich an Zahl, an Gesittung, an Industrie sind, wenn sie eine so große Grenze gemeinsam besitzen, so scheint der Augenblick gekommen zu sein, die alten Vorurtheile abzustreifen, welche die neue Lehre der politischen Oekonomie als solche bezeichnet. Frankreich hat seine so berühmten Seidenwaaren, seine mit so vielem Geschmack hergestellten Baumwollenzeuge, seine Weine, sein Olivenöl, seine Färberröthe gegen die sächsischen Industrie-Erzeugnisse, das preußische Eisen, den Nürnberger Hopfen, das Schwarzwälder Vieh auszutauschen. Eines Tages wird man ohne Zweifel begreifen, daß man in jedem Lande diejenigen Produkte der Landwirthschaft und der Manufaktur herstellen muß, welche dem Boden und der Art und Weise der Bewohner am besten entsprechen; Sache des Handels ist es ja, die Waaren aus den Orten des Ueberflusses nach denjenigen Orten, wo Mangel vorhanden ist, zu schaffen und sich zum Vermittler zwischen den Producenten und Consumenten zu machen. Möchten wir sehen, daß diese Grundsätze in einem Handelsvertrage zwischen Frankreich und Deutschland alsbald sanctionirt würden! Straßburg, diese deutsche Stadt in Gemäßheit ihrer Erinnerung, französische Stadt in Folge ihrer Neigung und einer langwährenden Interessen-Gemeinschaft, würde das natürliche Band,

---

[1] JULES S. Revue d'Alsace, 1836, a. o. O.

der bestellte Dollmetscher zweier großer Nationen sein, welche würdig sind, behufs Verwirklichung der hohen Ziele der Humanität, unter einem gemeinsamen Banner zu marschiren".

Die Handelskammer in Straßburg hat im Wesentlichen diese Anschauungen getheilt und war wenigstens eine der ersten, welche dem handelspolitischen Programm des Kaisers Napoleon III. beipflichteten, das auch zu dem im Jahre 1862 abgeschlossenen Handelsvertrag mit dem Zollvereine führte. Es ist bekannt, daß der gedachte Handelsvertrag die Industrie in Elsaß-Lothringen nicht geschädigt, sondern eher gefördert hat. Selbst die Bierbrauer in Straßburg und Schiltigheim, die von der Einfuhr des deutschen Biers große Schädigungen ihrer Interessen befürchteten, sind inzwischen wohl anderer Meinung geworden. Sie versandten und versenden noch bis in die neueste Zeit große Quantitäten Bier nach Paris.

Eine kräftige Unterstützung findet der Handel von Elsaß-Lothringen auch in dem wohlgeregelten Netz von Landstraßen. Man unterscheidet in Frankreich die Kaiserlichen Straßen (routes impériales), die Departementalstraßen, welche beide Arten chaussirt oder gepflastert sind, von den Vicinalwegen, die man als verbesserte Wege bezeichnen kann. Die Kaiserlichen Straßen gehen systematisch von Paris aus zu den wichtigsten Hafenorten, Grenzpunkten, sowie zu den Hauptorten des Departements. Dieselben haben eine Breite von 12 bis 14 Metern und werden ausschließlich auf Kosten des Staates unterhalten und mit bestimmten Ziffern bezeichnet. Im Departement Niederrhein befinden sich 7 Kaiserliche Straßen mit einer Längen-Ausdehnung von 332 Kilometern (Nr. 4 von Paris nach Straßburg und Deutschland, Nr. 59 von Nancy nach Schlettstadt über Markirch, Nr. 61 von Straßburg nach Saarbrück, Nr. 62 von Straßburg nach Zweibrücken über Bitsch, Nr. 63 von Straßburg nach Weißenburg und Landau, Nr. 68 von Basel nach Straßburg und Speyer und Nr. 83 von Lyon nach Straßburg.) In den Jahren 1868 und 1869 betrug die zur Unterhaltung dieser Straßen ausgesetzte Summe je 225,000 Franken. Im Departement Oberrhein befinden sich ebenfalls 7 Kaiserliche Straßen in einer Ausdehnung vor 348 Kilometern (Nr. 19 von Paris nach Basel über Belfort und Altkirch, Nr. 59 von Nancy nach Schlettstadt über Markirch, Nr. 66 von Bar-le-Duc nach Basel über Thann und Mülhausen, Nr. 68 von Basel nach Straßburg und Speyer über Neubreisach, Nr. 69 von Hüningen nach der Schweiz über St. Ludwig, Nr. 73 von Moulins nach Basel über Besançon und Pfirt, und Nr. 83 von Lyon nach Straßburg über Belfort, Sennheim, Rufach und Colmar [1]. 1869 betrug der zur Unterhaltung dieser Straßen ausgesetzte Betrag 190,000 Franken; außerdem wurden für die Anpflanzung von Bäumen 2444 Franken gewährt [2]. Im Mosel-Departement [3] befanden sich 13 Kaiserliche Straßen mit einer Gesammtlänge von 461 Kilometern (Nr. 3 von Paris nach Metz und weiter über Saarbrück nach Mainz, Nr. 18 von Paris nach Longwy und weiter nach Luxemburg, Nr. 47 von Vouziers nach Longuyon, Nr. 52 von Metz nach Longwy, Nr. 53 von Metz nach Luxemburg, Nr. 53bis von Metz über Sierck nach Trier, Nr. 54 von Metz nach Saarlouis, Nr. 55 von Metz über Château-Salins nach Straßburg, Nr. 56 von Metz über St. Avold nach Straßburg, Nr. 57 von Metz nach Besançon, Nr. 61 von Straßburg nach Saarbrück, Nr. 62 von Straßburg über Bitsch nach Zweibrücken und Nr. 74 von Chalons an der Saone nach Saargemünd und weiter nach Zweibrücken [4]. Bis zum Jahre 1789 hatte sich die Sorgfalt der Regierung vorzugsweise den obigen Hauptstraßen und Departementalstraßen zugewandt. Als jedoch die Revolution die Barrièren vernichtete, welche bis dahin die verschiedenen Provinzen

---

1 Ristelhuber, L'Alsace ancienne et moderne.

2 Conseil général du département du Haut-Rhin, session de 1869.

3 Sauer, La Moselle administrative, 1870.

4 Die Departements Unter-Rhein, Ober-Rhein und Mosel fallen zwar mit Elsaß-Lothringen nicht ganz, aber doch im Wesentlichen zusammen.

des Königreichs getrennt hatten, fühlten die Gesetzgeber, daß der Ackerbau und die Industrie, diese beiden Hauptquellen des Wohlstandes, nur dann wirklich gedeihen könnten, wenn Verbindungswege zwischen allen Gemeinden hergestellt und die bereits vorhandenen in guten Zustand gebracht würden, und daß andererseits das Wohlbefinden der Bewohner und das Gedeihen der betreffenden Gemeinden dabei interessirt sei. Das Gesetz vom November 1790, das erste, welches über diese Materie erlassen wurde, legte den Distrikts-Richtern die Aufsicht über die Unterhaltung der öffentlichen Wege auf. Seitdem ergingen mehrere Gesetze, unter denen das wichtigste dasjenige vom 21. Mai 1836 ist; dasselbe hat direkt oder indirekt drei Kategorien von Vicinalwegen geschaffen: 1) die Wege mit geringem Verkehr, 2) die Wege mit mittlerem Verkehr oder von gemeinsamen Interesse und 3) die Wege mit großem Verkehr. Die Vicinalwege mit geringem Verkehr werden ausschließlich auf Kosten der Gemeinde, in deren Territorium sie sich befinden, unterhalten, die Vicinalwege mit mittlerem Verkehr oder von gemeinsamen Interesse werden auf gemeinschaftliche Kosten der bei der Existenz derselben betheiligten Gemeinden geschaffen und unterhalten, während die Vicinalwege mit großem Verkehr durch Leistungen in Geld und Naturalien, welche von den Gemeinderäthen der betheiligten Orte und durch Subventionen Seitens des Departements zu gewähren sind, hergestellt und unterhalten werden. Der Gedanke, welcher diesem Gesetze zum Grunde lag, hat sich als ein sehr glücklicher erwiesen. Bekannt ist, daß in Folge Anregung des Kaisers Napoleon III. unterm 11. Juli 1868 ein Gesetz erging, welches zur Vollendung der Vicinalwege in Frankreich 100 Millionen Franken aussetzte. Auch Elsaß-Lothringen erhielt einen Antheil an dieser Summe. Im Departement Niederrhein gab es 1864 33 Departementalstraßen von 610 Kilometer Länge, 20 Vicinalwege mit großem Verkehr (370 Kil.) und 128 Vicinalwege von gemeinsamen Interesse (1398 Kil.); im Departement Oberrhein in demselben Jahre 18 Departementalstraßen (412 Kil.), 31 Vicinalwege mit großem Verkehr (464 Kil.) und 53 Vicinalwege von gemeinsamen Interesse[1] (897 Kil.), im Mosel-Departement 13 Departementalstraßen von 366 Kil. Länge, 766 K. 759 M. Vicinalwege mit großem Verkehr und 1070 K. 969 M. Vicinalwege von gemeinsamen Interesse.

Man hatte geglaubt, daß die Kaiserlichen Straßen in Folge der Herstellung der Eisenbahnen an der Wichtigkeit, welche sie bis dahin gehabt hatten, sehr verloren haben würden. Die Verwaltung des Mosel-Departements, welche begierig war, sich darüber Aufklärung zu verschaffen, ließ im Jahre 1863 und 1864 verschiedene Zählungen der Zugpferde auf den verschiedenen Straßen bewirken. Danach war der mittlere tägliche Verkehr folgender:

Auf den Kaiserlichen Straßen	226	Zugpferde,
Auf den Departemental-Straßen	176	"
Auf den Vicinalwegen mit großem Verkehr . . .	114	"
Auf den Vicinalwegen von gemeinsamen Interesse .	78	" [2]

Dagegen betrug der mittlere Verkehr auf den Kaiserlichen Straßen im Departement Niederrhein 261 Zugpferde[3].

Außer den Vicinalwegen gibt es noch eine besondere Gattung von Wegen, die sogenannten Landwege, deren Unterhaltung durch die Commune erfolgt, soweit sie nicht durch die Eigenthümer selbst geschieht.

Im Jahre 1840 wurde das Wege-Personal fast in derselben Weise organisirt, wie es bis zur anderweiten Organisation durch die deutsche Reichsregierung bestand. In jedem der drei Departements war ein Oberwegemeister (agent-voyer en chef) angestellt; außer ihm gab es 3 bis 4 Wegemeister für die Arrondissements und ein mehr oder weniger großes Personal von Cantonal-Wegemeistern und Aufsehern.

---

[1] RISTELHUBER, a. a. O.

[2] SAUER, La Moselle administrative. Metz 1869.

[3] Rapport de M. le baron Pron à l'ouverture de la session ordinaire de 1867, pag. 32. Danach war der größte Verkehr auf der Straße 59, nämlich 356, der geringste auf der Straße 61, nämlich 167 Zugpferde.

Oben ist bereits angedeutet, daß es in Frankreich seit dem Anfange des 19. Jahrhunderts Staatsposten und Privatposten gab. Die Ersteren waren vorzugsweise Briefposten (malles-postes), die anderen Fahrposten (messageries). Die Beförderung der Extraposten geschah durch die besonders dazu angestellten Posthalter (maîtres de poste). Mit den Malle-Posten konnten 2 bis 3 Personen außer dem Conducteur (courrier) befördert werden. Ein Platz kostete in den dreißiger Jahren für eine Post oder 2 lieues de poste 1 Fr. 50 Cent., wofür man 15 Kilogr. Gepäck frei mit sich führen konnte. Ein Malle-Postwagen, der Plätze für 3 Reisende hatte, ging damals von Straßburg über Zabern, Metz, Chalons nach Paris (60¼ Posten)[1]. Die französische Postverwaltung gab jährlich eine Art Coursbuch, genannt Postbuch («livre de poste»), heraus, in dem die auf das Reisen mit den Posten — ferner auch mit den Packetbooten — bezüglichen Bestimmungen, sowie sämmtliche Routen mit Angabe aller Stationen enthalten waren. Die Mallepostverbindungen, welche durch die Eisenbahnen mehr und mehr verdrängt wurden, gingen in Frankreich mit dem Jahre 1856 ganz ein. Ein Theil der Relais in Elsaß-Lothringen bestand bis zum Jahre 1870; in Frankreich wurden die letzten erst in neuester Zeit aufgehoben. Im Jahre 1836 ging von Straßburg ein Courier (Conducteur) mit den Malle-Posten täglich nach Lyon, ein anderer nach Weißenburg, ein dritter nach Bischweiler, ein vierter nach Molsheim, Oberehnheim, Barr, Schirmeck und St. Dié, und zwei gingen außerdem nach Deutschland ab[2]. In Straßburg bestand ferner eine badische Fahrpost-Expedition. Täglich ging ein Postwagen von derselben nach Deutschland, ein anderer wurde in der Woche zweimal durch das Kinzigthal nach der Schweiz und Italien abgefertigt.

Da die Staatsposten dem vorhandenen Bedürfnisse nicht mehr genügten, so waren auf allen größeren Routen Privatposten oder

---

[1] Jahn, Post-Reisehandbuch.

[2] HŒLLBECK, Almanach du commerce, de l'industrie, etc., de Strasbourg.

Messagerien zur Beförderung von Personen und Gütern im Gebrauche. Die Verbindungen waren geregelt und erstreckten sich auch auf die benachbarten Staaten, nämlich nach der Schweiz, nach Italien, Spanien und den Niederlanden. Unter den verschiedenen Gesellschaften waren die messageries royales und messageries générales de France die bedeutendsten. Die Wagen boten Raum für 12 bis 15 Personen; die Preise der Plätze waren verschieden je nach der vorhandenen Concurrenz; im Durchschnitt zahlte man für einen Platz im Coupé und im Innern 1 Frank per Post, incl. Trinkgeld. Jeder Reisende hatte 15 Kilogr. Gepäck frei. Die leichten, gefälligen Wagen der Messagerie-Gesellschaften fanden auch anderwärts Beifall. So ließ die Taxissche Postverwaltung nach dem Muster derjenigen der messageries royales solche für ihre Zwecke in Straßburg bauen. Später wurden diese Wagen überall nachgebildet und verbessert[1]. Im Jahre 1836 gingen täglich von Straßburg ab: je eine Diligence der messageries royales, der messageries générales de France und der Herren Henri u. Comp. über Nancy, während eine vierte Diligence der Herren Lippmann-Natisbonne über Metz ebenfalls dorthin fuhr. Besondere Diligencen der Postmeister gingen täglich von Straßburg nach Schlettstadt, Colmar, über Mülhausen nach Basel, Belfort, Weißenburg, Mainz. Andere Diligencen gingen täglich von dem gedachten Orte nach Barr, Baden-Baden (2), Bischweiler, Hagenau (2), Zabern, Niederbronn (2), Metz, Petersthal in Baden und weiter. Andere gingen von Straßburg nach Molsheim (2), Mutzig, Oberehnheim je dreimal in der Woche. Sonst bestanden noch zahlreiche Verbindungen mit näheren und entfernteren Orten, mittelst der Nachtwagen und der Boten zu Wagen, nämlich nach Andlau, Ban-de-la-Roche im Steinthal, Barr, Beinheim, Benfeld, Betschdorf, Bischweiler, Bitsch, Buchsweiler, Brumath, Colmar, Dettweiler, Dieuze, Drusenheim, Epinal, Erstein, Finstingen, Gerstheim, Hagenau, Hambach bei Diemeringen, Hatten, Hochfelden, Ing-

[1] Herfeld, die Transportwissenschaft.

weiler, Lauterburg, Lützelstein, Markirch, Marlenheim, Mutzig, Neuweiler, Niederbronn, Niederrödern, Oberbronn, Oberehnheim, Pfaffenhofen, St. Petersholz, Ramberssweiler, Reichshofen, Röschwoog, Rheinau, Rosheim, Saar-Union, Saargemünd, Schleithal, Schirmeck, Schlettstadt, Selz, Sulz unterm Wald, Sufflenheim, Wasselnheim, Weißenburg und Wörth an der Sauer. Auch nach Achern, Baden, Bondorf, Carlsruhe, Furtwangen, Freiburg, Kehl, Lahr, Offenburg, Freiburg in Baden und Cannstadt, Freudenstadt konnte man mit Fuhrwerken an einzelnen bestimmten Tagen sich begeben [1]. Bei einer solchen Fülle von Transportmitteln kann es nicht befremden, wenn der Verkehr in Straßburg, besonders an den Wochenmarkttagen, an denen außerdem noch viele Bauernwagen vom Lande dort eintrafen, ein äußerst reger war [2]. Dies bestätigt indirect auch L. Jolly in einem Artikel über die Physiognomie Straßburgs [3]. Derselbe äußerte sich etwa wie folgt:

„Man kann in dem täglichen Verkehr der Bevölkerung Straßburgs drei verschiedene Phasen unterscheiden. Am Morgen sind die Straßen mit Landleuten übersäet, welche auf den Märkten die räftigen und coquett geordneten Erzeugnisse eines oft noch mehr gehorsamen, als fruchtbaren Bodens aufhäufen. Die grellen Farben, welche aufeinanderstoßen in dem verschiedenen Aufputz der Frauen mit den langen Flechten und den auf den Schulterblättern aufsitzenden Leibchen, dieses Sich-Kreuzen von Hüten in Form von Regenschirmen, welche ihnen den Kopf bedecken oder die sie nachlässig auf ihren Armen halten, mit den von Goldflittern glänzenden Hauben; dieser noch mehr vorgebeugte als schwerfällige Gang der Männer in den rothen Westen und langen schwarzen Röcken

---

[1] HŒLLBECK, a. o. O.

[2] Der Chef-Ingenieur Husson im Departement Nieder-Rhein hat festgestellt, daß die Rabenbrücke, dicht am Kaufhause, bereits im Jahre 1836 an Markttagen durchschnittlich von 1543 Wagen und 25,280 Reitern und Fußgängern passirt worden ist. (Revue d'Alsace, 1836, tome II, page 67.)

[3] Revue d'Alsace, 1836.

mit tief herabhängenden Schößen, auf denen Knöpfe sich befinden, welche Modelle für die Numismatik zu sein scheinen, diese Bewegung, welche keine ist, diese vertraute Mischung des Thierreiches und des Pflanzenreiches und dieser ohne Geschrei sich vollziehende Appell an den Appetit, das erste Bedürfniß nach dem Erwachen; dieses Alles trägt dazu bei, der noch stillen Stadt etwas Originelles und Pittoreskes zu verleihen, was man nicht überall antrifft, denn die Fortschritte, welche der Luxus und die Vortheile, welche die billigen Preise gewähren, haben anderswo nur noch sehr wenig erkennbare Nüancen zwischen der Tracht der Stadtbewohner und der Landbevölkerung übrig gelassen.

Mittags bemerkt man eine rückgängige Bewegung nach den verschiedenen Thoren der Stadt. Es entsteht alsdann Gewühl und Unordnung, denn alle Geschäftszweige drängen und kreuzen sich, veranlaßt durch das Läuten der Glocke, welche die Essenszeit verkündet. Der Hunger will dann befriedigt sein und spornt die schon sonst geschäftigen Leute zu noch größerer Eile an; sie durchbrechen dann schonungslos die langsam dahinziehenden Züge von Bauern, welche gedankenvoll auf ihren entleerten Wagenkörben sitzen. Wenn dann der Rollwagen des Brauers mit großem Geräusch den Landleuten vorfahren will, so nöthigt er die schwachen Fuhrwerke derselben, bisweilen eine Gangart anzunehmen, welche sie noch niemals kannten.

Sobald die Sonne „zu Rüste" gegangen ist, ziehen sich die Straßburger von den Märkten und Gassen zurück, auf denen bald eine tiefe Stille herrscht. Man könnte fast glauben, daß sie von einer Epidemie, wie zu Marseille unter der Regentschaft, oder zu Barcelona unter den Cortes, so öde gemacht worden seien. Nur von Weitem hört man das Anschlagen des Säbels auf das Plaster oder einige an die Fenster der Hippokrates und Justinian gerichteten picanten Zurufe, welche den fremden Bestandtheil der Bewohner verrathen. Was die Einheimischen anbetrifft, so sind dieselben dabei nicht vertreten, denn sie sind durch ihre Geschäfte und ihre Familien-Beziehungen um den alterthümlichen Ofen im Zimmer geschaart."

Im Wesentlichen bietet Straßburg, besonders an Wochenmarkttagen bis in die neueste Zeit denselben Anblick; nur die bunten, grellen Uniformen der französischen Soldaten, welche das Bild wo möglich noch mehr belebten, sind nun nicht mehr vertreten.

Kehren wir nach dieser Abschweifung zum Postwesen zurück! Durch das Gesetz vom 10. August 1790 war die Wahrung des Briefgeheimnisses gewährleistet worden[1]. Es würde hier zu weit führen, anzugeben, welche Wandlungen der Post-Tarif in Elsaß-Lothringen unter französischer Herrschaft erfahren hat. Es mag genügen, daran zu erinnern, daß zur Zeit der Republik $2\frac{1}{2}$, 5, $7\frac{1}{2}$ und 10 Franken an Briefporto für jeden Brief im innern Verkehr erhoben wurden, daß der Tarif später jedoch wesentlich herabgesetzt wurde, als das Deficit sich fortdauernd vergrößerte, da man wegen des hohen Portos es nach Möglichkeit vermied, Briefe mit der Post zu versenden. Nach dem Gesetz vom 20. Mai 1854 betrug das Porto für den einfachen, bis zu 10 Grammen schweren Brief, im Falle der Frankirung 20 Cent., im andern Falle 30 Cent., dasjenige für frankirte Briefe im Umkreise derselben Postanstalt 10 Cent., für unfrankirte 15 Cent. Die Reform der Herabsetzung und der Gleichförmigkeit des Tarifs hat sich auch in Frankreich bestens bewährt, denn der Briefverkehr hat sich sehr bedeutend gehoben. Die Zahl der Briefe, die 1848 noch 122 Millionen betrug, war im Jahre 1859 nahezu auf 365 Millionen gestiegen. Danach kommen je 9,6 Briefe auf den Kopf der Bevölkerung. Leider sind die Ergebnisse über den Briefverkehr der drei Departements Nieder-Rhein, Ober-Rhein und Mosel nicht veröffentlicht worden; sie würden Anlaß zu interessanten Vergleichen

---

[1] Als bei der Untersuchung in Betreff des im Jahre 1821 entdeckten Complottes in Belfort, der Präfekt des Ober-Rheins dem Instruktionsrichter de Golbert mehrere Briefe behufs Beifügung zu den Untersuchungsakten übersandte, weigerte sich der ehrenwerthe Richter, dem bezüglichen Wunsche zu entsprechen. Daraus entstand ein Conflikt zwischen der Justiz- und der Verwaltungsbehörde. Als die Angelegenheit vor den Ministerrath gelangte, billigte derselbe das Verhalten des Richters.
DELAMONT, Notice historique sur la poste aux lettres.

darbieten. Aus Nachstehendem dürfte jedoch hervorgehen, daß der Briefverkehr in Elsaß-Lothringen einen verhältnißmäßig sehr bedeutenden Theil des französischen ausgemacht hat. Im Jahre 1867 veröffentlichte nämlich der Franzose Manier, nach amtlichen Materialien des französischen Unterrichtsministeriums, eine Karte, auf welcher der Stand der Volksbildung so ausgedrückt ist, daß diejenigen Departements, in welchen dieselbe verhältnißmäßig hoch steht, hell gelassen, wogegen diejenigen Departements, in welchen die Bewohner unwissender sind, desto dunkler gehalten sind. Die Karte weist 5 Abstufungen nach. In 26 Departements kann laut dieses französischen halbamtlichen Nachweises, der doch sicherlich nicht übertrieben ist, mehr als die Hälfte der jugendlichen Einwohner weder lesen noch schreiben. Die hellsten Departements sind vorwiegend keine anderen, als diejenigen, welche jetzt wieder zum Deutschen Reiche gehören, Elsaß und Lothringen. Paris und das Seine-Departement dürfen erst auf den zweiten Grad von Bildung in Frankreich Anspruch erheben; je weiter nach Spanien, desto düsterer wird es auf der gedachten Karte. Da der Post-Verkehr eines Landes einen Maßstab für die Volksbildung giebt, so muß dieser Verkehr in Elsaß-Lothringen, im Verhältniß zu Frankreich, ein besonders günstiger gewesen sein.

Mit Rücksicht darauf, daß das, von den Präfecten der Departements Nieder-Rhein, Ober-Rhein und Mosel in den Berichten an die General-Räthe veröffentlichte statistische Material über den Post-, Telegraphen- und Eisenbahn-Verkehr nicht nach denselben Grundsätzen aufgestellt, zum Theil auch sehr unvollständig ist, wird es sich rechtfertigen, wenn ich nachstehend einige statistische Zahlen, die ganz Frankreich betreffen, bringe.

Nach dem Gesetze vom 25. Juli 1856 betrug das Porto für politische Journale bis zum Gewicht von 40 Grammen 4 Cent., für nicht politische bis zum Gewichte von 20 Grammen 2 Cent., und für Circulare, Prospekte, Cataloge, 2c., sowie auch Waarenproben für Exemplare bis zu 5 Grammen 1 Cent. Im Jahre 1869 wurden im Ganzen 367 Millionen solcher Sendungen im französischen

Postgebiete befördert. Im Jahre 1817 wurde das Geldeinzahlungs-Verfahren eingeführt; die Gebühr für die Einzahlungen (mandats) betrug 2 pro Cent, später in Folge des Gesetzes vom 2. Juli 1862 1 pro Cent. Im Jahre 1869 wurden mehr als 5 $^1/_2$ Millionen Mandate angenommen, auf welche 164 Mill. Franken eingezahlt wurden. Seit dem 1. Juli 1859 werden auch Briefe mit deklarirtem Werthe bis zum Maximum von 2000 Franken zur Beförderung angenommen. Die Gebühr beträgt $^1/_{10}$ pro Cent. Die Einführung von Freimarken geschah durch das Gesetz vom 24. August 1848; 1869 betrug die Zahl der bei den französischen Postanstalten verkauften Marken 546 Mill., für die ein Erlös von mehr als 75 $^1/_2$ Mill. Franken erzielt wurde. 1791 gab es in Frankreich 1419 Postanstalten, 1840 deren 3020, 1867 deren 4856; in dem zuletzt bezeichneten Jahre betrug die Zahl der Beamten 28,500. Noch im Jahre 1829 besaßen 35,587 Ortschaften keine Verbindung mit der zunächst gelegenen Postanstalt; man mußte sich gewöhnlich nach dem Hauptorte des Cantons oder gar des Arrondissements begeben, um Postsendungen aufzuliefern. Es war deshalb ein wesentlicher Fortschritt, als im Jahre 1830 16,557 Landbriefträger[1] in Thätigkeit traten und nunmehr 44,322 im Landbezirke aufgestellte Briefkasten täglich einmal geleert wurden. Im Jahre 1869 betrug die Brutto-Einnahme der französischen Postverwaltung 94 Mill., die Ausgabe 63 Mill. Franken, so daß ein Ueberschuß von circa 31 Mill. Franken erzielt wurde.

Die Post-Verwaltung ressortirt in Frankreich vom Finanz-Ministerium. An der Spitze derselben steht ein General-Postdirektor, der mit drei Administratoren den Verwaltungsrath bildet. Von der Centralstelle ressortiren der Dienst in Paris und in den Departements. In jedem Departement waren resp. sind angestellt: ein Postdirektor, als Vorsteher des Dienstes, ein Controleur, und gewöhnlich noch

---

[1] Der General-Postdirektor Coste, ein Elsässer, geboren in Colmar, war es, welcher im Interesse der Landbevölkeruug das Landbriefträger-Institut schuf; derselbe hat auch die ambulanten Post-Bureaus auf der Eisenbahn ꝛc. in Frankreich eingeführt.

ein Bureaubeamte; für den Niederrhein, Oberrhein und Mosel: in Straßburg, Colmar und Metz[1]. Zwischen dem General-Postamte in Paris und den Postdirektoren bestand noch eine Zwischen-Instanz — ein Post-Inspektor, zugleich für mehrere Departements — die indessen seit 1871 aufgehoben ist. Der Post-Inspektor für die Departements Niederrhein, Oberrhein und Mosel hatte seinen Sitz in Nancy. Der Vorsteher der Postanstalt hieß receveur, der Briefsammlung distributeur, der Vorsteher am Departements-Hauptorte receveur principal[2].

Im Jahre 1870 waren beschäftigt: beim Postbureau in Straßburg 1 Vorsteher, 1 Expeditionsvorsteher, 8 Beamte; in Mülhausen 1 Vorsteher, 1 Expeditionsvorsteher, 6 Beamte; in Colmar 1 Vorsteher, 1 Expeditionsvorsteher und 4 Beamte; in Metz 1 Vorsteher, 1 Expeditionsvorsteher und 9 Beamte.

Den Dienst der Lokalpostanstalten ergänzte die mittelst Gesetzes vom 8. August 1854 angeordnete Einrichtung der ambulanten Bureaus, die während des Ganges der Eisenbahnzüge die verschiedenen postalischen Arbeiten verrichten. Solche ambulante Bureaus coursirten zwischen Paris und Straßburg; die anderen Eisenbahnrouten wurden durch Conducteure bedient. 1870 gab es im Niederrhein: 36 Postbureaus und 13 Briefsammlungen; im Oberrhein, auf dem Territorium, das jetzt das Ober-Elsaß bildet: 38 Postbureaus und 6 Briefsammlungen, im Mosel-Departement 43 Postbureaus und 8 Briefsammlungen[3].

---

[1] Der Postdirektor in Straßburg (1. Klasse) bezog, nach Maßgabe der Klassen-Eintheilung der Orte, ein Gehalt von 9000, derjenige in Metz (2. Klasse) 7—8000, derjenige in Colmar (3. Klasse) 5—6000 Franken.

[2] Der receveur principal in Straßburg bezog, nach Maßgabe der Klassen-Eintheilung der Orte, ein Gehalt von 7—8000, in Metz 5—6000, in Colmar 3500—4000, der receveur in Mülhausen 3500 bis 4000 Fr., diejenigen in Schlettstadt und Diedenhofen 2500—3000 Fr. Die Postanstalten in den übrigen größeren Orten gehörten zu den einfachen; sie wurden vielfach von Frauen und Jungfrauen verwaltet.

[3] Annuaire du Bas-Rhin, Annuaire du Haut-Rhin. Sauer, a. a. O.

Nach den Berichten des Präfekten des Niederrheins an die General-Räthe betrugen die Brutto-Einnahmen der Postverwaltung im Departement:

1863	741,135 Fr.
1865	857,285 „
1868	960,043 „

Der letzte Betrag setzt sich zusammen aus 933,240 Fr. an Porto, 17,818 Fr. Gebühren für Postmandate und 8985 Fr. Gebühren für Geld- und Werthsendungen. Bekannt ist nur noch, daß im Jahre 1863 der Reinertrag 98,386 Fr.[1], also etwa 13 pro Cent der betreffenden Brutto-Einnahme betrug.

In den Berichten des Präfekten des Oberrheins befinden sich leider keine statistischen Angaben über das Postwesen, dagegen hat Sauer[2] aus den Berichten der Postverwaltung des Mosel-Departements einige spezielle Angaben veröffentlicht: Danach betrug der durchschnittliche tägliche Verkehr an Briefen, Zeitungen, Drucksachen &c. im Jahre 1869 19,975 Stück oder 7,290,756 jährlich. Metz participirt daran allein mit 4,833,000 Stück. Während desselben Jahres wurden im gedachten Departement 4,006,975 Postmarken der verschiedenen Gattungen verkauft, im Jahre vorher 3,704,250 Stück. Im Jahre 1869 wurden ferner aufgeliefert 11,931 Briefe mit einem Werthe von 6,533,388 Franken, im Jahre vorher 11,134 Briefe mit einem Werthe von 5,967,795 Franken. Die Brutto-Einnahmen der Postverwaltung war im ersteren Jahre um 37,853 Franken höher als im letzteren; es wurden nämlich erzielt:

	1868	1869
An Porto	57,024 Fr.	48,220 Fr.
Erlös für verkaufte Freimarken . .	578,427 „	622,987 „
Franko-Porto für Drucksachen und Zeitungen	26,533 „	26,427 „
Gebühr für Postmandate	18,788 „	20,422 „
Gebühr für deklarirte Sendungen und 1 p.Ct. von den Werthstücken . .	6,887 „	7,456 „
Summa	687,659 „	725,512 „

[1] Baquol, Dictionnaire du Haut- et Bas-Rhin.

[2] Sauer, a. o. O.

In den Verhandlungen des General-Raths des Niederrheins der Session von 1869 kam unter Anderem auch zur Sprache, daß die Kaufleute in Straßburg ihre für Deutschland bestimmten Briefe vielfach zur badischen Postanstalt nach Kehl sandten, weil dieselben dort nur 3 oder 7 Kreuzer, also 10 oder 25 Cent. kosteten, während die französische Post in Straßburg für den einfachen Brief 40 bis 50 Cent., für den doppelten 80 Cent. bis 5 Franken erhob. Oeftere Klagen der Handelskammer in Straßburg über das hohe Porto[1] hatten keinen Erfolg gehabt. Ein Mitglied des General-Raths machte sogar den Vorschlag, die französische Postanstalt möchte Behufs Erzielung eines niedrigeren Portos für Briefe nach Deutschland es ebenso machen, wie die Kaufleute in Straßburg, d. h. die Briefe ebenfalls in Kehl bei der dortigen Postanstalt aufliefern lassen. Von anderer Seite wurde hervorgehoben, daß die Briefporto-Reform in Deutschland „aus politischen, nicht aus finanziellen Gründen" geschehen sei. Man ahnte also nicht oder wollte nicht zugestehen, daß es hauptsächlich volkswirthschaftliche Gründe waren, welche diese Maßnahme vorbereiteten, und es in maßgebenden Kreisen vorausgesehen wurde, daß ein mäßiger und einfacher Tarif in jeder Beziehung den meisten Nutzen bringe. Der Erfolg der Briefporto-Reform, die 1870 auch auf Elsaß-Lothringen ausgedehnt wurde, hat die Richtigkeit dieses Grundsatzes wiederum bestätigt.

Die Bedeutung Straßburgs als Stapelplatz und Vermittlerin beim Austausche der deutschen und französischen Waaren habe ich mehrfach hervorgehoben. Es bedarf indessen noch der besonderen Erwähnung, daß diese Stadt seit langer Zeit auch in wissenschaftlicher und literarischer Beziehung vermittelnd zwischen Deutschen und Franzosen eingetreten ist. Die geistigen Ideen sind dieselbe Richtung über diesen Ort und die Rheinbrücke gezogen, wie die

---

[1] In einem Schreiben an den französischen General-Postdirektor war unter Anderem betont, daß ein Brief zum Gewichte von 15 Grammen nach Amsterdam, in Kehl aufgeliefert 25 C., in Straßburg dagegen 1 Fr. 20 C., also beinahe das Fünffache kostete 2c. 2c.

Personen und Güter. Spach, der verdiente Elsässische Gelehrte[1], sagt etwa: „Diese friedlichen Tauben mit dem Oelzweige haben freilich meistens höhere und ernstere Regionen gewählt, als die Waaren; wenn sie sich mit einander kreuzten, so seien aus ihrer Berührung Funken gesprungen, als Anzeichen des Lebens und Lichts....... Straßburg, diese Stadt mit zwei Gesichtern, war in Folge ihrer geographischen Lage dazu berufen, vermittelnd zwischen den beiden Nationen, deren Angehörige sich in ihren Mauern bewegten, einzutreten. Schon gegen Ende des 15. Jahrhunderts war beispielsweise der Straßburger Sebastian Brant, der Verfasser des Narrenschiffs, dessen Werke in alle Sprachen der civilisirten Welt übertragen wurden, der Vorläufer von Rabelais, während der Letztere wiederum als der intellectuelle Vater des Straßburgers Fischart bezeichnet werden kann". In späterer Zeit wirkte ein Theil der gelehrten Elsässer, die meistens zugleich der deutschen und französischen Sprache kundig waren, in obigem Sinne. Die Revue germanique (1827—34) in Straßburg deckte den Franzosen die literarischen Schätze Deutschlands auf und auch die Encyclopédie des gens du monde in Paris, welche in derselben Richtung wirkte, gehört eigentlich nach Straßburg, da ein Bewohner dieses Ort's dieses bedeutende Unternehmen herausgab. Dies möge hier genügen! Von dem großen Gebiete der Presse möchte ich an dieser Stelle nur die Zeitungen[2] und Zeitschriften hervorheben, weil diese literari=

---

[1] Quelle est la mission d'une Société littéraire à Strasbourg?

[2] Während des Drucks dieser Schrift ist mir das mit vielem Fleiße gearbeitete Werk von Emil Weller, die ersten deutschen Zeitungen (Stuttgart, literarischer Verein 1873) zugegangen. Der Verfasser, welcher in einer großen Anzahl Bibliotheken Nachforschungen nach den ältesten gedruckten deutschen Zeitungen angestellt hat, sagt: „Der Name „Zeitung" beginnt in gedruckten Berichten mit dem Jahre 1505. Aber erst in den Zwanziger und Dreißiger Jahren häufen sich dieselben und reichen noch in die Zeit hinein, wo periodische Hefte die Flugblätter zu ersetzen suchen. Im Jahre 1566 wuchs mit der Türkengefahr die Zahl der Zeitungen; zum ersten Male erstanden numerirte Blätter von 1 bis 8, welche Straßburger und Baseler Officinen

schen Erzeugnisse am unmittelbarsten in das öffentliche Leben eingreifen und auf dasselbe von weitreichendem Einflusse sind. Es darf nach Obigem nicht befremden, daß ein Theil der in Elsaß-Lothringen erscheinenden Zeitungen in den letzten Jahrzehnten zugleich in französischer und deutscher Sprache erschien. Der französische Einfluß machte sich nachgerade dahin geltend, daß die französischen Organe sich vermehrten, die deutschen dagegen mehr und mehr eingingen. In neuester Zeit bringt der deutsche Einfluß eine umgekehrte Richtung zu Wege, wie weiter unten gezeigt werden soll. Im Jahre 1868 resp. 1870 erschienen in Elsaß-Lothringen die nachstehend aufgeführten Organe:

1) Im Niederrhein: a) in Straßburg, L'Impartial du Rhin (6 mal wöchentlich); Le Courrier du Bas-Rhin (6 mal wöchentlich); Affiches de Strasbourg (2 mal wöchentlich); L'indicateur du Bas-Rhin (2 mal wöchentlich); Le Bibliographe alsacien, gazette littéraire, historique et artistique (monatlich); Revue catholique de l'Alsace (littéraire, historique, religieuse); Bulletin de la Société littéraire de Strasbourg (halbjährlich); Bulletin de la Société pour la conservation des monuments historiques d'Alsace (in Lieferungen); La Bibliothèque alsacienne, journal des familles (1 mal wöchentlich); La Feuille du Samedi, elsässisches Samstagsblatt (1 mal wöchentlich)[1]; L'Écho

herausgaben, eiligst nachgedruckt, gleichwie alles Wichtige damaliger Zeit." Der Titel der ältesten bekannten, im Jahre 1524 in Straßburg gedruckten Zeitung, befindet sich nach diesem Werke in der Stadtbibliothek in Zürich, gedruckt bei Joh. Knoblauch, ist ein Sendbrief an Georg Ambroster deutsch Ordens zu Straßburg und führt folgenden Titel: „Neüw zeytung so kurtzlich diß Jars. Año jm. xxiiij zu Kyngßburg in Preüssen fürgangen, durch gnädigen vffrüsten des götlichē worts, vñ wunderbarlichén abgangs aller newē abgöttereyen der vnchristlichen pfaffen vnd münchen sampt iren papistischen anhängern. Hierin ist ein Christenlich ansehen." Am Ende steht: „Johannes Döring genant Candidus. Anno MDxxiiij." Dieselbe findet sich im Anhange abgedruckt.

[1] Diese Zeitschrift erschien in den Jahren 1855—66 nur in deutscher Sprache, das Janusgesicht trug sie im Jahre 1868.

du théâtre, feuille programme pendant la saison théâtrale; Bulletin académique du Haut et du Bas-Rhin (2 mal monatlich); Gazette médicale de Strasbourg (2 mal monatlich); Revue d'hydrologie médicale française et étrangère et clinique des maladies chroniques (1 mal im Sommer, 2 mal im Winter in jedem Monat); Bulletin de la Société médicale du Haut-Rhin; Journal de la Société d'horticulture du Bas-Rhin (in je 2 Monaten einmal); Nouveaux mémoires de la Société des sciences, agriculture et arts du Bas-Rhin (unbestimmt); Annales de l'Association philomatique vogéso-rhénane (unbestimmt); Journal de la Société de statistique de Paris (monatlich); Revue de théologie (in je 2 Monaten einmal); Le Progrès religieux, journal des Églises protestantes de l'Est (1 mal wöchentlich); Der Volksfreund, ein Sonntagsblatt für christliche Familien (1 mal wöchentlich); Annalen der Verbreitung des Glaubens (in je 2 Monaten einmal); Evangelisches Sonntagsblatt (1 mal wöchentlich); Der evangelische kirchliche Missionsfreund (in je 2 Monaten einmal); Kirchenblatt für Christen Augsburgischer Confession (monatlich). b) In Bischweiler: Affiches de Bischwiller (1 mal wöchentlich); c) in Hagenau: L'Indicateur de Haguenau (1 mal wöchentlich); d) in Niederbronn: Feuille des eaux de Niederbronn (während der Saison); e) in Schlettstadt: Affiches de Schlestadt (1 mal wöchentlich); f) in Weißenburg: Affiches de Wissembourg (1 mal wöchentlich); g) in Zabern: Affiches de Saverne (1 mal wöchentlich).

2) Im Oberrhein 1870: a) in Mülhausen: Journal de Mulhouse (3 mal wöchentlich); Industriel alsacien (6 mal wöchentlich); b) in Colmar: Alsacien (6 mal wöchentlich); Glaneur, affiches alsaciennes (6 mal wöchentlich); Feuille d'annonces de Thann, Cernay (1 mal wöchentlich); Le Journal du Haut-Rhin (1 mal wöchentlich); Journal de Guebwiller (1 mal wöchentlich); Revue d'Alsace (vierteljährlich); Alsatia (unregelm.); Bulletin de la Société d'histoire naturelle de Colmar (jährlich); Recueil des arrêtés de la Préfecture (nach Bedürfniß); c) in

Markirch: Journal de Sainte-Marie-aux-Mines (1 mal wöchentlich); d) in Rappoltsweiler: Le Messager rural de Ribeauvillé (1 mal wöchentlich); e) in Gebweiler: Le Progrès de Guebwiller (1 mal wöchentlich); f) in Rixheim: Der elsässische Volksbote (1 mal wöchentlich).

3) Im Mosel-Departement, 1870: a) in Metz: Le Courrier de la Moselle (3 mal wöchentlich); l'Indépendant de la Moselle (3 mal wöchentlich); Le Moniteur de la Moselle (3 mal wöchentlich); Le Vœu national (3 mal wöchentlich); Le Messin (1 mal wöchentlich); Le Progrès métallurgique du Nord-Est (1 mal wöchentlich); Journal homœopathique de Metz (unregelmäßig); l'Horticulture (monatlich); b) in Saargemünd: Le Petit Glaneur (1 mal wöchentlich); c) in Diedenhofen: Le Moniteur de Thionville. Ferner erschienen noch in Vic an der Seille: Nouvelles officielles pour l'arrondissement de Château-Salins.

„Ohne Transport" sagt Schäffle, „könnten die Zeitungen keine „öffentlichen Blätter" sein. Was aber leisten nicht Alles Zeitungen, mit den Posten, Eisenbahnen und Telegraphen im innigsten Bunde, indem sie den Meinungs- und Nachrichtenverkehr der Welt vermitteln und die civilisirte Menschheit in Eine große tägliche Gemeinschaft aller edlen und unedlen Leidenschaften und Bestrebungen versetzen, — Telegramme an der Spitze, Raisonnement in der Mitte, den großen bunten Beiwagen im Nachtrab. Durch die Presse werden auch die für Privatinteressen Angebot von Gütern und Bedürfniß vermittelt, Nachrichten vertausendfältigt, zahllose Briefe und Vorladungen vermieden, Arbeitskräfte ab- und herbeigerufen. Die Presse ist ein vollendetes Organ der öffentlichen und Privatökonomie[1]."

Im Eingange dieser Schrift wurde darauf hingewiesen, daß die Eisenbahn von Straßburg nach Basel im September 1841 eröffnet wurde[2]. Diese Eisenbahn war eine der ersten (die sechszehnte),

---

[1] Schäffle, das gesellschaftliche System der menschlichen Wirthschaft.
[2] Der bekannte elsässische Schriftsteller und Dichter Gustav Mühl hebt in den „Sagen des Elsaß", von August Stöber, treffend hervor,

zugleich aber die längste der bis dahin in Frankreich hergestellten. Die Concession dazu hatten 1838 die Herren Nicolaus Köchlin und Brüder in Mülhausen erhalten, welche bereits die Eisenbahn von Mülhausen nach Thann in drei Jahren erbaut hatten. Die Wichtigkeit dieses neuen Verkehrsmittels für das Elsaß uud für das südliche Frankreich hat damals der Nationalökonom Michel Chevalier trefflich beleuchtet. Er sagte darüber unter Anderem:

„Das Elsaß hat keine besonders guten Verbindungen mit dem übrigen Königreiche. Bis zu dieser Zeit wurde der Verkehr nur durch den Rhone-Rhein-Kanal unterhalten. Das so industrielle Elsaß war mithin in Folge seiner Bodenbeschaffenheit von den übrigen

---

daß im Anfange des Bestehens der Eisenbahn es Vielen im Volke widerstrebte, dem unheimlichen, tosenden, feuersprühenden Ungeheuer, das mit Sturmesgewalt dahinbraust und in einem Augenblick den Sinnen entrückt ist, sich anzuvertrauen. Mühl sagt ferner: „das Pfeifen der Dampfmaschinen zumal erklärten die Leute für das Pfeifen des Teufels, die ganze Erfindung für ein Werk seiner Macht; jeder Unfall, der geschah, ward als ein Opfer angesehen, das dem Bösen verfallen; ganze Züge, glaubten sie, kämen manchmal in seine Gewalt und verschwänden." Erst die Einweihung der Eisenbahn durch den Bischof soll manche Leute beruhigt haben.

Der gedachte Dichter hat in einem Flugblatt, das den Namen „Neue Bahnen" führt, das gewaltige moderne Verkehrsmittel poetisch verherrlicht. Es sei mir gestattet, aus dem längeren Gedichte einige Verse hervorzuheben. Der Geschichtsschreiber Spach (moderne Culturzustände im Elsaß) sagt mit Recht von dem Dichter, daß er unter den vielen Schilderern der dämonischen Dampfmaschine „der Erwählten Einer" sei, er habe „die volle Bedeutung der revolutionären Metamorphose im Reisesystem durchdacht und durschaut."

. . . . Wie strömet die Menge zum Bahnhof,
Rasch, als beseelte sie plötzlich ein neuer Hauch der Befreiung;
Ist's doch als fühlten sogar die Glieder ein leichteres Streben!
Sicherer, stolzer schreitet der Fuß, und wachsend im Busen,
Gleich, als löste sich leise des Stoffes hemmende Schwere,
Hebt sich ein kühnes Ahnen in dieses Ortes Umgebung.

. . . .

Und schon drängt sich das Volk im hohen, geräumigen Saale,
Wogend in Ungeduld mit laut ertosenden Stimmen;

Provinzen abgetrennt und hatte in Folge dessen mit ganz ungeheuren natürlichen Schwierigkeiten zu kämpfen. Es gehörte eine ganz besondere industrielle Geschicklichkeit dazu, um der Concurrenz auf den Märkten des Königsreichs, besonders aber denjenigen des Auslandes, nicht zu unterliegen. In Folge eines kaum zu verstehenden Mißgriffes, blieb der Rhein dem Elsaß verschlossen; wir Franzosen waren es, welche dies so gewollt hatten. Auch der Rhone, den man so leicht hätte schiffbar machen können, und zwar nicht nur bis Lyon, sondern bis Genf, blieb auch unwegsam; ich sollte vielmehr sagen, daß er es noch ist. Bisher war das Elsaß genöthigt, seine Baumwolle aus Havre durch Fuhren zu beziehen. Die für die Dampfmaschinen so nothwendige Kohle mußte es mit großen Kosten weither holen lassen und muß sie noch zu dem Preise von 3 Fr. 50 C. bis 4 Fr. 50 C. für je 100 Kilogr., je nach der

---

Fordernd fliegen die Blicke zur Bahn. Sie aber, dort drüben,
Vor den verschlossenen Pforten, stumm lieget sie noch und einsam,
Wie ein verzauberter Weg, der nimmer für menschliche Tritte;
Traun, fast möchte sie scheinen ein Weg für mächt'gere Geister! —
Jetzt, in der Nähe, horch! erdröhnet so schrilles Gewieher,
Wie von riesigen Rossen; in jauchzendem Uebermüthen
Schlägt's wild gellend empor, erfüllend die weitesten Räume,
Und mit jähem Geschrei aufhallet erschrocken das Echo,
Freudig vernimmt das Volk das Zeichen baldigen Aufbruchs,
Drängt sich hin zu den Pforten, zu schau'n das erwachsende Dampfroß.
Langsam schnaubet heran der eiserne, mächtige Riese,
Welchen die Neuzeit schuf. Wie Knechte begleiten den König,
Rollet gehorsam nach der festgefügeten Wagen
Lang sich dehnender, lärmender Zug. Nun hemmet der Renner
Nochmals grollend den Schwung, still harrt er mit seinem Gefolge.

. . . .

Plötzlich jedoch verstummt das ungeduldige Grollen
Tief in des Riesen Brust; einhält er den dampfenden Gluthauch,
Spannt die volleste Kraft in dumpfem, verheißendem Schweigen,
Schon auch öffnetzen sich des Saales Pforten der Menge,
Eifrigen Muthes erklimmt ihr lustig Gewimmel die Wagen.

. . . .

Und nun wandelt der Zug voran. In mächtigen Pulsen

Qualität und der Lage der Orte, beziehen. In dem für unsere Geschichte der öffentlichen Arbeiten so denkwürdigen Jahre 1838 wurde der Kanal von der Marne zum Rhein von der Regierung in Vorschlag gebracht und von den Kammern genehmigt, der die Schifffahrtslinie von Paris und Havre nach Straßburg vollenden sollte. Unglücklicherweise hatte man bis dahin noch nicht die Studien zu einem Seitenarme dieses Kanals beendet, ohne welche die bezeichnete Linie von einem sehr beschränkten Nutzen sein dürfte; ich meine den Kohlen-Kanal, welcher zum Marne-Rhein-Kanal zu Gondrexanze, an der Grenze des Meurthe- und des Niederrhein-Departements, die ausgezeichneten Kohlen aus den Gruben von Saarbrück — diesen für Frankreich vielleicht bedauernswerthesten Verlust des Jahres 1815 — bringt. Heute sind die Pläne fertig, das Project ist genehmigt; es fehlt nur noch die Zustimmung der Kammern und

---

Schießt der befreiete Dampf jetzt wieder hinauf in die Lüfte,
Rauhen Gezisches, wild, und ballet sich wirbelnd zur Wolke.
Wohl noch bändigt vorerst sein Drängen der Renner, und dennoch
Hinter ihm schwindet sogleich das emsige Leben des Bahnhofs,
Fliehen bereits in der Ferne die stattlichen Häuser und Thürme.
Wie hat Alles sich nun mit einem Male verändert!
Eben der Straßen Getümmel und jetzt, als wär' es ein Zauber,
Einsam grünende Trift, allwärts vom Himmel umfangen.
Aber nicht grüßet sie heut' das Herz in gemüthlichem Sinnen:
Vorwärts, vorwärts keuchet der Renner und immer gewalt'ger
Immer entfesselter stürmt er im Wehen der freieren Lüfte,
Weckt die Gefilde weit aus ihrer traulichen Stille.

. . . .

Mahnet dein Jagen mich auch, unbändiger, flüchtiger Wandrer,
Oft an das jetzige Treiben, wo Jegliches neu sich verrücket,
Manches so traurig sich löst, der frommen Ruh' sich entreißend.
Scheuchet dein Donner auch, aufschreckend, aus Fluren und Hainen,
Aus der Seele mir selbst die traulichen Geister des Friedens,
Dennoch liebt dich der Sänger! — Wie sollte, was sämmtliche Fernen
Wunderbarlich vereint, nicht enger verknüpfen die Menschheit?
Auch dein Brausen, Gewalt'ger, ist Gottes schaffender Odem!

eine Summe von 9 Millionen Franken. Durch diesen Kanal werden Kohlen herbeigeführt werden können nicht nur für das Elsaß, sondern auch für die anderen östlichen industriellen Departements: Die Maas= und Hoch=Marne 2c. Der Kanal wird also nicht nur im Interesse des Elsaß, sondern im allgemeinen Interesse sein.

„Seit 1838 hat Herr Köchlin die schöne Eisenbahn herstellen lassen, welche sich fast von einem Ende des Elsaß bis zum anderen ausdehnt. Diese Schienen=Verbindung wird sich bald an die von der badischen Regierung hergestellte Bahn von Kehl nach Mannheim anschließen. Im Süden wird man dieselbe in der östlichen Richtung, nach Zürich, verlängern....... Das Elsaß sollte indessen seine Hand Frankreich noch eher reichen, als den alten Brüdern der schweizerischen Cantone. Elsaß verlangt eine Eisenbahn, welche sich an die große Linie von Paris nach dem Mittelländischen Meere, über Dijon und Lyon, anschließt. Diese 210 Kilometer lange Eisenbahn von Mülhausen nach Dijon würde den Personen und Waaren des Elsaß gestatten, sich schnell in das Rhone=Thal, in der Richtung nach dem Mittelländischen Meere, zu begeben, und es würde dergestalt den Elsässern das Herz des Königreichs offen stehen.......

„Vermittelst dieser Eisenbahn würde ferner die große Dampfschifffahrt auf dem Rhein in Betreff der Reisenden mit derjenigen auf der Saone und dem Rhone verbunden werden, wie es in Betreff der Waaren durch den Rhone=Rhein=Kanal der Fall ist. Dergestalt würde die Verbindung des Mittelländischen Meeres mit der Nordsee durch die größte Eisenbahnlinie, mitten durch den so bemerkenswerthen, von der Natur herrührenden Einschnitt, mit den Becken des Rhone und des Rheins hergestellt sein, die für den Transit so wohl geeignet ist.......

„Wenn erst diese Eisenbahn hergestellt sein wird, um die Verbindungen des Elsaß zu vervollständigen und seine Wünsche zu erfüllen, wird es nur noch eines Kanals vom Rhein zur Donau bedürfen; dieses bedeutende Unternehmen würde Frankreich das ungeheuere Donauthal, diesen Beginn des Orients, öffnen. Es war dies schon der Gedanke Cäsars und später auch Carls des Großen. Die Bayern, welche die Tragweite dieses Kanals gefühlt haben, vollenden in diesem Augenblicke, mitten durch ihr Gebiet, einen Verbindungs-Kanal zwischen den beiden gedachten Flüssen. Dieser Kanal würde ein harter Schlag für unseren Handel sein, wenn wir uns nicht in der Weise zu vertheidigen wüßten, daß wir einen Rhein-Donau-Kanal im Einverständnisse mit Baden und Württemberg mitten durch diese Staaten bauen.

„Die Eisenbahn von Straßburg nach Basel ist das Werk zweier jungen Ingenieure, Bazaine und Champeron. Die Direction befindet sich in Mülhausen, der Verwaltungsrath in Paris. . . . . . .[1]"

So weit der gedachte Nationalökonom. Nicht ohne Interesse ist es, festzustellen, wie der Verkehr an Personen und Gütern auf dieser ersten bedeutenden Eisenbahnstrecke des Landes sich entwickelt hat. Die Betriebs-Resultate der ersten Jahren geben darüber folgenden Aufschluß:

		die Einnahmen	
1840, als nur 2 Sectionen zwischen Colmar und Benfeld und zwischen Mülhausen und St. Ludwig am 25. Oktober eröffnet waren, betrug die Zahl der Passagiere	48,607	73,228	Fr.
1841, nachdem am 1. Mai die Strecke von Königshofen bei Straßburg nach Benfeld und die noch fehlende von Colmar nach Lutterbach am 15. August fertiggestellt waren	591,159	1,094,196	„
1842	726,799	1,574,120	„
1843	702,748	1,539,323	„
Summa während 3 Jahre und 1½ Monate	2,069,313	4,280,867	Fr.

Die Einnahme aus den Gütern und dem Reisegepäck war

[1] ROUVROIS, Voyage pittoresque en Alsace.

im Jahre 1840.	1,086 Fr.
" " 1841.	85,693 "
" " 1842.	270,282 "
" " 1843.	538,413 "
Summa der Einnahme während 3 Jahre und 2 1/2 Monate des Betriebes	5,176,344 Fr.

oder pro Tag 4,431 Fr. [1]

In Frankreich waren Ende 1841 im Ganzen 569 Kilometer (76,7 deutsche Meilen) Eisenbahn im Betriebe, deren Bau 165 Millionen Franken gekostet hatte, während das gesammte europäische Eisenbahnnetz damals 9281 Kilometer (1250,7 d. M.) lang war. Frankreich befand sich damals gegen Großbritannien und mehrere andere Staaten des Continents ganz beträchtlich im Rückstande. Der französischen Gewohnheit gemäß, nahm der Staat nunmehr die Sache in die Hand, um derselben, unter Staats-Aufsicht und Staats-Garantie, das Vertrauen des Publikums zuzuführen. Dies hatte Wirkung und es enstand das einheitliche System, das die französischen Eisenbahnen von denjenigen in anderen Ländern auszeichnet [2]. Der Nationalökonom Schäffle [3] sagt hierüber sehr zutreffend: „Frankreich, einheitlich und centralisirt in Allem, ist es trotz Compagniebetriebes auf den Eisenbahnen. Paris sitzt wie eine Spinne in dem Mittelpunkt des Spinnengewebes von Bahnen, welche nach festem Plane, nach administrativen und militärischen, wie auch commerciellen Gesichtspunkten angelegt sind. Dieser französische Geist konnte sich um so leichter ausprägen, als man zuerst zögerlich gewesen war und erst von 1852 an plötzlich eine ungeheuere Expansion in der Eisenbahngründung stattfand. Das System konnte so wie aus Einem Kopfe kommen und ist die Schöpfung des Corps der Staatstechniker. Die Hauptbahnen laufen strahlenförmig von Paris aus; je mehr der Grenze zu, desto mehr sind sie durch zweckmäßig angelegte Querlinien mit einander verbunden. Im Bau haben die französischen Bahnen viel Aehnlichkeit mit den englischen,

[1] ROUVROIS, a. o. O.
[2] Behm, die modernen Verkehrsmittel.
[3] Schäffle, a. o. O.

in der Administration, — jedoch von der Zersplitterung in viele kleine Linien abgesehen — haben sie Verwandtschaft mit den deutschen Bahnen. Charakteristisch in Frankreich ist die Fusion fast sämmtlicher Bahnen in 6 große Complexe: Nord-, West-, Ost-Süd-, Paris-Orleans- und Paris- Lyon-Mittelmeerbahn."

Die französischen Eisenbahnen beförderten im Jahre 1865 84 Millionen Reisende und 34 Millionen Tonnen Frachtgut. Der Tarif, der im Durchschnitt 5 $^1/_2$ Cent. für die Reisenden und 6,08 Cent. für die Tonne Güter betrug, gewährte, gegenüber den früher üblich gewesenen Transportkosten zu Lande, eine Verminderung um die Hälfte, ja sogar um $^2/_3$. Die Concurrenz der Eisenbahnen veranlaßte ferner ein sehr bedeutendes Sinken der früher aufrecht erhaltenen Tarife für den Transport auf den Landstraßen, Flüssen, Kanälen 2c. 2c. Ferner darf man nicht außer Acht lassen, daß der Verkehr auf den gewöhnlichen Straßen fast ebenso lebhaft geblieben ist, wie vor dem Bestehen der Eisenbahnen, und daß derjenige auf den Flüssen — dies gilt jedoch vom Rhein nicht — und Kanälen sich noch vermehrt hat. Der Direktor der Brücken, Chausseen und Eisenbahnen Frankreichs hat 1866 nachzuweisen gesucht, daß Frankreich alljährlich durch die Eisenbahnen allein eine Ersparniß von 700 Mill. Franken im Waarentransport und von 60 Mill. Franken im Personentransport erzielt, oder mit anderen Worten, wenn es keine Eisenbahnen gäbe, würden die Transporte jährlich 760 Millionen Franken mehr kosten. Dazu kommt noch, daß diese Ersparniß von Jahr zu Jahr wächst. Behm[1] hebt mit Recht hervor, daß ohne die Eisenbahnen die ungeheueren Transporte derselben ganz unmöglich sein würden, und daß wir ohne dieselben nicht Zeuge des wunderbaren Aufschwungs der Gewerbe — insbesondere gerade in Frankreich — hätten sein können. Durch die Vermehrung der Circulation, durch die Neuschaffung des Verkehrs — Knies[2] sagt: „Die Eisenbahnen haben latenten Verkehr entbunden," — haben dieselben im

---

[1] Behm, a. o. O.

[2] Knies, die Eisenbahnen und ihre Wirkungen.

höchsten Grade die Industrie selbst entwickelt und zugleich in ausgedehntestem Maaße die Bedürfnisse des Consums befriedigt. Dabei ist die Zeitersparniß noch nicht in Betracht gezogen. Die Schnelligkeit der alten Diligencen[1] war 10 Kilometer per Stunde, die mittlere Schnelligkeit der französischen Eisenbahnen ist 40 Kilometer; die 84 Millionen Reisenden also, welche im Jahre 1865 zusammen 3361 Mill. Kilometer auf dem ganzen französischen Eisenbahnnetz zurücklegten, haben danach 252 Mill. Stunden erspart.

Von den Eisenbahnen in Elsaß-Lothringen wurden dem Betriebe übergeben:

Am 12. September 1839 die Eisenbahnstrecke Mülhausen-Thann, 20 Kilometer lang.

Am 18. October 1840 die Eisenbahnstrecke Benfeld-Colmar, 39 Kilometer lang.

Am 25. October 1840 die Eisenbahnstrecke Mülhausen-St.-Ludwig, 28 Kilometer lang.

Am 1. Mai 1841 die Eisenbahnstrecke Königshofen-Benfeld, 26 Kilometer lang.

Am 15. August 1841 die Eisenbahnstrecke Colmar-Lutterbach, 37 Kilometer lang.

Am 26. März 1844 die Eisenbahnstrecke Königshofen-Straßburg, 2 Kilometer lang.

Am 13. Juni 1844 die Eisenbahnstrecke St.-Ludwig-schweizer. Grenze, 1 Kilometer lang.

Am 10. Juli 1850 die Eisenbahnstrecke franz. Grenze bei Pagny-Metz, 20 Kilometer lang.

Am 29. Mai 1851 die Eisenbahnstrecke Saarburg-Straßburg, 70 Kilometer lang.

Am 24. Juli 1851 die Eisenbahnstrecke Metz-St.-Avold, 51 Kilometer lang.

Am 16. November 1851 die Eisenbahnstrecke St.-Avold-Forbach, 19 Kilometer lang.

Am 12. August 1852 die Eisenbahnstrecke franz. Grenze bei Avricourt-Saarburg, 22 Kilometer lang.

---

[1] Nach der Mittheilung eines Straßburgers wurden die von Straßburg nach Lyon gehenden Diligencen, als die Eisenbahn erst theilweise hergestellt war, auf den Eisenbahnwagen befördert, um am Endpunkte der Bahn den Reisenden wiederum als Landtransportmittel zur Disposition zu stehen.

Am 16. November 1852 die Eisenbahnstrecke Forbach=preuß. Grenze, 4 Kilometer lang.

Am 16. September 1854 die Eisenbahnstrecke Metz=Diedenhofen, 30 Kilometer lang.

Am 18. Juli 1855 die Eisenbahnstrecke Vendenheim=Hagenau, 23 Kilometer lang.

Am 23. October 1855 die Eisenbahnstrecke Hagenau=bayr. Grenze bei Weißenburg, 34 Kilometer lang.

Am 15. October 1857 die Eisenbahnstrecke Dammerkirch=Mülhausen, 25 Kilometer lang.

Am 15. Februar 1858 die Eisenbahnstrecke franz. Grenze bei Altmünsterol=Dammerkirch, 14 Kilometer lang.

Am 11. August 1859 die Eisenbahnstrecke Diedenhofen=luxemb. Grenze, 16 Kilometer lang.

Am 11. Mai 1861 die Eisenbahnstrecke Straßburg=Kehl, 8 Kilometer lang.

Am 25. April 1863 die Eisenbahnstrecke franz. Grenze bei Hayingen=Diedenhofen, 7 Kilometer lang.

Am 25. November 1863 die Eisenbahnstrecke Thann=Wesserling, 13 Kilometer lang.

Am 29. September 1864 die Eisenbahnstrecke Straßburg=Barr, 34 Kilometer lang.

Am 25. November 1864 die Eisenbahnstrecke Avricourt=Dieuze, 22 Kilometer lang.

Am 15. December 1864 die Eisenbahnstrecke Molsheim=Mutzig und Molsheim=Wasselnheim, 17 Kilometer lang.

Am 19. December 1864 die Eisenbahnstrecke Niederbronn=Hagenau, 20 Kilometer lang.

Am 29. December 1864 die Eisenbahnstrecke Schlettstadt=Markirch, 22 Kilometer lang.

Am 16. December 1865 die Eisenbahnstrecke Beningen=Merlebach=Saargemünd, 22 Kilometer lang.

Am 30. Dezember 1866 die Eisenbahnstrecke Karlingen=Beningen=Merlebach, 10 Kilometer lang.

Am 3. December 1868 die Eisenbahnstrecke Münster=Colmar, 19 Kilometer lang.

Am 30. Juni 1869 die Eisenbahnstrecke Sentheim=Sennheim, 14 Kilometer lang.

Am 8. December 1869 die Eisenbahnstrecke Saargemünd=Niederbronn, 63 Kilometer lang.

Am 5. Februar 1870 die Eisenbahnstrecke Bollweiler=Gebweiler, 7 Kilometer lang.

Am 1. Juni 1870 die Eisenbahnstrecke Saargemünd-preuß. Grenze, 1 Kilometer lang [1].

Danach ruhte der Ausbau in den Jahren 1845—49, zum Theil wohl in Folge der politischen Ereignisse.

Im Jahre 1852 war der letzte Theil der Eisenbahn von Paris nach Straßburg vollendet, und erfolgte die Eröffnung der ganzen Linie in Gegenwart des Kaisers Napoleon III., der bei dieser Gelegenheit auch Straßburg besuchte. Die Fusion der Eisenbahnen von Straßburg nach Basel, von Mülhausen nach Thann und von Straßburg nach Weißenburg (bayrische Grenze) erfolgte mit Genehmigung des Kaisers durch ein Dekret vom April 1854. Damals besaß das Departement Niederrhein nur zwei Eisenbahnlinien, welche fast im rechten Winkel aufeinander treffen, die eine von Basel nach Weißenburg, die andere von Paris nach Straßburg. Diese Linien berührten den Hauptort des Departements und drei Arrondissements-Hauptorte; eine große Zahl von Cantons-Hauptorten und beträchtliche andere Communen hatten von diesem Eisenbahnnetze fast gar keinen Nutzen. Da hatte im Jahre 1858 der Präfect Migneret in Straßburg den glücklichen Gedanken, die Prinzipien, welche in dem Gesetz vom 21. Mai 1836 über die Vicinalwege enthalten sind, auf die secundären Eisenbahnen oder diejenigen von localem Interesse zu übertragen. Er beabsichtigte nämlich, Vicinalwege herzustellen, welche die Kantons-Hauptorte des Departements mit den bereits bestehenden Eisenbahnlinien verbanden. Es bedurfte dann im Wesentlichen nur noch des Legens von Schienen zu einem Eisenbahnstrang, um die so hergestellten Wege der Ostbahn-Gesellschaft, — welche im Besitze der Bahnen in Elsaß-Lothringen war — oder einer localen Verwaltung zum Betriebe zu überlassen. Der Generalrath des Departements ging auf diese Ideen des Präfecten

---

[1] Nach Stürmer, Geschichte der Eisenbahnen; da der Verfasser Bruch-Kilometer nicht angegeben hat, so stimmen seine Angaben resp. die durch Rechnung gefundenen, in Betreff der Kilometer-Zahl, nicht ganz genau mit den offiziellen Angaben, welche weiter unten im Texte angegeben sind.

zur Herstellung von Vicinal-Eisenbahnen sofort ein und votirte während der Dauer von zehn Jahren eine extraordinäre Auflage von 5 Centimen Zuschlag zu den directen Steuern. Man erkannte sogleich, daß bei einer eintretenden Vereinigung der Hilfsquellen des Departements und der Communen, die Ausgaben für Grunderwerb, Erdarbeiten, Kunstbauten, Einfriedigung, Bettungsmaterial und für die Empfangsgebäude bestritten werden konnten. Nach einem längeren Studium der verschiedenen zu wählenden Richtungen erkannte man, daß die nachstehend aufgeführten Strecken sich am meisten zum Ausbau eignen würden: 1) von Straßburg nach Barr, nebst Zweiglinien nach Wasselnheim und Mutzig; 2) von Hagenau nach Niederbronn; 3) von Schlettstadt nach Weiler; 4) von Hochfelden nach Buchsweiler. Die Ostbahn-Gesellschaft, mit der Unterhandlungen wegen des Legens der Schienen und Uebernahme des Eisenbahnbetriebes gepflogen wurden, wollte auf die ihr mitgetheilten Bedingungen nicht eingehen, und erst als der französische Staat Subventionen von 600,000, resp. 240,000 Franken für die Linien ad 1) und 2) gewährte, bildeten sich Local-Gesellschaften unter der Firma Coulaux und Comp. für die erste, und Dietrich und Comp. für die zweite Linie. Für das dritte und vierte Projekt hatte sich kein Unternehmer gefunden; dagegen bildete sich eine Gesellschaft für die, auf der Grenze der Departements Nieder- und Oberrhein sich hinziehende Richtung von Schlettstadt nach Markirch, welchem Projekt an Stelle des älteren Folge gegeben wurde. Durch ein Gesetz vom 30. Juni 1860 wurde dieser Bahn eine Subvention von 40,000 Franken pro Kilometer gewährt. Endlich hatten auch die mit der Ostbahn-Gesellschaft wieder angeknüpften Verhandlungen Erfolg. Es kam eine Convention zu Stande, nach welcher der gedachten Eisenbahn-Gesellschaft vom Departement Niederrhein 6000 Fr. pro Kilometer zu zahlen waren. Die Kosten für die Herstellung des Vicinalweges hatten betragen:

Bei der Eisenbahn ad 1) . . . . 2,208,085 Fr. 20 C., bei einer Länge von 49 Kilometern
oder 45,079 Fr. pro Kilometer.

Bei der Eisenbahn ad 2) . . . . . . 496,249 Fr. 12 C., bei einer Länge von 10 Kilometern oder 24,812 Fr. pro Kilometer.
und für die Eisenbahn ad 3) von Schlettstadt nach Markirch . . . . 280,203 „ 60 „, bei einer Länge von 20 Kilometern oder 28,020 Fr. pro Kilometer.

Hiernach ergibt sich ein Durchschnitts-Betrag von 37,789 Fr. pro Kilometer. Rechnet man dazu noch die vom Staate und den Departements gewährten Summen, so stellt sich in runder Zahl eine Ausgabe von 60,000 Franken pro Kilometer heraus. Wie aus der oben mitgetheilten Uebersicht hervorgeht, wurden die erwähnten drei secundären Eisenbahnen im Jahre 1864 dem Betriebe übergeben, und zwar die erste nach einer Bauzeit von $3^1/_2$ Jahren, die zweite nach 4 Jahren und die dritte nach 19 Monaten[1]. Unentgeltliche Abtretung des Grund und Bodens — Communalländereien ausgenommen — war nicht verlangt worden; man einigte sich mit den Besitzern über einen mäßigen Preis, so daß die Expropriation nur in sehr wenigen Fällen nothwendig war. Die Arbeiten am Planum nebst der Herstellung des Kiesweges wurden zum Theil durch Lohn-Arbeiter, zum Theil durch Leistungen der Gemeinden ausgeführt. Durch dieses Verfahren wurde den Gemeinden in der Form der Vergütung der Beitrag zum Theil wieder zurückerstattet, den sie zum Bau der Bahn beigesteuert hatten[2]. In den Motiven zu dem Gesetz-Entwurfe vom 30. Juni 1860 heißt es unter Anderem: „Das Departement Niederrhein giebt ein bemerkenswerthes Beispiel einer erfolgreichen Mitwirkung der so geschäftigen, thatkräfti-

---

[1] Bei der Eröffnung der Eisenbahn von Hagenau nach Niederbronn sangen die Schüler des Lehrers in Schweighausen zu Ehren des Präfekten ꝛc. eine Hymne, deren erste Strophe lautet:

«Gloire au préfet
Dont le projet
A bien réussi
Et l'on peut d'ici
Bien voyager
Au loin et près.»

„Man soll hiernach nicht sagen, daß es im Elsaß keine Dichter gibt."
Bibliographe alsacien.

[2] Schwabe, über die Anlage secundärer Eisenbahnen in Preußen.

gen Bevölkerung des Elsaß. Indem der Gesetzgeber diese glückliche Initiative ermuthigt, wird er fortan den Städten und Producenten bei Gesuchen um Herstellung von Eisenbahnen zurufen können: „Helfet Euch zunächst selbst, dann wird auch der Staat Euch helfen!" Das Vorgehen des Departements Niederrhein bei der Herstellung von secundären Eisenbahnen hatte die Folge, daß in den benachbarten Departements: Oberrhein, Vogesen und Mosel sich ebenfalls eine Bewegung in der angedeuteten Richtung geltend machte[1]. Das Ober-Elsaß war bereits bei der Bahn Schlettstadt-Markirch mitbetheiligt; außerdem wurden mehrere andere Projekte der Ausführung näher gebracht. Im Mosel-Departement wurden fünf Projekte zu solchen Eisenbahnen concessionirt[2].

---

[1] GILLIOT, Les chemins de fer vicinaux, Revue d'Alsace, 1865; und Les chemins de fer vicinaux projetés en 1858 et livrés à l'exploitation en 1864 dans le département du Bas-Rhin, Recueil des documents officiels. 1865. Ueber die letztere, sehr interessante Schrift sagt die Revue d'Alsace vom Jahre 1865 etwa: „Die Herausgabe dieser Sammlung von Actenstücken ist eine sehr bemerkenswerthe That in unseren Verwaltungs-Annalen. Der Präfect eines der wichtigsten Departements des Kaiserreichs ist unangenehm davon berührt, daß der Verkehr zwischen den Cantons-Hauptorten und dem Hauptorte des Departements nicht so erleichtert ist, wie derselbe es zu sein verdient. Er faßt deßhalb den Plan, im Interesse seiner Verwaltung in dieser Richtung etwas zu thun. Er theilt seine Gedanken darüber dem Vorsteher des Vicinalwesens mit und erbittet von demselben über die betreffende Angelegenheit einen Bericht. Das Glück will, daß er sich an einen sehr tüchtigen Techniker wendet, der im Stande ist, die Ideen des Präfecten zu begreifen und gleiches Interesse für die öffentliche Wohlfahrt empfindet. Der Keim der so glücklichen Ideen wurzelt in einem guten Boden und zögert nicht, sich zu entfalten. Diese regelrechte, stille und glückliche Entfaltung ist es aber, welche man in dem erwähnten Werke verfolgen kann."

[2] 1) Von Saargemünd nach Saaralbe 14 Kil. 830 M., 2) von Metz nach Boulay und nach Teterchen 30 Kil. 712 M., 3) von Métrick nach Sierck 8 Kil. 583 M., 4) von Longwy nach Esch, Zweiglinie nach Villerupt, 24 Kil. 785 M., und 5) von Batilly nach Briey 11 Kil. 130 M. (SAUER, a. a. O.).

In Frankreich herrscht im Eisenbahn-Betriebe das Differential-System: je weiter die Route, desto geringer wird die Fracht. Dieses System giebt das Interesse des Landeseinwohners dem des Ausländers leicht preis. So war es möglich, daß man von Deutschland nach Paris billiger spediren konnte, als es die Einwohner von Straßburg, Forbach und Weißenburg vermochten. Straßburg büßte in Folge dieser Tarifpolitik seine Entrepot-Geschäfte vollständig ein, da z. B. die Müller von Nancy, Bar-le-Duc, Chalons ꝛc. in Mannheim ihr ungarisches Getreide einkauften, weil Straßburg viel theurere Frachten als jener Ort zu entrichten hatte.

Aus dem Berichte des Präfecten Pron an den Generalrath der Session von 1869 des Departements Niederrhein entnehme ich die nachstehenden Angaben:

Es bestanden im Departement am Ende des Jahres 1868 die folgenden Eisenbahn-Strecken:

1) Von der Grenze des Departements bei Zabern nach Straßburg	47 Kil.	899 M.
2) Von Straßburg nach Weißenburg	57 „	584 „
3) Von Straßburg nach Schlettstadt	48 „	987 „
4) Von Straßburg nach Kehl	7 „	957 „
5) Von Straßburg nach Barr-Wasselnheim und Mutzig	48 „	866 „
6) Von Hagenau nach Niederbronn	19 „	695 „
7) Von Schlettstadt nach Markirch	11 „	193 „
Summa	242 Kil.	181 M.

Die Gesammt-Einnahmen der verschiedenen Eisenbahnstationen im Departement waren im Jahre 1868, gegenüber denjenigen des Jahres 1867, etwas zurückgeblieben, wie die nachfolgende Uebersicht zeigt:

Jahre.	Reisende.		Reisegepäck, Eilgut, Wagen.		Frachtgut.		Summe der Einnahme der Stationen im Departement Nieder-Rhein.
	Zahl.	Einnahme.	Gewicht.	Einnahme.	Gewicht.	Einnahme.	
		Fr.	Kilogr.	Fr.	Kilogr.	Fr.	Fr.
1867	1,946,124	3,967,354	15,877,679	920,903	509,561,184	6,819,274	11,707,531
1868	2,079,926	3,738,217	18,142,726	863,088	550,748,903	6,847,091	11,448,397
Vermehrung im Jahre 1868	133,802	—	2,265,047	—	41,187,719	27,817	—
Verminderung im Jahre 1868	—	229,137	—	57,815	—	—	259,134

Nimmt man an, daß nur die 588,970 Einwohner des Departements die Eisenbahn benutzt haben, so ergiebt sich, daß auf jeden derselben im Jahre mehr als drei Reisen fallen und daß jeder Einwohner zu den erzielten Einnahmen beinahe 20 Franken (19 Fr. 43 Ct.) beigesteuert hat, was jedenfalls ein sehr günstiges Zeugniß für die gewährte Verkehrs-Erleichterung ist. Leider sind die Resultate, die in den Departements Ober-Rhein und Mosel erzielt wurden, nicht veröffentlicht worden.

Der Bericht des Präfecten Pron bemerkt unter Anderem noch, daß von einer Gesammtzahl von 12,200 Zügen für Passagiere im Jahre 1868 nur 35 um mehr als eine Stunde verspätet auf dem Bahnhofe in Straßburg eintrafen. Rechnet man eine gleiche Zahl abgehender Züge, so ergiebt sich, daß auf dem Bahnhofe in Straßburg durchschnittlich an einem Tage 66 Eisenbahnzüge für Personen abgingen und eintrafen. Im Jahre 1867 trafen durchschnittlich täglich ein 54 Personen- und Güterzüge und 51 gingen ab. Der Verkehr der Reisenden und Güter hatte auf dem Bahnhof in Straßburg seit dem, nach und nach erfolgten Inbetriebsetzen der Eisenbahnlinien von Paris, Weißenburg, Kehl, Barr, Mutzig und Wasselnheim — derarartig zugenommen, daß die Ostbahngesellschaft den Entschluß fassen mußte, den Umfang dieses Bahnhofes wesentlich zu erweitern.

Es konnte nicht ausbleiben, daß die Eisenbahnen auf die commerciellen Einrichtungen Straßburgs, die für dieses moderne Verkehrsmittel nicht berechnet waren, umgestaltend einwirkte. Die Handelskammer daselbst hatte die Verwaltung der Entrepots und der Handelshalle im Kaufhause an der Ill bis zum Jahre 1855 aufrecht erhalten. Nachdem in einem andern Theile der Stadt der Bahnhof hergestellt war, sah sich die Zollverwaltung genöthigt, ihre Büreaus in die Nähe desselben zu verlegen. Der Handels- und Geschäftsverkehr des Ortes erlitt dadurch keine Einbuße, nahm vielmehr fortan einen großen Aufschwung an. Dennoch beklagen die alten Straßburger, als Freunde der früheren städtischen Institutionen, daß an denjenigen Plätzen jetzt eine gewisse Stille herrscht, woselbst früher ein reges Handels- und Geschäftstreiben sich bemerkbar machte. Die meisten jetzigen Bewohner des Ortes dürften es kaum wissen oder doch daran denken, daß in der Nähe des jetzigen Tabaks-Magazins, des früheren Kaufhauses, ein gar geschäftiges Treiben sich äußerte, denn es war dort der Platz, wo das Beladen und Entladen der Rheinschiffe stattfand, wo die Speditions- und Commissions-Häuser, die Besitzer der Fuhrwerke etablirt waren, wo zur Zeit der Messen[1] das Auspacken der eingetroffenen Waaren stattfand.

Auf demselben Platze wird man heute vergebens die Stelle suchen, woselbst das Ausladen des Weines geschah, den die Schiffer von Illhäusern jede Woche aus den Gegenden von Colmar, Rappoltsweiler, Schlettstadt, Ebersmünster herbeiführten. Dieses Löschen der Schiffe geschah am sogenannten „Weinkrahn" vermittelst einer Maschinerie, die sowohl durch ihre Form, als durch den inneren Mechanismus, an eine ältere Zeit erinnerte. Zwei Männer befanden sich nämlich in großen Treträdern und bewegten den Hebekrahn durch fortwährendes Klettern auf den innen angebrachten Sprossen der Räder[2]. Auch die Geschäftsthätigkeit, welche mit dieser kleinen Schifffahrt, im Gegensatze zur Rheinschifffahrt, in Verbindung steht, mußte nach einem anderen Orte in der Stadt verlegt werden, als die Räume des Zollgebäudes nicht mehr für die zu Wasser eingetroffenen Waaren, besonders nach erfolgter Eröffnung des Rhone-Rhein-Kanals, ausreichen wollten.

Mit der Verlegung der Zoll-Abfertigungs-Stelle verschwand auch eine Species von Männern von kräftigem Körperbau, die Corporation der „Spanner"[3], von denen schon oben die Rede war. Sie hatten einst in Straßburg viel von sich reden gemacht, weil sie gern übertriebene Anforderungen stellten und bei nicht erfolgender Gewäh-

---

[1] Die Messen waren nach und nach zu Jahrmärkten herabgesunken; der eine derselben im Dezember heißt bei den Straßburgern jetzt noch „der Christkindelmarkt".

[2] Eine ähnliche Einrichtung besteht noch heute im Krahnthor zu Danzig.

[3] SPINDLER, a. o. O.

rung, leicht Händel anfingen. Die Eisenbahn hat diese Art Leute, gleichwie die Ill-Schiffer, die Frachtfuhrleute, die Besitzer von Messagerien, die Posthalter zc. verdrängt[1].

Ein anderes Stück eigenartigen Lebens hat sich dagegen bis auf die neueste Zeit erhalten. Oben erwähnte ich bereits der Wochenmärkte, die an zwei Tagen in der Woche stattfinden. An jedem Freitage, dem Hauptmarkttage, erscheinen in der Stadt viele Bewohner der umliegenden Ortschaften in ihren altdeutschen Trachten und zwar sowohl aus dem Elsaß, als auch aus Baden. Dem Fremden fallen bei den Frauen und Mädchen besonders auf: die bunten, grellen Farben der Röcke, welche bei den Katholikinnen roth, bei den Protestantinnen grün sind, und ferner der Kopfputz, der aus einer Schleife von breitem schwarzen oder bunten, seidenen Bande besteht, die wie Schmetterlingsflügel am Kopfe erscheinen. Dieser Kopfputz ist bei den Bewohnerinnen Badens ganz steif, während derselbe bei denjenigen des Elsaß sich graciöser an den Kopf anschmiegt. Die letztere Art Schleifen, welche fast in jedem Orte einen anderen Namen führen, werden in den Läden gewöhnlich „elsässische Schleifen oder „Schlupfe" genannt. An dem erwähnten Tage entstehen in einer breiten Straße der Stadt, dem Weinmarkte und in dessen Umgebung, verschiedene Buden von sehr primitivem Aussehen, deren vieles Durcheinander dem Maler den Gegenstand zu einem sehr belebten Bilde bieten würde[2]. Es findet hier der sogenannte „Lum-

---

1 SPINDLER, a. o. O.

2 Dieser Gegenstand ist schon einmal behandelt worden. Man konnte zwischen zahlreichen Kunstsammlungen des Herrn Egmont Muré, Conservators des bei der letzten Belagerung zerstörten Museums, einen Kupferstich aus dem vorigen Jahrhundert sehen, der heute sehr selten ist; unter demselben befindet sich eine Erläuterung desselben in französischer und deutscher Sprache, welche lautet: „Ansicht des berühmten Grimpel-Markts zu Straßburg.

Aux guenilles enfin il faut rendre justice,
Le bon marché fait tout, voyès c'est sans malice.
Zum Einkauff auf den Lumpen marckt komt man bey hauffen,
Doch rath ich euch, ihr Mädchen, keine Männer da zu kauffen."
(Nach dem Bibliographe alsacien, 1862.)

penmarkt" (marché aux guenilles) statt, der in der Straßburger Mundart auch: „Gimpelmärck" — (früher Grimpelmarkt, wahrscheinlich von „Gerümpel") — genannt wird. Derselbe hat einige Berühmtheit erlangt, zumal ihn auch der elsässische Dichter Ehrenfried Stöber besungen hat (Gedichte und kleinere prosaische Aufsätze in Elsässer Mundart, zweite Auflage, Straßburg 1829). Man findet auf dem Markte die größte Auswahl alter Möbel, Eisensachen, Kleidungsstücke, Bilder[1] ꝛc. Diese Gegenstände lassen jedoch noch genügenden Raum für eine andere Art von „Lumpen" oder doch Erzeugnissen daraus, den alten und neuen Büchern, die von Bücherliebhabern gern durchgesehen werden.

Dick Mon (Schriftsteller Mehl?) gab in der Zeitschrift «Bibliographe alsacien» für das Jahr 1862 eine beredte Schilderung dieses Theils des Gimpel-Marktes, sowie derjenigen Persönlichkeiten, welche den betreffenden Händlern am meisten zu verdienen geben. Heute besitzt dieser „Büchermarkt" keine Bedeutung mehr; in früherer Zeit soll jedoch in den Kasten der Händler mancher Schatz der elsässischen Literatur vorhanden gewesen sein. Es verdient dabei der Erwähnung, daß ein Theil der reichhaltigsten Sammlung der elsässischen Literatur von ihrem Begründer, dem Buchdrucker F. Carl Heitz in Straßburg, auf diesem „klassischen Gimpelmarkte" — und zwar oft zu geringen Preisen für die einzelnen Bücher — angekauft worden ist[2].

Doch kehren wir zu den Verkehrsmitteln zurück! Oben erwähnte

---

[1] Stöber sagt in seinem erwähnten Gedichte:

„E Ziechel (ein kleiner Bettbezug),
E Halsdiechel,
E Rock,
E Stock,
E Schild,
E Bild,
E Surkruttständel (Sauerkrautständer),
E Pfefferlad,
Verschossenì Bändel,
Wo merr nimm traht". — —
(Die man nicht mehr trägt).

[2] Conf. auch Alsatia pro 1862—67, Nekrolog des ꝛc., Heitz. Diese Sammlung desselben ist durch Kauf in den Besitz der Universitäts- und Landesbibliothek in Straßburg übergegangen und bildet einen wesentlichen und sehr werthvollen Bestandtheil derselben.

ich eines Ausspruchs des Nationalökonomen Chevalier, der seine Verwunderung darüber aussprach, daß man französischer Seits den Rheinstrom als Schifffahrtsstraße so vernachlässigt hatte. In der That bot der Rhein in den vierziger Jahren der Schifffahrt viele Hindernisse und bietet sie heute noch zum Theil, trotz der Arbeiten, welche in den letzten 30 Jahren ausgeführt wurden. Man hatte eben zu lange Zeit hindurch nichts zur Verbesserung des Stromlaufes gethan, so daß der Ober-Rhein sich in einem ganz verwilderten Zustande befand. Derselbe zerfällt in zwei Abtheilungen; Straßburg ist als der Scheidepunkt derselben anzusehen. Die Rheinschiffer hatten gute Gründe, wenn sie von jeher die Fahrt von Basel nach Straßburg und die Fahrt von Straßburg nach Mainz unterschieden. Der obere Theil des Rheins, zwischen Basel und Straßburg, hat eine große Anzahl von Inseln und Sandbänken und strömt beträchtlich schneller, als auf der Strecke von Straßburg nach Mainz. Nach angestellten Messungen ist das Gefälle zwischen Basel nach Straßburg 10 Fuß, von Straßburg bis Mannheim 4 $^{2}/_{5}$ Fuß, von Mannheim bis Mainz 3 $^{5}/_{8}$ Fuß und von dort bis zum Meere etwa 1 $^{3}/_{4}$ Fuß auf die Wegstunde[1]. Das Bett des noch unstäten und ungezähmten Flusses ist sehr veränderlich und unregelmäßig, da sich die Gewässer bald nach dem einen, bald nach dem andern Ufer drängen. Der Thalweg (die tiefste Stelle) soll noch häufig durch abgerissene und verschlämmte Baumstämme behindert sein. Die Fahrt zu Berg ist äußerst schwierig, da das Gefälle so stark ist und die Anlegung von Leinpfaden zum Aufwärtsziehen der Schiffe, bei der Breite des Stromes und der Zerrissenheit der Ufer, ungemein schwierig ist. Auf diesem Theile des Stromes ist deshalb auch die Schifffahrt sehr unbedeutend. Ferner locken die sandigen oder sumpfigen Ufer nicht zum Anbau, der Strom nicht zur Ueberbrückung. Daher kam es, daß der Rhein hier mehr trennt, als verbindet; derselbe ist eben noch kein regelrechter Strom, sondern ein großartiges Wildwasser. Seine Tiefe ist sehr verschieden, bei Basel 3 bis 10 Fuß, zwischen

---

[1] Unsere Tage, 4 Bd.

Basel und Straßburg 4 bis 12 Fuß (bei Germersheim 5 bis 18 Fuß, zwischen Mannheim und Mainz 5 bis 24 Fuß, zwischen Bingen und Bonn 6 bis 24 Fuß, zwischen Bonn und Cöln 8 bis 20 Fuß). Unterhalb der Stadt Straßburg weicht der Rhein von seiner bisherigen nördlichen Richtung ein wenig nach Nordosten ab. Seine Wassermassen werden beträchtlich von der einen Seite durch die Ill, die ihm alle Gewässer der größeren Hälfte der Vogesen zuführt, von der anderen durch die Kinzig, den bedeutendsten Fluß des Schwarzwaldes, vermehrt. Weiter unten findet die Verstärkung durch das Einströmen des Neckars und Mains in noch viel größerem Maßstabe statt, was auf die Breite des Rheins Einfluß ausübt; dieselbe beträgt bei Basel 750 Fuß, zwischen Straßburg und Mainz 1000 bis 1200 Fuß (von Mainz bis Cöln 1200 bis 1400, bei Wesel 1600 Fuß und bei der holländischen Grenze 2300 Fuß). Ein bemerkenswerther Unterschied, gegenüber dem obern Theil des Stroms, zeigt sich auch insofern, als die Inseln und Sandbänke, sowie auch die Sümpfe an beiden Ufern immer geringer werden, da der Rhein sich später mehr und mehr in einen einzigen Wasserlauf zusammenzieht. Seit dem Jahre 1842 ließen die Uferstaaten großartige Wasserbauten zur Regulirung des Stromes ausführen, nachdem 1839/40, bei Gelegenheit der Schlußverhandlungen über den zwischen Baden und Frankreich zu vereinbarenden Grenzvertrag, auch ein Artikel (19) zu Stande kam, daß die Bauten an jedem Ufer des Rheins, dessen wandelbarer Thalweg stets die Hoheitsgrenze beider Uferstaaten fortan bezeichnen, künftig nur vertheidigungsweise, aber auf eine solche Art ausgeführt werden sollten, daß nach und nach eine Regulirung des Stromlaufes zu Stande käme[1]. Durch diese Arbeiten wurde erzielt, daß der Stromlauf von Basel nach Lauterburg, der früher etwa 49 Stunden betragen hatte, nach der Regulirung etwa nur noch 41 Stunden betrug; es war mithin die Strombahn um 8 Stunden verkürzt worden. In dem Berichte des Präfecten Pron an den Generalrath in der Session vom

---

[1] Bremer Handelsblatt pro 1856.

Jahre 1869 ist über den Stand dieser Arbeiten folgende Uebersicht enthalten:

Namentlich.	Departement Nieder=Rhein.	Departement Ober = Rhein.	Beide Departements zusammen.
Länge der Strom=bahn nach erfolgter Vollendung der Re=gulirung	68,230 Meter.	115,910 Meter.	184,140 Meter.
Die im Project vorgesehene Summe betrug	20,127,850 Fr.	34,193,450 Fr.	54,321,300 Fr.
In den Jahren 1842 bis incl. 1868 betrugen die Ausga=ben	6,173,697 Fr.	15,638,035 Fr.	21,811,733 Fr.
Länge der bis zum 31. December 1868 hergestellten Werke .	58,865 Meter.	107,448 Meter.	166,313 Meter.

In Straßburg behauptet man, daß die Arbeiten auf französischem und badischem Ufer nicht immer nach einem einheitlichen Plane geschehen und sich oft geradezu in ihren Wirkungen entgegengetreten seien. Thatsache ist es, daß durch die Wasserbauten der Schifffahrt kein wesentlicher Vorschub geleistet wurde. Die Schiffer in Straßburg trauen der Rheinschifffahrt nicht, da mehrere dabei Hab und Gut eingebüßt haben. Wurden auch bisher große Summen auf die Erhaltung und Verbesserung des Schifffahrtweges während der letzten 30 Jahre von den Uferstaaten aufgewendet, so bleibt doch noch immer Vieles zu thun übrig.

Die nachfolgenden Zahlen geben die Tonnenzahl der Waaren an, welche auf dem Wasserwege im Hafen von Hüningen und an der Mündung der Ill in den Rhein während 1859 bis 1868 incl. transportirt worden sind:

Jahre.	Tonnenzahl im Hafen zu Hüningen.	Tonnenzahl an der Mündung des Kanals von der Ill zum Rhein.	Jahre.	Tonnenzahl im Hafen zu Hüningen.	Tonnenzahl an der Mündung des Kanals von der Ill zum Rhein.
1859	101,000	84,900	1864	130,000	89,000
1860	162,000	75,800	1865	134,000	79,000
1861	156,000	76,000	1866	125,000	98,400
1862	283,000	71,400	1867	72,000	85,000
1866	138,000	75,900	1868	100,000	84,000

In Betreff der Rheinschifffahrt wurde zwischen den verschiedenen Ufer-Staaten ein neuer Vertrag abgeschlossen, welcher am 1. Juli 1869 in Kraft trat[1].

Bekanntlich war der optische Telegraph ein Kind der französischen Revolution. Dieser Umstand erschwerte sehr die Einführung des elektrischen Telegraphen in Frankreich. Noch im Monat Mai 1842, als man überall von den bewunderungswerthen Leistungen

[1] Dr. Braun (der Weinbau im Rheingau) sagt mit Beziehung auf die abgeschlossenen Verträge der Rheinuferstaaten treffend: „Erst im Jahre 1866 vermochte das siegreiche Preußen in dem Augenblick, wo es den Bann des Dualismus brach und den gordischen Knoten des Bundestags-Wirrwarr mit seinem scharfen Schwerte durchhieb, auch auf dem Rhein-Strom dem Kampf zwischen Einheit und Isolirung ein Ende zu machen und durch Verträge, welche es mit den bis dahin widerstrebenden Territorien abschloß, dem herrlichsten Strome unseres Reiches seine wirthschaftliche Freiheit wieder zu geben, wodurch die im Laufe von mehr als tausend Jahren gewonnene Cultur-Entwickelung ihren naturgemäßen Abschluß fand."

der großen Erfindung sprach, die seit 1838 in England ihre Thätigkeit begonnen hatte, und nachdem bereits vier Jahre früher der Americaner Morse vor der Akademie der Wissenschaften in Paris mit einem elektrischen Telegraphen Versuche angestellt hatte, legte die französische Regierung der Deputirtenkammer einen Gesetz-Entwurf vor, durch welchen eine Bewilligung von 30,000 Franken zur Anstellung von Versuchen behufs Vervollkommnung des optischen Telegraphen, damit dieser auch seine Dienste bei Nacht versehen könne, nachgesucht wurde. Berichterstatter über den Gesetz-Entwurf war der berühmte Physiker Pouillet. Das Dasein des elektrischen Telegraphen ganz verschweigen, konnte derselbe nicht, er erklärte ihn jedoch für ein durchaus nicht lebensfähiges Hirngespinnst[1].

Im Jahre 1790 hatte der Franzose Chappe das für eine allgemeine Anwendung geeignete optische telegraphische System erfunden, und 8 Jahre später wurde eine telegraphische Linie auf der Strecke Paris-Straßburg eingerichtet. Es waren 44 Stationen vorhanden. Diesem luftigen Verkehrsmittel hatte man in Straßburg einen sehr luftigen Standort angewiesen, nämlich die Kuppel des Chors — Bischofshut genannt — des Münsters; die anderen Stationen befanden sich in der Nähe des Kochersberges, auf dem Felsen des Schlosses Hohbarr bei Zabern, in Saarburg, Langenberg, Morsberg, Lezey, Vic an der Seille, Château-Salins, Delme, Pontois, Mercy bei Metz und in Metz. Eine Depesche auf dieser Linie brauchte 5 Minuten 52 Secunden. Im Jahre 1799 wurde eine zweite Linie von Straßburg nach Basel eingerichtet. Stationen befanden sich im Elsaß: in einem Thurme der Kirche Jung-St.-Peter in Straßburg, ferner in Hipsheim, Benfeld, Hilsenheim, Mussig, Elsenheim, Fortschweier, Heilig Kreuz, Meienheim, Ensisheim, Wittenheim, Rixheim, Stetten und Hüningen; eine dritte Linie von Straßburg nach Mainz soll im Jahr 1800 hergestellt worden sein[2]. Die beiden zuletzt erwähnten Linien scheinen nur kurze Zeit

---

[1] Die Post (Wien) Nr. 24, pro 1873.

[2] Bottin, Annuaire politique et économique du département du Bas-Rhin, VIIIe année.

bestanden zu haben, während die zuerst aufgeführte bis zum Jahre 1852 in Thätigkeit blieb. Der Telegraphen=Director in Straßburg verfaßte diejenigen Depeschen, welche abzusenden waren und übersetzte die eingetroffenen. Obschon der optische Telegraph in einer, an Ereignissen sehr reichen Zeitperiode in Wirksamkeit war, hat derselbe, wie die Erfahrung gezeigt hat, als Verkehrsmittel sich wenig bewährt. Die offiziellen Depeschen jener Zeit pflegten häufig plötzlich abzubrechen und die Worte zu enthalten.... „In Folge des Nebels unterbrochen.“ («Interrompue par le brouillard»)[1].

In dem Werke «Récréations mathématiques» von dem lothringischen Jesuiten Levrechon, der den Namen Van Elten angenommen hatte, findet sich die nachfolgende Stelle:

„Moselbrück (Pont-à-Mousson), 1626.

„Einige Leute wollen behaupten, daß zwei von einander entfernte Personen mittelst eines Magnets oder eines ähnlichen Steins sich mit einander verständigen können. Wenn nämlich beispielsweise Claudius in Paris und Johann in Rom eine Nadel an einem Steine reiben, dessen Eigenschaft eine solche ist, daß sich die Nadel in demselben Maaße in Paris wie auch in Rom bewegt und sowohl Claudius als auch Johann dasselbe Alphabet besitzen, so kann eine Verständigung zwischen beiden Personen stattfinden, sofern sie dieserhalb vorher gewisse Verabredungen getroffen haben. Wenn Beide also übereingekommen sind, an jedem Tage um 6 Uhr Abends mit einander zu correspondiren, und zum Zeichen dafür, daß es Claudius und kein Anderer ist, der mit Johann sprechen will, der Erstere die Nadel nur ein halbes Mal als Signal herumdreht, derselbe dann aber sagen will «le roi est à Paris», so braucht er nur die Nadel bis zu den Buchstaben: L, E, R, O, J u. s. w. zu führen und kurze Zeit anzuhalten. Wenn dann zu derselben Zeit die Nadel des Johann in Uebereinstimmung mit der des Claudius sich bewegt,

---

[1] Neuerdings hat der österr. Oberlieutenant Pap die Anwendung der optischen Telegraphie im Felde in Anregung gebracht (Oesterr. militärische Zeitschrift, 1871).

bei den Buchstaben anhält und weiter geht, so kann Jener leicht aufschreiben und verstehen, was Claudius sagen will. Die Erfindung ist schön, ich glaube aber kaum, daß in der Welt ein Magnet zu finden ist, welcher die obigen Eigenschaften besitzt. Dies wäre auch kaum zweckmäßig, denn in solchem Falle würde häufig Verrath stattfinden, ohne daß derselbe zu entdecken wäre[1]."

Man sieht, daß in dem Vorstehenden der Gedanke, welcher zur Erfindung des Zeiger-Telegraphen führte, bereits in schwachen Umrissen erörtert ist.

Erst im Jahre 1844 wurde in Frankreich der erste elektrische Telegraph[2] zwischen Paris und Rouen an der Eisenbahn zwischen bei-

---

[1] DAURIAC, La télégraphie électrique, son histoire et ses applications en France et à l'étranger. Paris 1864. Moselbrück gehört zwar nicht zum Reichslande, sondern liegt hart an der Grenze desselben, da Levrechon aber ein Lothringer war, habe ich diese Mittheilung hier bringen wollen.

[2] Einem interessanten Gedichte „Bergfahrt" des Herrn Dr. Mühl, des Dichters der Wacht an den Vogesen, entnehme ich folgende Verse:

. . . .

Doch sieh, wo durch's Gesteine
Herblickt das weite Thal,
Sieh plötzlich jetzt am Raine
Die Pfähle stramm und kahl!
Fremd durch die Tannenkronen
Herschwingen sie den Draht,
Der bis zu fernsten Zonen
Erstrebt den kecken Pfad.

Ist's möglich, die sonst drunten
Nur kennt der laute Weg,
Nun habt ihr gar gefunden
Den frommen Waldessteg!
Wohl faßt's mich, daß ich grolle,
Dem hast'gen Drang der Zeit,
Der selbst in's friedensvolle
Geheg Euch hier gereiht.

Ihr, denen keine Sprossen
Mehr bringt des Lenzes Saft,

den Orten versuchsweise hergestellt; in Elsaß-Lothringen scheint derselbe im Jahre 1852 auf der Strecke Paris-Straßburg, nach erfolgter Beseitigung des optischen, eingerichtet zu sein. Am 1. Januar 1863 bestanden in Frankreich 28,671 Kilometer Leitungen 88,238 Kilometer Drähte und 1022 Telegraphen-Büreaus, und im Jahre 1870 5701 geogr. Meilen Linie, 15,603 Meilen Drähte. Vergleicht man die Telegraphengebiete der verschiedenen Staaten Europas, so ergiebt sich, daß Frankreich unter dem Durchschnitt steht, da in diesem Staate im Jahre 1869 nur 110 Depeschen auf 1000 Einwohner fallen, während durchschnittlich in Europa 128 Depeschen auf die gleiche Einwohnerzahl befördert wurden. Man hat gesagt, Paris sitze wie eine Spinne in dem Mittelpunkte des Spinngewebes von Eisenbahnen; dies gilt auch von den Tele-

---

Seit stählend Euch durchflossen
Der Erze spröde Kraft,
O wollet nicht verhöhnen
Des Waldes Feierruh',
Nicht flüstert seinen Söhnen
Euer unstät Sehnen zu!

Wie oft bei unsern Fehden
Des Vögleins Loos ich pries,
Das sich auf Euern Drähten
Zum Rasten niederließ —
Harmlos grüßt es die Runde,
Indeß vielleicht beim Lied,
Zu Füßen ihm, als Kunde
Ein Weltereigniß zieht!

. . . .

Die Drähte, kaltgeschäftig
So unscheinbar und stumm,
Jetzt schuf der Bergwind kräftig
Zum sel'gen Spiel sie um.

. . . .

Die Waldesriesen lauschen
Dem neuen Saitenschwung,
Und ihre Kronen rauschen
Ihm freud'ge Huldigung.

graphenlinien, die meistens dieselbe Richtung einhalten, wie die Schienenwege. Das französische Telegraphennetz ist nach dem Muster des englischen organisirt und umfaßt vier Arten von Leitungen: 1) die directen Leitungen (les fils directs), welche wichtige entfernte Orte mit einander verbinden, wie Paris mit Straßburg &c.; 2) die Leitungen, welche nur zum Theil direct geführt (les fils semi-directs) und gewöhnlich kürzer als die zuerst bezeichneten sind; 3) die allgemeinen Leitungen (les fils omnibus), welche die Stationen an derselben Linie unter einander, und 4) die Departements-Leitungen (les fils départementaux), welche die in einem Departement belegenen Stationen mit dem Hauptorte desselben verbinden. Die letztgedachten Leitungen sind die letzten Abzweigungen und können als die Haargefäße des Telegraphenkörpers angesehen werden.

Das Telegraphennetz des Departements Niederrhein umfaßte, nach dem Berichte des Präfecten Pron an den Generalrath der Session 1869, im Ganzen 316 Kil. 261 M. Leitungen und 1147 Kil. 526 Meter Drähte. Man kann das gesammte Netz auch in ein Haupt-Netz, ein Departements-Netz und ein Canton-Netz eintheilen. Das zum Austausch der Depeschen zwischen den Hauptorten Frankreichs und des Auslandes dienende Hauptnetz hatte eine Ausdehnung von 791 Kil. 478 M. Drähten, es diente allein für den Betrieb der Station in Straßburg. Das Departementsnetz umfaßte 220 Kil. 121 M. Drähte; es verband die Station Straßburg mit den Stationen in Weißenburg, Zabern, Schlettstadt, Molsheim, Bischweiler und Hagenau, welche von Staats-Beamten geleitet wurden. Das Cantonalnetz hatte eine Ausdehnung von 135 Kil. 828 M. Drähten; es verband eine von einem Staatsbeamten geleitete Station mit einer Station, die von einem Gemeindebeamten bedient wurde. Solcher Stationen gab es 12; außerdem durften die Eisenbahn-Beamten auf 13 Bahnhöfen Privatdepeschen annehmen und befördern.

Die Handelskammer in Straßburg hatte mehrfach den Wunsch geäußert, daß außer der, in der Nähe des Bahnhofes in Straßburg belegenen Telegraphen=Station, noch eine möglichst günstig belegene Filial=Station in der Stadt eingerichtet werden möchte, welchem Wunsche Französischer Seits jedoch nicht entsprochen wurde. Es blieb der Deutschen Telegraphen=Verwaltung vorbehalten, eine Filial=Telegraphen=Station im Postgebäude einzurichten.

In Folge des Gesetzes vom 4. Juli 1868 wurde der Tarif für Depeschen, die nicht mehr als 20 Worte enthalten und zwischen zwei Departements befördert werden, von 1 Frank auf 50 Centimen herabgesetzt. Vom 1. November 1869 ab betrug die Taxe für eine einfache Depesche, welche zwischen zwei beliebigen Büreaus des Kaiserreichs befördert wurde, 1 Frank. In beiden Fällen erhöhte sich die Taxe um die Hälfte für jede überschießenden 10 Wörter. Diejenigen Depeschen, welche den Vermerk „Post" trugen, wurden an die nächste Postanstalt abgegeben, und den Adressaten frei zugestellt. Das Departement Nieder=Rhein nahm im Jahr 1867 den 14ten Rang in Betreff der Höhe der Einnahmen unter den verschiedenen Departements des Staates ein, während die Station Straßburg 1867 den 28ten, im Jahre 1868 den 26ten Rang — oder wenn man die verschiedenen Stationen in Paris nicht mitrechnet — den 12ten Rang im Kaiserreiche einnahm.

Aus der nachfolgenden Tabelle geht hervor, in welcher Weise sich die Zahl der Depeschen und die erzielten Einnahmen aus dem Telegraphen=Verkehr im Departement Nieder=Rhein im Laufe eines Jahres vermehrt haben:

Bezeichnung der Telegraphenstationen.	Zahl der abgesandten Depeschen		Die erzielten Einnahmen betrugen				Bemerkungen.
	im Jahre 1867	im Jahre 1868	im Jahre 1867		im Jahre 1868		
			Fr.	C.	Fr.	C.	
Straßburg	23,555	26,440	58,725	13	58,918	33	
Weißenburg	793	1,052	1,687	—	1,721	20	
Bischweiler	3,034	3,398	6,847	73	7,113	50	
Hagenau	2,128	2,185	4,618	50	3,840	90	Am 1. October 1866 eröffnet.
Molsheim	313	435	600	20	593	95	" 8. Dezember 1866 "
Zabern	824	981	1,648	95	1,587	75	
Schlettstadt	949	1,272	1,677	40	2,219	15	
Wasselnheim	326	514	597	40	741	25	" 15. " 1866 "
Barr	509	723	897	75	1,185	—	" 19. " 1866 "
Rosheim	111	164	172	80	230	45	" 27. " 1866 "
Klingenthal-Ottrott	34	110	52	—	132	30	" 26. " 1866 "
Oberehnheim	138	374	263	40	544	50	" 1. Juli 1867 "
Mutzig	86	331	141	—	432	65	" 6. " 1867 "
Lützelhausen	308	502	595	50	1,351	10	" 23. Dezember 1866 "
Markolsheim	96	248	162	90	324	95	" 20. Juli 1867 "
Zornhoff-Monsweiler	36	92	70	—	152	50	" 22. August 1867 "
Lauterburg	87	415	169	—	539	65	" 26. October 1867 "
Selz	8	99	11	—	139	45	" 8. November 1867 "
Illkirch-Grafenstaden	—	—	—	—	—	—	" 30. April 1869 "
Summa	33,335	39,335	78,937	66	81,768	58	

Ueber den Telegraphen-Verkehr in den Departements Ober-Rhein und Mosel sind so eingehende Angaben, wie die vorstehenden, nicht veröffentlicht worden. Im zuerst gedachten Departement bestanden auf dem jetzigen deutschen Territorium 7 von Staatsbeamten, 22 von Gemeindebeamten und 2 von Privatpersonen bediente Telegraphen-Stationen. Von den Stationen erzielte die größte Einnahme diejenige in Mülhausen, es folgten dann die Stationen in Colmar, Gebweiler, Markirch, Thann, Münster, Rappoltsweiler. Die Stationen in Wesserling, Masmünster, Neubreisach, Altkirch, Kaysersberg ꝛc. wurden von Gemeindebeamten bedient. Das Departement Ober-Rhein nahm im Jahre 1868 nach der Höhe der erzielten Einnahmen den achten Rang unter den verschiedenen Departements ein; die Gesammt-Einnahme betrug für das ganze Department 150,040 Fr. 86 Cent.

Im Mosel-Departement bestanden auf dem jetzigen deutschen Territorium 5 von Staatsbeamten und 9 von Gemeindebeamten geleitete Telegraphen-Stationen; die ersteren bestanden in Metz, Bahnhof Metz, Diedenhofen, Saargemünd und Forbach. Die Zahl der im ganzen Departement im Jahre 1868 erzielten Einnahme betrug 41,219 Fr. 25 C.; die Zahl der Depeschen war 25,623 Stück.

Seit dem 1. Januar 1868 konnte man die Depeschen mittelst besonderer Depeschen-Marken, deren es zu 25 C., 50 C., 1 Fr. und 2 Fr. gab, frankiren. In Straßburg, Colmar und Metz war je ein Telegraphen-Inspector, als Vorsteher des Dienstes, angestellt, während bei den größeren Stationen, außer dem Director der Transmissionen, noch ein Expeditions-Vorsteher (commis principal) beschäftigt war. In Straßburg waren 1868 außerdem: 21 Beamte, 4 Leitungs-Revisoren; in Mülhausen: 14 Beamte, 1 Supernumerar, 1 Leitungs-Revisor; in Metz im Jahre 1870: 17 Beamte und 5 Leitungs-Revisoren beschäftigt[1]. Die kleineren Stationen waren meistens nur mit einem Beamten besetzt.

---

[1] Nach dem französischen Etat pro 1872 beziehen die Inspectoren

Im Eingange dieser Schrift wurde erwähnt, daß die Festordner in Mülhausen im September 1841 sich mit der Hoffnung schmeichelten, im Jahre 1900 die Reisenden von Straßburg in Luftballons eintreffen zu sehen. Um auch diesem Verkehrsmittel, das im letzten Kriege eine gewisse Rolle gespielt hat, gerecht zu werden, will ich nicht unerwähnt lassen, daß nach Art der im Jahre 1783 von den Brüdern Montgolfier erfundenen Luftballons bereits im Jahre darauf ein solcher, wie eine in der „Straßburger Gelehrten- und Kunstnachrichten" enthaltene Notiz bekundet, von dem Schlosse Schweighausen im Ober-Elsaß aus, aufgestiegen ist. Der Verfertiger dieses Luftballons war ein Jüngling von 16 Jahren, Reichard Bach, ein Zögling des Directors der Militärschule und Dichters Pfeffel[1]. Zur praktischen Benutzung der Luftballons dürfte es indessen bis in die neueste Zeit hinein nicht gekommen sein. Erst dem Genie-Obersten Goulier ist die erste praktische Ausführung einer Correspondenz-Vermittelung durch kleine unbemannte Ballons zu verdanken. Während der Cernirung der Festung Metz durch die deutschen Armeen im Jahre 1870 wurde demselben nämlich die Leitung der im Zeughause daselbst stattfindenden Anfertigung und Ausrüstung der „Post-Ballons", wie man sie nannte, übertragen, deren man wöchentlich einen oder mehrere steigen ließ. Die Höhe der Ballons betrug meistens 4 bis 5 Meter, der Inhalt 40 bis 50 Kubikmeter und rechnete man 25—30,000 Depeschen für jeden Ballon. Die Depeschen, auf kleinen Streifen zwiebelhautartigen Papiers von der Größe eines Blattes Cigaretten-Papier geschrieben, wurden gruppenweise geordnet, in Wachstuch hermetisch verschlossen und außen mit Korkplatten versehen, damit, wenn der

---

5000 bis 8000, die Directoren der Transmissionen 3000 bis 3500, die Stations-Chefs 2600 bis 2800, die Expeditions-Vorsteher 2500, die in 5 Klassen eingetheilten Beamten 1400, 1600, 1800, 2000, 2400 Fr. Gehalt.

[1] Alsatia für das Jahr 1872. In Mülhausen wurden 1785 auch Versuche mit „Ballons oder Luftkugeln" gemacht, jedoch wegen Feuersgefahr bald verboten. Graf, a. o. O.

Ballen etwa in's Wasser fiel, das Packet schwimmen konnte. Interessant ist es, daß man an der Seite des Packets eine mit einem Postmandat verbundene Anweisung anbrachte, auf der sich die Worte befanden: „Der Betrag der Postanweisung wird von dem nächsten Post-Büreau an den Ueberbringer dieses Packets Depeschen ausgezahlt" [1]. Man nahm natürlich an, daß der Ballon auf französisches Territorium niederfallen würde.

Im Jahre 1827 hatte der Baron Carl Dupin ein interessantes statistisches Werk über Frankreich, betitelt: Sur les forces productives et commerciales de la France, veröffentlicht, aus dem ich einige auf das Verkehrswesen bezügliche, vergleichende Angaben zur näheren Schilderung des Elsaß hervorhebe.

Danach waren 1827 vorhanden:

	im Nieder-Rhein:	im Ober-Rhein:	der mittlere Durchschnitt Frankreichs war:
Einwohner . . .	387,062	370,767	354,085
Pferde	51,839	24,544	28,170
Füllen incl. derjenigen aus dem Jahre 1825 .	3,286	1,981	2,204
Pferde je auf 1000 Einwohner	103	66	79
Pferde pro Myriameter (etwa eine geogr. Meile)	1,241	640	452

Erläuternd ist dabei bemerkt, daß das Departement Nieder-Rhein ungemein reich an Pferden ist, welche fast die Hälfte aller Arbeiten des Ackerbaues versehen; der größere Theil derselben dient zum Transport und zu zahlreichen Arbeiten der Industrie. Im Ober-Rhein gibt es pro Myriameter nahe die Hälfte mehr, als im mittleren Durchschnitt in Frankreich vorhanden waren.

Es gab ferner:

Wege	329,918 M.	345,682 M.	372,889 M.

[1] Poolmann, die Brieftauben in der Kriegskunst. — Es mag hier die Erwähnung genügen, daß die deutsche Militär-Verwaltung, Zeitungs-Nachrichten zufolge, die Einrichtung von Brieftaubenstationen in Straßburg und Metz beabsichtigt.

Flüsse und schiffbare Kanäle	338,000 M.	148,000 M.	108,162 M.
Das Verhältniß der Straßen zu den schiffbaren Wegen betrug:	1000: 1,024	1000: 436	1000: 290
Straßen pro Myriameter	7,902 M.	8,967 M.	5,992 M.
Flüsse und Kanäle pro Myriameter . . .	8,095 M.	3,861 M.	1,737 M.

Bemerkt ist dazu: Das Departement Nieder-Rhein hat hiernach auf derselben Oberfläche viel mehr Straßen und sehr viel mehr schiffbare Wege, als dies durchschnittlich in Frankreich der Fall ist; es ist dies eins der hauptsächlichsten Elemente des Reichthums dieses schönen Departements. Die schiffbaren Wege des Ober-Rheins stehen in einem sehr günstigen Verhältnisse zu den Straßen; diese erreichen auf derselben Oberfläche nahezu die Hälfte, die Flüsse und Kanäle aber mehr als das Doppelte des mittleren Durchschnitts Frankreichs.

Stadtbevölkerung	88,267	49,246	75,669
Landbevölkerung	414,371	320,816	278,414
Verhältniß der Stadt- zur Landbevölkerung	215: 1000	153: 1000	272: 1000

Hiernach ist die Bevölkerung der Städte im Ober-Rhein eine sehr wenig beträchtliche gegenüber der des offenen Landes[1]. — Den Werth einer solchen vergleichenden Statistik wird der aufmerksame Leser gewiß zu würdigen wissen; leider stehen mir ähnliche neuere Angaben nicht zu Gebote; sie würden gewiß in mancher Beziehung ein noch günstigeres Verhältniß gegenüber dem mittleren Durchschnitte Frankreichs darthun[2].

Die neuere französische Berufsstatistik unterscheidet folgende 8

---

[1] Rouvrois, a. o. O.

[2] Nach dem vor Kurzem erschienenen Werke: Lucas, Étude historique et statistique sur les voies de communication de la France d'après les documents officiels, gab es Ende 1870 in Frankreich 86,000 Kilometer Kaiserliche und Departementsstraßen, 270,000 Kilometer Vicinalwege, 17,500 Kilometer Eisenbahnen und 4573,19 Kilometer Kanäle.

Gruppen der Beschäftigungen, von denen unmittelbar als Selbstthätige oder mittelbar als deren Angehörige die Einwohner leben: Landwirthschaft; Industrie; Handel; Verkehr; Berufszweige im Interesse der Landwirthschaft, der Industrie und des Handels; verschiedene Berufsgattungen; sogenannte „liberale Professionen" 2c.; verschiedene Stellungen und Individuen ohne Beruf; unbekannter Beruf. Nach dieser Berufsstatistik vom Jahre 1866 gehörten in die Klasse "Verkehr":

im Dep. Nieder-Rhein	im Dep. Ober-Rhein	im Dep. Mosel.
8352 männl. Einw.	4845 männl. Einw.	6876 männl. E.
7916 weibl. „	3573 weibl. „	6422 weibl. „

In diese Klasse gehören unter Anderen: die Rheder und Befrachter von Schiffen, die Pferdehändler, die Inhaber von Fuhrwerken, die Lastträger 2c.

Der Leser, der mir bis hierher gefolgt ist, wird gewiß anerkennen, daß die Französische Regierung auf die Förderung des Volkswohlstandes von Elsaß-Lothringen nach verschiedenen Seiten hin ihr Augenmerk gerichtet hat. Besonders erfreute sich das Departement Nieder-Rhein einer besonderen Gunst. Dazu kam noch, daß dasselbe zum Theil sehr tüchtige Verwaltungsbeamte besaß, welche die Wohlfahrt ihrer Mitbürger unabläßig im Auge hatten[1]. Das Meiste verdankt das Elsaß aber dem Fleiße und der Betriebsamkeit seiner Bewohner selbst. Schon seit Jahrhunderten, sagt Tisserand, ist die Rheinebene berühmt wegen ihrer vorgeschrittenen Landwirthschaft. Bei der tiefen Ackerkrume des Lößbodens brauchte man die Brache

[1] Es kommen insbesondere in Betracht die Präfekten Graf Lezay-Marnesia und Sers. Der Erstere wandte schon im Jahre 1810 große Sorgfalt an auf die Herstellung und Verbesserung der bedeutenderen Straßen und theilweise auch der Vicinalwege. Die an den großen Straßen vorhandenen Ruhesitze von rothem Sandstein sind auf seine Veranlassung hergestellt worden; ferner ließ er eine größere Anzahl Bäume an den öffentlichen Straßen pflanzen. „Jeder Reisende", pflegte er zu sagen, „soll von halber zu halber Stunde im Schatten sitzen können. Die Straßen müssen bei einem so gastfreien Volke, wie es die Elsässer sind, ebenso einladend sein, wie ihre Wohnungen". Er begrün-

schon lange nicht mehr; namentlich in der Gegend des Kochersberges, dem Paradiese des Elsaß, erntet man mit Leichtigkeit zweimal des Jahres. Die Dörfer der ganzen Gegend daselbst sind geräumig, liegen nahe beisammen und verkehren mit einander bequem auf schattigen Straßen, zwischen schönen Obst- und Nußbäumen. Die Bauernhäuser, mit ihren spitzen oder vorspringenden Dächern — oft mit Weinreben umrankt und mit Guirlanden von Tabaksblättern oder Maiskolben, die zum Trocknen aufgehängt wurden, versehen — mit ihrer originellen Bauart, dem geschnitzten Holzwerke, den Inschriften und der Frische ihrer Farben, mit den malerisch gekleideten und vollwangigen Bewohnern, offenbaren alle Kennzeichen des Wohlergehens und häuslichen Glück's. Jedes Bauernhaus trägt den Namen des Erbauers, der selbst dann stehen bleibt, wenn es in andere Hände oder gar auf eine andere Familie übergeht.

Des Weinbaus im Lande habe ich bereits mehrfach gedacht. Seit der Zufuhr-Erleichterung durch die Eisenbahnen, hat der elsässische Weinbau in der Ebene abgenommen, an Hügeln in guter Reblage dagegen sich ausgedehnt. „Am Fuße der Vogesen" — sagt ein dort heimischer Schriftsteller — „sind mit Weinstöcken nicht allein die sanften Abhänge besetzt, sondern es klettern die Reben auf cyklopischen Stufenbänken sogar an den steilsten Abstürzen empor; kein irgend für sie zugänglicher Winkel ist von den betriebsamen Winzern unbenutzt gelassen, und mit demselben unverdrossenen Arbeitseifer, der die Anwohner der preußischen Mosel ziert„ liegen sie der Cultur des Wein's in allen Punkten, selbst der Ebene ob, die sich dem Getreidebau mit Erfolg streitig machen lassen. Schmalste

---

dete besondere Schulen für Wegeaufseher (piqueurs) und setzte solche zur besseren Unterhaltung der Straßen ein. Man nannte Lezay-Marnesia den «préfet laboureur».

Auch der Präfekt Sers entfaltete während seines zehnjährigen Aufenthalts in Straßburg (1837—47) in allen Zweigen der Verwaltung eine praktische Thätigkeit. Straßenbauten, besonders Canalisirung (ein Theil des Rhein-Rhonekanals, der Rhein-Marnekanal), Dampfschifffahrt, Eisenbahnen 2c. wurden zum Theil angegriffen, zum Theil vollendet. (SPACH, PITON a. o. O.).

Wege sind in Schlangenlinien zu den Hügeln hinaufgeführt, um ihnen den erforderlichen Dünger zu liefern....... Mit den ganz regelrechten Reihen gepflanzter Weinstöcke gewährt das Land einen Anblick großen Reichthums und Gedeihens"[1].

Im Elsaß kennt man eine Anzahl Weinsprüche; zu den bekanntesten gehört folgender:

„Zu Gebweiler in der Wannen,
Zu Thann am Rangen,
Zu Türkheim am Brand
Wächst der beste Wein im Land."

Die Bewohner von Reichenweier setzen aber mit Recht hinzu:

„Aber gegen den Reichenweier Sporen
Haben sie alle das Spiel verloren."

Von den elsässischen Weinen berichtete der Intendant La Grange im Jahre 1697, daß viel davon nach Schweden und Dänemark gehe, wo derselbe als Rheinwein gelte; er fügte hinzu: „Man hat bemerkt, daß derselbe, anstatt beim Transport auf dem Wasser schwächer zu werden, vielmehr an Güte zunimmt."

Ueber den Volks-Character der Elsässer hat sich ein Franzose, Fargès-Méricourt, ungefähr so geäußert[2]:

„Eine lange Reihe großer historischer Ereignisse wirken auf die Sitten und den Character des Volkes ebenso ein, wie die physische Beschaffenheit des Landes. Man kann indessen behaupten, daß zwischen der Beschaffenheit und dem Wesen der Elsässer im südlichen und im nördlichen Theil des Landes ein fühlbarer Unterschied besteht.

Die Ersteren sind schlank von Wuchs, kräftigen Aussehens, werden leicht erregt und zornig; die Letzteren sind von stärkerem Körperbau, ihre Bewegungen sind weniger schnell, ihr Temperament ist weniger hitzig und ihr Character weniger ungestüm. Der Ursprung Beider ist jedoch fast derselbe..... Im Allgemeinen kann man sagen,

---

[1] Brämer, das neue deutsche Reichsland Elsaß und Deutsch-Lothringen. Zeitschrift des statist. Bureaus pro 1871.

[2] Französischer Text bei Stieve. „Vogesenführer durch Elsaß-Lothringen."

daß der Elsässer ein empfängliches, gleichmäßiges und zur Fröhlichkeit geneigtes Wesen besitzt, ohne jedoch einer größeren Spannkraft fähig zu sein. Für gewöhnlich ist er ernst und selbst kalt, es sei denn, daß er von einer starken Leidenschaft oder aus besonderer Veranlassung erregt ist. Emsig bei der Arbeit und bedachtsam, ist er eher gründlich als oberflächlich, seltener geistreich; er cultivirt mehr die Wissenschaften, als die Künste. Der Elsässer ist sehr gutartig gesinnt und dabei äußerst erkenntlich. So dankt er für die geringste ihm erwiesene Wohlthat und vergißt leicht das ihm angethane Böse. An das schreckliche Schauspiel des Krieges gewöhnt, verachtet er die Gefahren. Da er durch seine Familien-Beziehungen mit den Aenderungen der Regierung, mit den Katastrophen, welche von Zeit zu Zeit neue Herrscher hervorbrachten, vertraut ist, hat er stets danach getrachtet und öfters ist es ihm auch gelungen, Vortheile zu erzielen, die geeignet waren, seine Unabhängigkeit zu vermehren. Gehorsam den bestehenden Gesetzen, welche er stets respectirt, sträubt sein edles Wesen sich gegen den Gedanken der Ungerechtigkeit oder der Verfolgungssucht; er gehorcht leicht, wenn er mit Milde geleitet wird; den befehlshaberischen und strengen Anordnungen, den übertriebenen Ansprüchen setzt er Verachtung und passiven Widerstand entgegen.... Jahrhunderte hindurch an den Gebrauch der Freiheit gewöhnt, liebt er dieselbe, ohne sie zu mißbrauchen. Freund der Thätigkeit, ist er arbeitsam aus natürlichen Gründen und aus Sparsamkeit; fromm ohne abergläubisch zu sein, ist er religiös ohne Fanatismus; er sieht in jedem guten Menschen einen Bruder und bietet ihm die gastfreie Hand, ohne sich darum zu kümmern, welchem Glauben derselbe huldigt. Freimüthig, rechtschaffen und aufrichtig, ist er wegen seiner Gewissenhaftigkeit in Handelsbeziehungen berühmt. Er ist ferner ein unermüdlicher Ackerbauer, ein erfahrener und strebsamer Fabrikant, ein tapferer Soldat. Da er von Jugend auf an das Reiten gewöhnt ist, zeigt er sich als ein tüchtiger Cavallerist. Glücklich, ein so schönes und fruchtbares Vaterland zu besitzen, ist er seßhaft in Folge seiner Neigung und seines Characters, und wenn er aus Anlaß von Ereignissen, die nicht von seinem Willen übereinstimmen, genöthigt wird, sich von der Scholle zu entfernen, auf der er geboren wurde, so kehrt er gewöhnlich zurück, um sich des Ruhm's oder des gewonnenen Vermögens zu erfreuen und im Schooße seiner Familie und seiner Freunde, die er auch in der Ferne niemals vergißt, sein Leben zu beenden. Im Allgemeinen sind hiernach die Elsässer ein edles Volk und das Elsaß ist ein bewunderungswürdiges Land."

Andere erklären die Verschiedenheit der Bewohner des Ober- und Unter-Elsaß aus Naturgründen, so auch Lehfeldt[1], welcher sagt: „Durch sein (des Nieder-Elsässers) Land geht die große völkerverbindende Weltstraße, er hat etwas von der Leichtlebigkeit des Rheinländers, vorzugsweise des Pfälzers, wie denn auch Nieder-Elsaß dieselben Früchte zeitigt, als die Pfalz: Wein, Hopfen und Tabak."

Weniger günstig und gerecht pflegt man auf französischer Seite die Lothringer zu schildern; ich halte mich deshalb an das Urtheil eines Deutschen[2], welcher ungefähr sagt: „Der Lothringer ist von Natur liebenswürdig und bedächtig, körperlich und geistig wohl beanlagt. Es ist nicht zu verkennen, daß die lothringische Bevölkerung gemischt ist. Im Westen sieht man mehr kleine und dunkle Typen auftreten, die schon einigermaßen an die Franzosen erinnern; im Grunde aber hat auch der französisch redende Theil die äußeren Formen der westlichen Deutschen, etwa der Pfälzer, Trierer und Luxemburger. Die westlich der Mosel wohnenden Lothringer französischer Zunge sind besonders höflich, gastlich; ihre Einrichtungen im Hause und der Garten sind comfortabel. Der deutsche Theil der Bewohner Lothringens hat die Sprache und Sitte der vergangenen Jahrhunderte bewahrt. Es paart sich bei denselben Etwas von der schönen Einfalt der Luther'schen Sprache mit der so spießbürgerlichen Manier der Zopfzeit. Die Anrede ist „Ihr" oder „Du", das moderne „Sie" ist gänzlich unbekannt. Was den Stockfranzosen hier und dort als

---

[1] Lehfeldt, die Verwaltungs-Einrichtungen in Elsaß-Lothringen.

[2] Nach L. L., lothringische Typen. Mag. f. Lit. des Ausl., Nr. 20, pro 1871.

Apathie erscheinen mag, ist für den geübten deutschen Blick oft Zurückhaltung, Kritik. Einzelne Eigenschaften der deutschen Nation als: Initiative, Selfgovernement fehlen den Lothringern gänzlich."

Den Deutschen beschlich stets Wehmuth, wenn er an Elsaß-Lothringen dachte. Insbesondere war es das Elsaß, dieses „herrliche" Land[1], das bereits von der Natur zu einer „Westmark" Deutschlands gestaltet und mit dessen Geschichte und Sage so innig verwachsen ist, sowie dessen Hauptstadt Straßburg mit seinem Münster, diesem ehrwürdigen Denkmal deutscher Baukunst, welche traurige Erinnerungen weckten. Die Zusammengehörigkeit des Elsaß mit Deutschland, die den Elsässern unter französischer Herrschaft vollständig abhanden zu kommen schien — nur Wenige unter ihnen frischten die Erinnerungen an die Vergangenheit stets von Neuem auf[2] — hat besonders Treitschke in den nachfolgenden Sätzen gar schön betont:

---

[1] Die Worte des Deutschen Kaisers bei der Abtretung des Elsaß waren: „Es soll halt a schöns Ländle gewesen sein." (Kapp, vergl. allg. Erdkunde).

[2] So unter Anderm auch der Drechslermeister und Dichter Daniel Hirtz. Sein Gedicht „In der Münsterkrone" lautet wie folgt:

Kennt Ihr den kühnen Meister,
Der dieses Werk erdacht?
Erwin von Steinbach heißt er;
Er, er hat es vollbracht.
An jenes Berges Fuße
Trat still er in die Welt,
Kam her mit deutschem Gruße,
Baut Straßburgs Steingezelt.
Nun steht schon manch Jahrhundert
Das hohe Felsenhaus,
Gepriesen und bewundert,
Schaut kühn und stolz hinaus.

Grüßt Badens schöne Gauen,
Des Schwarzwalds dunklen Kranz
Und grüßt Alsatiens Auen,
Das weite Rheinthal ganz.

„Und mit dem Epheu, der das Gemäuer umrankt, schlingt die deutsche Sage ihr wundersames Gespinnst um die hundert Burgen des Sundgaus. Hier am rauschenden Wasserfall stieg die Riesenjungfrau der Nideck hinauf und trug das Bäuerlein mit sammt dem Pfluge und den Rossen in der Schürze. Dort auf Tronja hauste der grimme Hagen der Nibelungen, droben auf dem Wasgenstein tobten die wilden Kämpfe des Walthariusliedes. Hier im Thale der Zorn ging Fridolin zum Eisenhammer; dort an der Bergkirche fließt ein Thränenbrunnen der schmerzensreichen heiligen Ottilie, wie jenseits ein zweiter in der stillen Thalbucht bei Freiburg. Ueberall tummelte sich in dem lustigen Ländchen deutscher Humor[1], deutsche Laune und Lebenslust, &c“.

Nicht Grenzen sollen scheiden
Dies bidere Volk, dies Land.

Fürwahr! 's wär zu beneiden,
Umschläng's ein festes Band.
Verwächst zu einem Stamme
Dies Volk einst und dies Thal,
Glüht eine Freudenflamme
Auf Erwins Ehrenmal.

[1] Von dem Humor legte auch der nachstehende Spruch am Wirthshause „Zum Trauben“ in Mülhausen Zeugniß ab. Man sah auf dem Schilde Josua und Kaleb nebst einer großen Traube, und darunter standen die Worte:

„Wenn wir gleich hier zu Land nicht solche Trauben tragen,
So bringen sicherlich auch kleine Trauben Wein;
Dies werden Josua und Kaleb selber sagen.
Wer es nicht glauben will, kehr' in dies Wirthshaus ein.“

(Graf, a. o. O.)

Der Mülhauser Zunftmeister Matthäus Mieg theilt ferner in seinem Werke: „Der Stadt Mülhausen Geschichte“, folgende „wohlausgesonnene und zur Zierde der Häuser dienende Reime mit“:

Dies Haus ist genannt „Zum Rindsfuß“:
Darum fürchte Gott und thue Buß.

O heiliger Sankt Hildebrand!
Ich stell dies Haus in deine Hand;

Den Lesern ist es bekannt, daß Frankreich im Juli 1870 den Frieden plötzlich brach. Kurze Zeit darauf waren die wiedergewonnenen Westmarken in den Händen des Siegers, Straßburg und Metz belagert und das deutsche Heer auf dem Marsche nach Paris. Der Mahnruf Schenkendorf's hatte gezündet:

„Doch dort an den Vogesen,
Da liegt verlornes Gut.
Da gilt es deutsches Blut,
Vom Höllenjoch zu lösen."

Die occupirten Districte des Elsaß wurden nach einer Kabinetsordre des Königs von Preußen vom 14. August 1870 unter die Verwaltung eines „General-Gouverneurs im Elsaß" gestellt, demnächst die Arondissements Saarburg, Château-Salins, Saargemünd, Metz und Diedenhofen von dem Verwaltungsbezirke des ebenfalls eingerichteten General-Gouvernements in Lothringen getrennt und dem General-Gouvernement im Elsaß zugewiesen. Dazu traten im December 1870 noch die, im Quellengebiete des Breuschflusses gelegenen Cantone Schirmeck und Saales. Damit war im Wesentlichen diejenige Linie bezeichnet, welche bei der später stattfindenden Abtretung des Landes maßgebend sein sollte.

Aus Anlaß der Operationen der französischen und deutschen Heere und Heeres-Abtheilungen, aus politischen und strategischen Rücksichten, sowie zum Theil wohl auch aus Unverstand der Bewohner wurden während des Krieges häufig Eisenbahn- und Telegraphenverbindungen zerstört, Brücken gesprengt, Kanäle und Wege unfahrbar

---

Bewahr es nur vor Feu'r und Brand:
Zünd andre an im Vaterland!

Dies Huus diß stoht in Gottes Gwalt,
Isch uße neu und inne alt;
Hinte hoch und vorne nieder:
Jean Philipp hätsch di Geld wieder!

En Dieu je mets tout mon espoir!
Puisque je suis « au cochon noir. »

gemacht. Letztere litten ferner zum Theil sehr in Folge der großen Munitions- und Proviant-Transporte, die sich auf denselben bewegten. So lange der Krieg währte, begnügte man sich, die zerstörten oder unbrauchbar gemachten Verkehrsmittel, so weit dazu ein dringendes Bedürfniß vorlag, nothdürftig in Stand zu setzen. Erst als am 10. Mai 1871 der Friede zwischen Frankreich und Deutschland geschlossen und diejenigen Gebiete, welche jetzt Elsaß-Lothringen bilden, an Deutschland abgetreten waren, ging man mit der vollständigen Herstellung und demnächst auch mit der Erweiterung der Verkehrsmittel vor.

Das Gebiet wurde in drei Bezirke: Unter-Elsaß, Ober-Elsaß und Lothringen eingetheilt, deren Grenzen sich ziemlich genau an die früheren Departements anschließen. Zu Lothringen sind die an Deutschland abgetretenen Theile der Departements Mosel und Meurthe vereinigt worden. Die Sitze der Bezirkspräsidenten sind: Straßburg, Colmar und Metz. An Stelle der Arrondissements sind 23 Kreise getreten, darunter die Stadtkreise Straßburg und Metz. Nach dem Hauptergebniß der Volkszählung vom 1. Dezember 1871 hat Elsaß-Lothringen 1,549,587 Einwohner. Die größten Städte sind: Straßburg mit 85,529, Mülhausen mit 52,825, Metz mit 51,388, Colmar mit 23,045, Markirch mit 12,319, Gebweiler mit 11,388, Hagenau mit 11,331, Schlettstadt mit 9300, Bischweiler mit 9231 Einwohnern. Ferner sind vorhanden Orte: über 8000 Einwohner 1 (Thann), über 7000 Einwohner 1 (Diedenhofen), über 6000 Einwohner 2 (Saargemünd und Rappoltsweiler), über 5000 Einwohner 8, über 4000 Einwohner 8, über 3000 Einwohner 24, über 2000 Einwohner 47 und über 1000 Einwohner die beträchtliche Zahl: 253.

Das Verkehrswesen ist in einem so dicht bevölkerten und dabei so industriellen Lande von hervorragender Bedeutung und noch eines sehr bedeutenden Aufschwungs fähig. Die leitenden Staatsmänner Deutschlands haben es wiederholt ausgesprochen, daß sie die materielle Wohlfahrt des Landes zu fördern entschlossen seien. Die nachfolgenden Aufzeichnungen werden zeigen, daß auf dem Gebiete der

Verkehrsmittel in verhältnißmäßig kurzer Zeit bereits viel gethan und man eifrig bemüht ist, das gegebene Wort zu halten.

Zunächst möge das Postwesen betrachtet werden. Eine Cabinetsordre vom 12. September 1870 bestimmte, daß das Postwesen in dem Verwaltungsbereiche des General-Gouvernements Elsaß und Deutsch-Lothringen sogleich definitiv von der norddeutschen Bundes-Postverwaltung organisirt werde, und daß zu diesem Behufe zwei Ober-Postdirektionen einzurichten seien. Die Ober-Postdirektion für das Elsaß trat, nach erfolgter Capitulation der Festung Straßburg, daselbst am 1. Oktober, die andere für Lothringen zunächst in Nancy in's Leben. Letztere wurde, nach erfolgter Capitulation der Festung Metz, dorthin verlegt. Unterm 28. Oktober 1860 erging eine ausführliche Verordnung, betreffend das Posttaxwesen im Verwaltungsbereiche des General-Gouvernements Elsaß und Deutsch-Lothringen; nach derselben betrug das Porto für den frankirten gewöhnlichen Brief auf alle Entfernungen bis zum Gewichte von 15 Grammen einschließlich 10 Cent. (nach Deutschland später 15 Centimen), bei größerem Gewichte 25 Centimen. Post-Anweisungen wurden zunächst beim Postamte in Straßburg, später auch bei den übrigen Postanstalten, die in Gemäßheit der damaligen politischen Verhältnisse nach und nach eingerichtet wurden, angenommen. Mehr als einmal sollen die Bewohner der von den deutschen Truppen occupirten Länder ihr Erstaunen darüber ausgedrückt haben, mit welcher Sicherheit der deutsche Beamte den französischen ablöste, den Dienst auf demselben Stuhle fortsetzte und nach wenigen Stunden schon den Eindruck gewährte, als säße er von Alters her da. Es verdient hervorgehoben zu werden, daß die Postverwaltung diejenige Behörde war, welche bei den Postorten zuerst die deutsche Bezeichnung wiederherstellte[1].

Das deutsche Postarchiv, Beiheft zum Amtsblatte der deutschen Reichs-Postverwaltung, enthält in seiner Nummer 3 des laufenden

---

[1] Lehfeldt, a. o. O.

Jahrgangs einen nach amtlichen Quellen bearbeiteten, interessanten Artikel über die Organisation des deutschen Postwesens im Elsaß. Aus demselben hebe ich einige Daten von allgemeinerem Interesse hervor. Bereits am 1. Oktober 1870, drei Tage nach der Capitulation der Festung Straßburg, wurde die Ober-Postdirektion in einem am Münsterplatze belegenen großen Gebäude, der École de santé, eingerichtet. Das gedachte Gebäude wurde später für die Bedürfnisse des Postdienstes ausgebaut und in dasselbe auch das Postamt verlegt, welches ebenfalls am 1. Oktober und zwar in dem, im Hôtel-du-Commerce, am Guttenbergsplatze gelegenen, bereits zu französischer Zeit für den Postdienst verwendeten Räumlichkeiten eröffnet wurde. In Mülhausen, woselbst ein deutsches Postamt erst später eingerichtet werden konnte, mußte ein angemiethetes Gebäude für den Postdienstbetrieb ebenfalls erst ausgebaut werden.

Bekanntlich kennt die französische Postverwaltung ein Fahrpost-Institut in dem Umfange, wie es in Deutschland üblich ist, nicht. Es wurde deshalb als ein ganz besonderes Verdienst der deutschen Postverwaltung angesehen, als sie ein solches im Mai 1871 auch in Elsaß-Lothringen schuf. Da die französischen Beamten fast durchgängig es abgelehnt hatten, in den deutschen Dienst einzutreten, so waren Beamte, gleichwie auch bei den anderen Verwaltungen, aus Norddeutschland, Baden, Bayern und Württemberg nach Elsaß-Lothringen berufen worden. Die Zahl der im Elsaß Ende 1872 beschäftigten Beamten betrug 334 (incl. 37 Postagenten), darunter 61 Elsässer (über 18 Procent), der Unterbeamten 534 (incl. 45 Privat-Unterbeamten, darunter 481 Elsässer (circa 90 Procent). Der Bestell-Einrichtung wurde ganz besondere Aufmerksamkeit zugewendet, zumal dieser Zweig des Dienstes unter französischer Verwaltung vortrefflich geregelt gewesen war. Bei sämmtlichen, nach und nach in Betrieb gesetzten Postanstalten wurde neben der Ortsbriefbestellung sofort auch ein regelmäßiger Landbriefbestellungsdienst und zwar, unter Beibehaltung der früheren Reviereintheilung, wieder eingeführt[1]. Den früher französischen Unterbeamten, welche im Ganzen sehr kärgliche Besoldungen hatten und zum Theil auf Neben-Einnahmen angewiesen waren, wurden bedeutend höhere Besoldungen, nach Maßgabe der Etatssätze der deutschen Postverwaltung, gewährt. Vom 1. Januar 1872 traten in Elsaß-Lothringen, in Folge Kais. Verordnung vom 14. Oktober 1871, der Abschnitt

---

[1] Der Postbote ist vor Kurzem von dem elsässischen Dichter, Herrn August Stöber, wie folgt, verherrlicht worden:

Der Briefträger.

Le facteur! le facteur!

Aus Ost und West, aus Süd und Nord,
Brieftauben fliegen fort und fort,
Der Bote kommt gegangen,
Er hat die Tauben gefangen,
Und aus dem wohlverwahrten Sack
Zieht er den räthselvollen Pack,
Drum eilt auch Alles, Groß und Klein,
Umstürmet ihn in bunten Reih'n;
Es klopft das Herz
Freud' oder Schmerz?
Hier ros'ger Rand —
Der Liebe Pfand!
Dort Trauerband,
Ein Pilger schwand!
So lautet in die Runde
Die Kunde
Von froher und von trüber Stunde,
Wie's eben sich begeben
Im wechselvollen Leben.
Wir rufen mit den Frohen Heil,
Wir nehmen treu am Leide Theil;
Des Dichters Spruch erfüllt das Herz:
„Getheilte Freud' ist doppelt Freud",
„Getheilter Schmerz ist halber Schmerz"!

(Aus der Sammlung: „Drei-Aehren im Ober-Elsaß. Mülhausen 1873." Drei-Aehren liegt auf einer Hochebene und ist als Wallfahrts- und Luftkurort bekannt. Seit Kurzem besteht dort während der Sommermonate auch eine Postanstalt.)

VIII der Verfassung des deutschen Reichs, betreffend das Post- und Telegraphenwesen, die Gesetze über das Postwesen des deutschen Reichs und über das Posttaxwesen im Gebiete des deutschen Reichs vom 28. Oktober 1871 in Kraft.

Am Schlusse des Jahres 1872 waren im Elsaß vorhanden: 20 Postämter, 1 Eisenbahn-Postamt, 21 Postverwaltungen, 51 Post-Expeditionen und 38 Post-Agenturen, zusammen 131 Postanstalten. Die Porto-Einnahmen, welche im Jahre 1871. 495,685 Thlr. betragen hatte, war im Jahre 1872 bereits auf 676,170 Thlr.[1] gestiegen. Da die Ausgaben nur 470,005 Thlr. betrugen, wurde ein Ueberschuß von 206,175 Thlr. erzielt. Es besteht je eine Postanstalt auf 1,11 Quadrat-Meilen, während im gesammten Reichs-Postgebiete eine Postanstalt erst auf je 1,40 Quadrat-Meilen kommt. Auf jeden Einwohner im Elsaß trifft jedoch nur eine Post-Einnahme von 18 Sgr. 1 Pfg. jährlich, während dieselbe im gesammten Reichs-Postgebiete 25 Sgr. 11 Pf. pro Kopf beträgt. Die Einnahme dürfte sich heben, sobald erst das Fahrpost-Institut mehr benutzt werden wird. Nach Maßgabe einer vom Kais. General-Postamte in Berlin aufgestellten Statistik über den Postverkehr der Postämter reiht Straßburg sich in Betreff der Porto-Einnahme den größeren Städten in Deutschland würdig an, da es die 13te Stelle unter denselben einnimmt. Es rangirt hinter den Städten: Berlin, Hamburg, Leipzig, Frankfurt a. M., Breslau, Cöln, Dresden, Magdeburg, Bremen, Hannover, Königsberg und Stettin und vor Danzig, obschon die letztere Stadt nebst Vorstädten eine größere Einwohnerzahl besitzt.

Neben der Vermehrung der Zahl der Postanstalten, der ambu-

---

[1] Die Porto-Einnahmen im Unter-Elsaß betrug im Jahre 1872 358,577 Thaler oder 1,319,663 Franken. (Verwaltungsbericht des Bezirks-Präsidenten). Da die Porto-Einnahme im Jahre 1868 (siehe oben) nur 990,043 Fr. betrug, so hat dieselbe sich seitdem um 72 pro Cent vermehrt. Dies ist unzweifelhaft ein sehr günstiges Resultat, zumal wenn man berücksichtigt, daß das Porto wesentlich ermäßigt worden ist.

lanten Büreaus, der Postcourse[1], der Briefkasten sind im Postbetriebe mehrere neue, zur französischen Zeit nicht bekannte Einrichtungen, hinzugetreten, nämlich außer dem Fahrpostdienste: der Debit der Zeitungen, die Postvorschüsse, die Postmandate, die Expreßbestellungen ꝛc. Ueberall, woselbst ein Bedürfniß vorlag, sind geräumigere Lokalitäten, insbesondere aber in den größeren Orten, angemiethet worden, so daß der Verkehr des Publikums mit der Post nach Möglichkeit erleichtert ist.

In ganz ähnlicher Weise ist das deutsche Postwesen auch in Lothringen organisirt worden.

Die Gesammtzahl der in Lothringen 1872 durch die Post beförderten Sendungen betrug 13,404,319 Stück — in Metz allein 1,013,660 Stück Briefe, Postkarten, Drucksachen und Waarenproben. — Die Gesammt-Einnahme an Porto betrug 291,517 Thlr. 4 Sgr. 2 Pfg. Es bestanden am Ende des Jahres 9 Postämter, 6 Postverwaltungen, 38 Post-Expeditionen und 37 Postagenturen. Danach kommt je eine Postanstalt auf 1,26 Quadratmeilen. Im Postbeförderungsdienste wurden 1,357,890 Kilometer — zu französischer Zeit auf demselben Territorium nur 621,230 Kilometer — zurückgelegt[2].

Die Zeitungen sind seiner Zeit von der Post großgezogen worden; diese Thatsache wird die Anreihung derselben an das Postwesen rechtfertigen. Nach einer Verordnung des General-Gouverneurs, Grafen von Bismark-Bohlen, vom 9. September 1870, sollten alle Verordnungen oder Verfügungen des General-Gouverneurs und des daneben eingesetzten Civil-Commissärs in den „Amtlichen Nachrichten für das General-Gouvernement Elsaß" veröffentlicht werden, die zunächst in Hagenau, später in Straßburg erschienen. Dieses Organ nahm, nach einer Bekanntmachung des Civil-Commissars, den Titel: „Straßburger Zeitung

---

[1] Es bestehen in Elsaß-Lothringen nur Privat-Personenposten und Botenpostcourse.

[2] Niederrh. Courier.

und amtliche Nachrichten für das General-Gouvernement Elsaß" an, führt aber jetzt den Titel:

Straßburger Zeitung und amtliche Nachrichten für Elsaß-Lothringen	erscheint 6 mal wöchentlich
Straßburger Handelsblatt (auch Beilage zur Straßb. Ztg.)	„ 6 „ „

Sonst erscheinen in **Straßburg** noch folgende Zeitungen, Zeitschriften und periodische Unternehmungen:

Niederrheinischer Kurier (le Courrier du Bas-Rhin)	erscheint 6 mal wöchentlich
Elsässer Journal (Journal d'Alsace)[1] .	„ 6 „ „
Affiches de Strasbourg (Straßburger Wochenblatt)	„ 2 „ „
Indicateur de Strasbourg (Straßburger Anzeiger)	„ 2 „ „
Central-Anzeiger für Elsaß-Lothringen (Indicateur central d'Alsace-Lorraine)	„ 2 „ „
Submissions-Anzeiger für Süd- und Westdeutschland	„ 2 „ „
Elsässisches Volksblatt, demokr. Wochenbl. für Stadt und Land	„ 1 „ „
Straßburger Bote, Wochenblatt für Elsaß-Lothringen	„ 1 „ „
Elsässische Blätter für Stadt und Land .	„ 1 „ „
Evangelisch-protestantischer Kirchenbote für Elsaß-Lothringen	„ 1 „ „
Elsässisches evangelisches Sonntagsblatt	„ 1 „ „
Der Volksfreund, ein Sonntagsblatt (kath.)	„ 1 „ „
Der evangelisch-kirchliche Missionsfreund	„ in je 2 Mon. einm.
Progrès religieux	„ 1 mal wöchentlich
Der Schulfreund, eine freie pädagogische Zeitschrift für Elsaß-Lothringen . . .	„ monatlich 2 mal
Bekanntmachungen des Ober-Präsidenten von Elsaß-Lothringen, betreffend die Verwaltung der direkten Steuern, des Etats- und Kassenwesens	„ unbestimmt.
Amtsblatt des Bezirks Unter-Elsaß . .	„ „
Kreisblatt für den Stadt- und Landkreis	

[1] Diese Zeitung erscheint seit dem 1. Juli 1873.

Straßburg, sowie für den Kreis Erstein	erscheint	2 mal wöchentlich
Amtliche Sammlung der Acten des Ober-Consistoriums und des Directoriums der Kirche Augsburgischer Confession . .	"	unbestimmt.
Abdruck des Gesetzblatts für Elsaß-Lothringen (deutsch und französisch) . . .	"	"
Der Zwischenact, Straßburger Theaterzettel und Theaternachrichten (während der Theatersaison)	"	5 mal wöchentlich
Gazette médicale de Strasbourg . .	"	monatlich.
Revue d'hydrologie médicale . . .	"	im Sommer 2 mal im Winter 1 mal monatlich.
Nouveaux mémoires de la Société des sciences, agriculture et arts du Bas-Rhin	"	halbjährlich.
Journal de la Société d'horticulture .	"	unbestimmt.
Elsässische Correspondenz (lithographirt) . Correspondance alsacienne (lithograph.)	"	wöchentlich.
Der elsässische Bienenzüchter	"	monatlich.
Bibliographie alsacienne	"	jährlich.
Straßburger Coursbuch	"	unbestimmt.
Eisenbahn-Coursbuch für Straßburg u. die Städte des Elsaß	"	"
In Bischweiler:		
Wochenblatt von Bischweiler (Affiches de Bischwiller)	"	1 mal wöchentlich
In Hagenau:		
Hagenauer Zeitung und amtliche Bekanntmachung für den Kreis Hagenau (Journal de Haguenau)	"	2 " "
Illustrirte Zeitschrift für die deutsche Feuerwehr	"	monatlich.
In Molsheim:		
Molsheimer Kreisblatt (Journal de Molsheim)	"	1 mal wöchentlich
In Niederbronn:		
Evangelisch-lutherischer Friedensbote für Elsaß-Lothringen	"	" " "
In Schlettstadt:		
Elsässische Nachrichten	"	6 " "
Landw. Zeitschrift für Elsaß-Lothringen	"	alle 14 Tage.

In Weißenburg:

Weißenburger Wochenblatt, amtliches Organ für den Kreis Weißenburg .	erscheint 2 mal wöchentlich

In Zabern:

Zaberner Wochenblatt	„ 1 „ „

In Colmar:

Elsässische Volkszeitung und Colmarer Anzeiger	„ 6 „ „
Elsässische Anzeigen (Affiches alsaciennes)	„ 2 „ „
Hebdomadaire	„ 1 „ „
Elsässisches Schulblatt, Central-Organ für Erziehung und Unterricht [1] . .	„ 2 „ monatlich
Alsatia.	„ unbestimmt.
Revue d'Alsace	„ vierteljährlich.
Amtsblatt für den Bezirk Ober-Elsaß .	„ 1 mal wöchentlich
Bulletin de la Société d'histoire naturelle à Colmar	„ jährlich

In Mülhausen:

Journal de Mulhouse (Mülhauser Zeitung)	„ 3 „ wöchentlich
Industriel alsacien	„ 6 „ „
Neue Mülhauser Zeitung	„ 6 „ „
Bulletin de la Société industrielle de Mulhouse	„ monatlich
Alsatica, Anzeigen und Besprechungen der über das Elsaß erschienenen Schriften	„ jährlich

In Altkirch:

Altkircher Kreisblatt (Journal d'Altkirch)	„ 1 mal wöchentlich
Journal de Thann et de l'arrondissement (französisch und deutsch) . .	„ „ „ „

In Gebweiler:

Journal de l'arrondissement de Guebwiller (französisch und deutsch) . .	„ „ „ „

In Markirch:

Journal de Sainte-Marie-aux-Mines	„ „ „ „

---

[1] Die Verlags-Buchhandlung dieser Zeitschrift befindet sich in Straßburg.

In Rappoltsweiler:

Rappoltsweiler Kreisblatt	erscheint 1 mal wöchentlich

In Metz:

Zeitung für Lothringen, amtliches Organ	„ 6 „ „
Metzer Zeitung	„ 6 „ „
Moniteur de la Moselle	„ 6 „ „
Courrier de la Moselle	„ 3 „ „
Amtsblatt des Departements für Lothringen (eine deutsche und eine deutsch-französische Ausgabe)	„ unbestimmt.
Kreis- und Anzeigeblatt für die Kreise Bolchen und Metz	„ 2 mal wöchentlich
Revue de l'arboriculture fruitière .	„ monatlich.
Revue de Metz et de Lorraine . .	„ vierteljährlich

In Saarburg:

Wochenschrift für die Kreise Saarburg und Château-Salins	„ 2 mal wöchentlich
Saarburger Anzeiger	„ „ „ „

In Saargemünd:

Saargemünder Zeitung, amtliches Organ für den Kreis Saargemünd . .	„ 3 „ „
Forbacher Zeitung, amtliches Organ für den Kreis Forbach	„ 2 „ „

Was die politische Presse anbetrifft, so ist dieselbe im Reichslande noch verhältnißmäßig schwach entwickelt. Dies dürfte zum Theil daran liegen, daß viel französische (aus Paris, Nancy ꝛc.) und auch deutsche Zeitungen (aus Berlin, Breslau, Cöln, Stuttgart, Carlsruhe ꝛc.) gelesen werden. Die in Elsaß-Lothringen erscheinenden politischen Blätter sollen in etwa 28,000 Exemplaren ausgegeben werden, wogegen Baden, das ungefähr gleich an Größe und Zahl der Bevölkerung ist, 79 Tagesblätter mit circa 152,000 Exemplaren aufzuweisen hat. Man kann hiernach annehmen, daß jede dieser Zeitungen eine drei- bis vierfach stärkere Abonnentenzahl besitzt, als im Reichslande, woselbst die am meisten gelesenen Organe nur eine Auflage von 4000 bis 5000 Exemplaren haben[1].

Bekanntlich ist in Straßburg am 1. Mai 1872 an Stelle der französischen Academie wiederum eine deutsche Universität einge-

[1] Im neuen Reich pro 1873.

richtet worden[1]. Es kann nicht ausbleiben, daß diese Hochschule, an der 70 meistens jüngere Universitätslehrer wirken und wöchentlich 555 Vorlesungen über 200 verschiedene Lehrgegenstände halten, gleichwie mehrere der oben bei den wissenschaftlichen Zeitschriften erwähnten Vereine (Société des sciences, agriculture et arts, Société d'histoire naturelle, etc., Société industrielle, etc.) besondere Organe herausgeben wird[2].

Fast so lange als der Krieg zwischen Frankreich und Deutschland währte, dienten die in Elsaß-Lothringen eingerichteten deutschen Telegraphen-Stationen[3] nur für die Dienst-Correspondenz der Behörden und für die Privat-Correspondenz der Offiziere, Mannschaften und Beamten der deutschen Truppen. Erst vom 20. April 1871 ab wurden auch Privat-Depeschen von den damals bestehenden 25 Stationen in demselben Umfange und nach Maßgabe derselben Tarifbestimmungen angenommen, wie dies von den Stationen im bisherigen norddeutschen Telegraphengebiete geschah. Es war mithin zu entrichten für die einfache Depesche: in der ersten

---

[1] Scheffel, der Dichter des Trompeters von Säckingen, der bei der Gründungsfeier der Universität zugegen war, sagt in einem schönen Festliede der Straßburger Studenten:

„........ Neustraßburg soll leben,
Soll wachsen und kraftvoll gedeih'n,
Als Straße für geistfrisches Streben,
Als Burg der Weisheit am Rhein!"

[2] In Straßburg wird vom October d. Js. ab eine wissenschaftliche Zeitschrift „Romanische Studien", herausgegeben von Professor Böhmer, bei Carl Trübner erscheinen. — Es bestehen in Straßburg 20 Buchhandlungen, in 7 anderen Orten von Elsaß-Lothringen sind ferner noch 17 solcher. (Schulz, Allgem. Adreßbuch für den deutschen Buchhandel).

[3] Herr Dr. Mühl sagt in der bereits erwähnten geistvollen Dichtung „Neue Bahnen" von dem Telegraphen:

„Nenn' ich den emsig geschwung'nen, den wortbeseeleten Faden,
Keck zu umspinnen bereit, im Dienste des Geistes, den Erdkreis?
Schon, o selt'ner Triumph! durch mächtige Tiefen der Meerflut,
Zwischen den Ungethümen, den ewig stummen, des Abgrunds,
Fährt, mit des Blitzes Hast, dahin der Gedanke des Menschen
Spottend des Elements. . . ."

Zone 5 Sgr., in der zweiten 10 und in der dritten 15 Sgr. Am 1. April wurde die bisher in Nancy eingerichtet gewesene Telegraphen-Direktion nach Straßburg verlegt. Von derselben ressortiren sämmtliche Telegraphenstationen im Reichslande. Oben ist bereits erwähnt, daß in Folge Kaiserl. Verordnung vom 14. Oktober 1871, der Abschnitt VIII der Verfassung des deutschen Reichs, betreffend das Post- und Telegraphenwesen, vom 1. Januar 1872 ab in Kraft trat. Von demselben Termin ab wurde der obige Tarif im gesammten Gebiete des deutschen Reiches eingeführt, also auch im Verkehr mit Baden, Bayern und Württemberg. Vom 1. Juli 1872 ab trat die „Telegraphenordnung für das deutsche Reich" in Kraft. Neue Telegraphen-Marken mit der Umschrift: „Telegraphie des deutschen Reichs" wurden vom 1. November 1872 eingeführt. Der Telegraphen-Direktion, welche von der General-Direktion der Telegraphen in Berlin ressortirt, liegt die Spezial-Verwaltung, die Leitung des Betriebes, die Bau-Ausführungen und die Unterhaltung der Linien ob. An der Spitze der Telegraphen-Direction steht ein Telegraphen-Director, dem als Organe für den Verwaltungs-, den Betriebs- und den Baudienst zwei Directionsräthe beigegeben sind. In der Direction in Straßburg fungiren ferner: 4 Büreau- und Rechnungsbeamte 1. Klasse, 3 Büreau- und Rechnungsbeamte 2. Klasse; 5 Leitungs-Revisoren sind in den größeren Städten angestellt. Der Lokaldienst wird von den Telegraphen-Stationen wahrgenommen, welche je nach ihrer Bedeutung in Stationen I., II. und III. Klasse eingetheilt sind. Dieselben sind entweder durch ausschließlich der Telegraphen-Verwaltung angehörige Beamte besetzt oder mit Postanstalten verbunden. Im März 1873 bestanden in Elsaß-Lothringen 3 Stationen I. Klasse: in Straßburg, Mülhausen und Metz, 10 Stationen II. Klasse: in Bischweiler, Colmar, Diedenhofen, Gebweiler, Hagenau, Markirch, Saargemünd, Schlettstadt, Thann und Weißenburg, 3 Stationen III. Klasse: in Molsheim, Saarburg und Zabern, 57 mit Postanstalten combinirte und außerdem noch 3 von Privat-Personen verwaltete Telegraphenstationen[1].

[1] Thiemann, Rang- und Quartierliste der Telegraphen-Verwaltung des deutschen Reichs. Straßburg 1873.

Ueber den telegraphischen Verkehr im Jahre 1872 sind bisher folgende statistische Notizen veröffentlicht worden [1]:

Namen der Telegraphenstationen.	Zahl der Depeschen		Gebühren für die Beförderung.		Am Jahresschlusse waren bei den Stationen beschäftigt:		Apparate in Betrieb.
	aufgelieferte.	eingegangene.	Rthlr.	Sgr.	Beamte.	Boten.	
Straßburg . . .	63,221	79,269	22,620	15	50	14	28
Straßburg, Filiale im Postgebäude .	16,767	65	6,190	22 1/2	3	—	2
Mülhausen. . . .	52,140	55,287	24,193	7	28	10	18
Metz.	?	?	12,162	?	15	?	?
Colmar.	16,261	15,130	4,965	25 1/2	7	2	8
Markirch	4,122	4,061	1,520	7 3/4	2	1	3
Gebweiler	5,520	5,925	2,039	29 1/2	2	1	2

[1] Straßburger Handelsblatt.

Vergleicht man die oben mitgetheilten Angaben über den Telegraphen-Verkehr der Station Straßburg vom Jahre 1868 unter französischer Verwaltung mit den vorstehenden vom Jahre 1872 unter deutscher Verwaltung, so ergibt sich, daß die Zahl der Depeschen um 302 Prozent, die Einnahme um 183 Prozent in 4 Jahren zugenommen hat[1]. Dem Vernehmen nach soll es in der Absicht der Telegraphen-Verwaltung liegen, die Zahl der Telegraphen-Stationen im Reichslande erheblich zu vermehren; zunächst sollen die Orte von 2000 Einwohnern und mehr berücksichtigt werden.

Eine größere Anzahl von Eisenbahn-Stationen in Elsaß-Lothringen ist außerdem berechtigt, Privat-Depeschen anzunehmen und zu befördern. Mit dem 1. Juli d. J. ist ein neues Reglement für diese Stationen in Kraft getreten.

Ueber die Thätigkeit der deutschen Behörden in Elsaß-Lothringen bringen die dem Reichstage vorgelegten Uebersichten über die Gesetzgebung, sowie die Einrichtung und den Gang der Verwaltung in Elsaß-Lothringen interessante Angaben; einige auf die Verkehrsanstalten bezügliche Stellen mögen in Nachstehendem einen Platz finden. So heißt es in der letzten Uebersicht, daß die Organisation der Wasserbauverwaltung, in Gemäßheit des § 16 des Gesetzes vom 30. December 1871 durchgeführt und die Anstellung der Beamten geregelt sei. Die vorhandenen Kanäle sind zunächst wieder in fahrbaren Zustand gebracht worden[2]. Inzwischen sind auch die Binnen-

---

[1] Bei sämmtlichen Staats-Telegraphen-Stationen des Unter-Elsaß sind im Jahre 1872 — 116,856 Depeschen aufgeliefert worden, d. h. 112 pro Cent mehr als 1869. (Verwaltungsbericht des Bezirkspräsidenten 1873.) In Straßburg wurden im Ganzen 501,786 Depeschen (aufgelieferte, angekommene und transitirte) verarbeitet; dieser Ort rangirt nach der Zahl der verarbeiteten Depeschen hinter Berlin, Frankfurt am Main, Cöln, Hamburg, Breslau, Dresden, Hannover, Halle, Leipzig und vor Carlsruhe, Stettin, Bremen, Königsberg 2c. (Statistik der deutschen Reichs-Telegraphen-Verwaltung für das Jahr 1872.)

[2] Nach den Mittheilungen der Verwaltung der Saarbrücker Kohlengruben wurden im Jahre 1872 überhaupt 64,976,565 Centner Stein-

Schifffahrts-Abgaben für die Kanäle, welche seit dem Beginne des Krieges thatsächlich nicht mehr erhoben wurden, durch Gesetz vom 29. Januar 1873 aufgehoben worden. „Die Mosel-Kanalisation von der lothringischen Grenze bei Arnaville bis Metz, 20,5 Kilometer lang, wird energisch betrieben, und es ist die Fertigstellung der Arbeiten von der Landesgrenze bis oberhalb Metz im Jahre 1874 zu erwarten. Ebenso wird der Neubau des Kanals von Mittersheim nach Dieuze gefördert. Ferner wird ein Project studirt, um eine Verbindung zwischen der Mosel und der Saar mittelst Kanalisirung des Niedflusses zu schaffen."

In Straßburg, woselbst die Einwohner der Schrecken, welche mit der Belagerung der Festung verbunden waren, noch häufig gedenken, hätte man es sehr gern gesehen, wenn diese Stadt zu einer „offenen" erklärt worden wäre. Einem solchen Wunsche ließ sich jedoch nicht entsprechen, dagegen werden die Festungswerke, welche die Stadt umschnüren, fallen, so bald der Kranz von Forts, welche in weiterer Entfernung angelegt sind, erst vollendet sein wird. Dann wird die Stadt Raum gewinnen, sich, wie zur Zeit des Mittelalters, zu einer Handels-Metropole aufzuschwingen und den Handel zwischen Südwest-Deutschland, der Schweiz und Süd-Frankreich wiederum an sich zu ziehen. Es ist oben eingehend dargelegt, daß Elsaß-Lothringen ein vortreffliches Kanalnetz besitzt, durch welches das Land mit Frankreich verbunden ist. Es fehlt nur noch eine große Schifffahrtsstraße, welche den Verkehr mit Deutschland und der Nordsee erleichtert. Von Seiten der Straßburger Handelskammer war die Initiative zur Anlegung eines größeren Schifffahrts-Kanals von Straß-

---

kohlen (abgesehen von dem Selbstverbrauche) abgesetzt; davon sind gegangen: nach Süddeutschland . . . 18,394,707 Centner.
„ dem preuß. Inlande . 17,519,617 „
„ Elsaß-Lothringen 17,492,821 „
„ Frankreich . . . . 7,423,790 „ u. s. w.

(Man ersieht hieraus schon die stark entwickelte Industrie des Reichslandes). Auf dem Saar-Kanal sind im Ganzen 12,757,330 Centner befördert worden.

burg nach Ludwigshafen ausgegangen. Es bildete sich im Jahre 1872 in Straßburg ein Verein mit der Absicht, zur Vermehrung und Verbesserung der Verkehrswege zwischen der Nordsee und dem Mittelmeere durch Herstellung eines Kanals für die große Schifffahrt zwischen Straßburg und Ludwigshafen-Mannheim beizutragen. In einer, von diesem Vereine beschlossenen Eingabe an das Reichskanzler-Amt in Berlin ist hervorgehoben, daß durch eine solche Wasserstraße, im Vergleiche mit den Eisenbahnen, die Transportdauer abgekürzt und der Transport verwohlfeilert werde. Man nahm an, daß die deutsche Regierung einem solchen Projekt günstig sein und das deutsche Reich die Kosten für den Kanal tragen werde, weil sämmtliche Kanäle in Elsaß-Lothringen von der französischen Regierung gebaut sind. Die Kosten schätzte man auf 20 Millionen Fr. Es unterliegt keinem Zweifel, daß eine solche Schifffahrtsstraße dem Handel und der allgemeinen Wohlfahrt des Landes sehr zu Statten kommen würde. Die Regierung beabsichtigt jedoch, auf dieses Project vorerst nicht einzugehen, da dieselbe noch an dem Gedanken des Schiffbarmachens des Rheins bis Straßburg festhält. Sie stützt sich unter Anderem auf das Urtheil des erfahrenen Wasserbau-Directors Grebenau, der längere Zeit hindurch den Rhein zu seinem speciellen Studium gemacht hat und als Autorität in seinem Fache gilt. Derselbe hielt im März d. J. in Straßburg einen äußerst interessanten Vortrag über die Beschaffenheit des Rheins von Basel bis Germersheim vor und nach der Correction[1]. Nach den Ausführungen des Herrn Vortragenden sind seit der Rhein-Correction am badisch-elsässischen Ufer genaue Beobachtungen über die Beschaffenheit des Stromes angestellt worden, welche mit mathematischer Sicherheit den Durchschnitts-Wasserstand desselben in jedem Monate ergeben. Danach ist beispielsweise der höchste Wasserstand Ende Juli jeden Jahres. Durch die Correction ist das Strombett für die Schifffahrt geeigneter gemacht, indem die Wasserstraße

[1] Es wäre gewiß sehr erwünscht, wenn der gedachte Vortrag durch den Druck einem größeren Publikum zugänglich gemacht würde.

verkürzt und die Tiefe des Fahrwassers bei niedrigem Wasserstande innerhalb der regulirten Stellen auf etwa $1^1/_2$ Meter vertieft wurde. Auf der Strecke von Basel bis Lauterburg befinden sich circa 180 Kiesbänke etwa in einer Entfernung von 1 Kilometer von einander. Diese Kiesbänke sollen sich nicht, wie man meistens annimmt, fortwährend verändern, sondern es besteht für dieselben insofern ein gewisses Gesetz, als sie abwechselnd am rechten und linken Ufer des Rheins erscheinen und sich in Folge der Strömung nur langsam weiterschieben. Erst nach einer zu bestimmenden Reihe von Jahren, befindet sich eine neue Kiesbank an derselben Stelle, woselbst die ältere sich befand. Zwischen den Kiesbänken und dem nächsten Ufer schlängelt sich der zur Schifffahrt geeignete Thalweg in Windungen hindurch. Dieses, aus vielfachen Beobachtungen und Messungen gezogene Gesetz müssen die Schiffer natürlich kennen, wenn sie nicht mit ihren Schiffen auf Untiefen gerathen wollen. Auf mehrfache Fragen erklärte der Herr Vortragende, daß die Kunst nur vermöge, Regelmäßigkeit in den wechselnden Gang des Strombettes zu bringen; er sei aber fest davon überzeugt, daß es der Dampfschifffahrt möglich sein werde, bis Straßburg hinauf zu dringen, namentlich aber könne es der Drahtseilschifffahrt nicht schwer werden, nach Straßburg zu gelangen.

Die vereinigten Kölner und Dampfschifffahrts-Gesellschaften wollen demnächst auch ihren Dienst bis Straßburg ausdehnen und täglich ein Boot von Mannheim dahin absenden. Die Dampfschiffe sollen zu Berg Stückgüter schleppen, zu Thal aber Personen befördern. Man hofft, daß eine hinreichende Anzahl Reisende sich finden werde, weil es möglich sein wird, in derselben Zeit Mannheim zu Wasser wie per Eisenbahn zu erreichen. Im Jahre 1872 hat die Dampfschifffahrts-Gesellschaft für den Nieder- und Mittel-Rhein in Düsseldorf auf diesen Theilen des Stromes 523,538 Personen und 467,228 Centner Güter, die Kölnische Gesellschaft aber eine noch größere Anzahl befördert. Da viele Reisende die Schweiz besuchen, kann es zur Sommerszeit wohl nicht an Personen fehlen. Der Central-Actien-Gesellschaft für Tauerei zu Köln ist von den betheiligten Regierungen die Concession zur Tauschleppschifffahrt auf dem Rhein von Mannheim vorläufig bis Straßburg-Kehl ertheilt worden. Diese Schifffahrt, welche den Flußschiffern zu Gute kommen wird, muß spätestens 1875 beginnen. Die Regierung will zunächst jedenfalls abwarten, welche Ergebnisse die Räderdampfschifffahrt und die Drahtseilschifffahrt erzielen werden; aus diesen Gründen dürfte das Project eines Kanals von Straßburg bis Ludwigshafen vorläufig ruhen.

Unter französischer Verwaltung standen die beiden Nachbarländer Elsaß und Baden, die durch ihre Verkehrsinteressen, Bodengestaltung, Stammverwandtschaft zusammengehören, wie die beiden Hälften einer schönen Frucht, in sehr geringer Verbindung. Dazu trug freilich auch die deutsche Zollgrenze, sowie der Paßzwang auf beiden Ufern des Stromes bei. Seitdem aber vom 1. Januar 1872 ab die Einheit des Zoll- und Handelsgebiet's mit dem übrigen Deutschland völlig durchgeführt und Elsaß-Lothringen in die zwischen Deutschland und andern Staaten bestehenden Handelsverträge eingetreten ist, lag es im allgemeinen Interesse, den Verkehr zwischen den Nachbarländern nach Möglichkeit zu beleben. Dies konnte am leichtesten durch das Ueberbrücken des Rheins geschehen. Zunächst wurde die während des Krieges zerstörte Schiffbrücke bei Hüningen wieder hergestellt und im September 1872 dem Verkehr übergeben. Mit der Großherzoglich-Badischen Regierung waren Verabredungen wegen gemeinsamen Erbauens von 8 Rheinschiffbrücken getroffen worden, von denen voraussichtlich 6 im laufenden Jahr, die beiden anderen 1874—75 vollendet sein werden[1]. Jede Eröffnung einer solchen Brücke hat sich bis jetzt zu einem wahren Volksfeste gestaltet. Das nachfolgende Gedicht des elsässischen Pfarrers Herrn

[1] Die Brücken werden folgende Orte verbinden: 1) Eichwald-Neuenburg (baut Baden), 2) Markolsheim-Sasbach, 3) Schönau-Weisweil, 4) Rheinau-Kappel, 5) Gerstheim-Ottenheim (welche von Elsaß-Lothrigen erbaut werden), 6) Gambsheim-Freystett, 7) Drusenheim-Greffern, 8) Selz-Plittersdorf (welche von Baden erbaut werden). Die am 25. Mai c. eröffnete Schiffbrücke Rheinau-Kappel wurde im

Schade in Obenheim bei Erstein, das bei der Feier der Einweihung der Brücke bei Gerstheim vertheilt wurde und dessen Wiederabdruck mir gütigst gestattet ist, legt Zeugniß davon ab, daß man die Bedeutung dieser Verkehrsmittel im Elsaß zu würdigen weiß:

„Zu einem Bundesfest beschieden
Hat uns der alte Vater Rhein,
Wir, die wir heute uns gemieden,
Wir sollen heute Brüder sein:
Drum hat er seinen alten Rücken
Trotz Sturmesgraus und Wogenprall
Geduldig lassen überbrücken
Zum Friedensband den Kindern all'.

Längst brauset er mit mächt'gen Wogen,
Zur Linken, wo der Alsa Strand,
Und stürmet in gewalt'gem Bogen
Hinüber, wo das Badenland;
Und möchte immer, immer wieder
Das Eine zu dem Andern zieh'n;
Und grollet, daß zwei gleiche Brüder
Sich wie als Fremde böslich flieh'n.

Den Hader gütlich zu beenden,
Leiht er den Rücken willig her;
Das, was uns seine Ufer spenden,
Soll nun, im friedlichsten Verkehr,
Gemeingut sein den Kindern beiden,
Des Vaters gleiches Erbe sein;
Der Alte kann den Groll nicht leiden,
Er will im Frieden uns erfreu'n.

Schau', spricht er zu dem Sohn zur Linken,
Siehst du dort drüben lieblich schön
Des Schwarzwalds grüne Thäler winken,
Und wolltest grollend hier nun steh'n?
Es zieht dich ja mit tausend Banden

Monat Juni bereits von 14,923 Personen, 1235 beladenen und 1731 leeren Fuhrwerken 2c.; die am 8. Juni c. eröffnete Schiffbrücke Gerstheim-Ottenheim vom 9. bis 30. Juni von 5040 Personen, 1050 beladenen und 396 leeren Fuhrwerken 2c. benutzt. Schon jetzt ist festgestellt, daß die Zahl der früher an denselben Orten über den Rhein beförderten Personen sehr viel geringer war.

Von Alters her zu Badens Quell,
Und zu des Erwin Heimathlanden,
Dem Münstermeister ohne Fehl!

Und du, mein Sohn, zu meiner Rechten,
Schau', wie im hellen Sonnenschein
Am Wasgau purpurn sich verflechten
Die Rebgeländ' zu gold'nem Wein.
So bist du nur mein halber Erbe,
Es fehlet dir das beſſ're Theil;
D'rum ohne Scheu beim Bruder werbe,
Was ihm so reichlich ward zu Theil.

So predigt heut' mit Macht den Kindern
Der alte Vater Rhein, und lehrt
Wie Eintracht soll für immer lindern,
Was je der blinde Haß genährt.
D'rum, Freunde, auf beim frohen Mahle,
Wozu ein schönes Fest vereint;
Auf! mit dem schäumenden Pokale
Wer's treulich hier und bieder meint!

Wir bringen Hoch! dem Rheinesstrande
Zur rechten wie zur linken Hand,
Der uns als Kinder anerkannte,
In Baden und im Alsaland!
Wir bringen Hoch! dem Friedensbunde,
Der Brüdern neuen Segen giebt!
Ein Hoch in dieser Weihestunde
Dem Vater Rhein, und wer ihn liebt!"

Die erwähnten Jahres-Uebersichten über die Gesetzgebung und den Gang der Verwaltung in Elsaß-Lothringen erwähnen, daß die Entwickelung des Vicinalwege-Systems nach denselben Grundsätzen fortgeführt wird, wie sie durch die französische Gesetzgebung festgestellt sind. Es verdient dabei der Erwähnung, daß von dem statistischen Büreau des Oberpräsidiums in Straßburg vor Kurzem eine Sammlung der Gesetze und Verordnungen über den Vicinalwegebau in Elsaß-Lothringen in deutscher Sprache[1] herausgegeben ist, woran es bisher noch fehlte. „Die

[1] Gesetze und Verordnungen über den Vicinal-Wegebau. Straßburg, Schmidt'sche Universitäts-Buchhandlung.

französische Organisation mit der durch die veränderte Organisation der allgemeinen Verwaltung nöthig gewordenen Aenderungen ist bezüglich der Wegebau-Verwaltung (gleichwie für die Hochbau-Verwaltung) beibehalten worden. Die Local-Verwaltung der Straßen und Wege ist danach in einem jeden Kreise einem Kreis-Ingenieur unter der oberen Leitung der Bezirks-Präsidenten übertragen, welchem als technischer Beirath je ein Baurath beigegeben ist. Diese Organisation hat es möglich gemacht, den Kreisingenieuren zugleich die Besorgung der Vicinalwegebauten zu übertragen und so die gesammte Straßen- und Wegebau-Verwaltung eines Kreises in die Hand eines Beamten zu vereinigen. In ähnlicher Weise ist auch das Unterpersonal für alle Straßen- und Wege-Kategorien gemeinsam bestellt und dadurch eine Verminderung der Aufsichtskosten für alle betheiligten Kassen erzielt worden.“ Jeder Baukreis zerfällt in mehrere Wegemeister-Bezirke. Der Wegemeister hat im Allgemeinen den Kreis-Ingenieur in technischer Beziehung zu unterstützen und über die Ausführung der auf den Straßen vorgenommenen Arbeiten zu wachen. Insbesondere hat er die zur Ausführung der auf den Straßenbauarbeiten erforderlichen Absteckungen, Messungen und Nivellements zu besorgen, die Anfertigung von Situations- und Nivellements-Zeichnungen zu bewirken. Am Schlusse des Monats legt derselbe die Rechnungen über die vorgekommenen Arbeiten, Reparaturen an Geräthschaften ꝛc. dem Kreis-Ingenieur vor. Mit dem, in dieser Weise vervollständigten Bau-Beamten-Personal hofft die Regierung, trotz des bestehenden Arbeiter-Mangels, die in Folge des Krieges theilweise sehr verdorbenen Straßen und Wege möglichst bald wieder in guten Zustand bringen zu können. Unter französischer Verwaltung wurden zur Verbesserung der Wege hauptsächlich die durch die Flüsse und Bäche aus dem Gebirge heruntergeschwemmten Kiesel, die fast durchweg aus leichtem und weichem Material bestehen, verwendet. Man überließ es den Fuhrwerken, die Kiesel zusammen zu drücken und so allmählich einen festen Weg herzustellen. Dies geschieht verhältnißmäßig schnell, weil das Gestein zerbröckelt und sich zu Atomen zerreibt, wodurch im Sommer ein unerträglicher Staub, bei Regenwetter eine dicke Lage Schlamm entsteht. Diesem Zustande soll dadurch Abhilfe geschaffen werden, daß man aus den Vogesen Basalt, Malaphyr und Grauwacke entnehmen will, um damit eine bessere Aufschüttung zu erzielen. Nach angestellten Berechnungen werden die Ausgaben dafür unwesentlich höher, die Dauer der Aufschüttung aber wird eine drei- bis viermal größere sein, als die bisherige. Zur Erprobung des geeignetsten Materials, zunächst für den Bau der Staatsstraßen, ist man im Begriffe, einen größeren Versuch mit drei verschiedenen Gestein-Schüttungen vorzunehmen.

Nach dem Landes-Haushalts-Etat für Elsaß-Lothringen für das Jahr 1873 sind die nachstehenden bedeutenden Summen ausgeworfen worden: für die Wasserbau-Verwaltung 1,824,373 Fr. 75 C., für die Wegebau-Verwaltung 1,558,248 Fr. 75 C. In der zuletzt gedachten Summe ist ein Betrag von 150,000 Fr. an Subvention für Bezirks- und Vicinal-Wegebauten enthalten. Zu demselben Zwecke ist ein außerordentlicher Betrag von 450,000 Franken vorgesehen. An einmaligen und außerordentlichen Ausgaben sind ferner noch ausgeworfen: 1,122,500 Franken (darunter 1 Mill. Franken für Rheinbauten, einschließlich für Reparaturen der Hochwasserschäden), 100,000 Franken für die Herstellung der Zufuhrstraßen zu den Rheinschiffbrücken und den Rheinfähren, 22,500 Fr. für die Rheinschiffbrücken, 800,000 Fr. für die Kanalisation der Mosel, 500,000 Fr. für den Rhein-Rhone-Kanal nebst Seitenkanälen, 40,000 Fr. für den Rhein-Marne-Kanal, 60,000 Franken für den Breusch-Kanal, 60,000 Fr. für den Saarkohlen-Kanal, 145,000 Fr. für den Kanal der Salinen von Dieuze und 11,500 Fr. für das Project des Nied-Kanals.

Bei der Occupation des Reichslandes wurden die Eisenbahnen in Elsaß einer Betriebs-Commission in Straßburg, diejenigen in Lothringen der Königl. Direction der Eisenbahnen in Saarbrücken zur Verwaltung übergeben.

In Gemäßheit der Bestimmungen in den Zusatz-Artikeln zum Friedensvertrage vom 10. Mai 1871 erfolgte die Abtretung der in

Elsaß-Lothringen belegenen, früher der Ostbahn-Gesellschaft gehörigen Eisenbahnen, von der französischen Regierung an die deutsche für den Betrag von 325 Mill. Franken. Es waren dies folgende Strecken:

1) Von der Schweizerischen Grenze bei St. Ludwig bis zur Bayerischen Grenze bei Weißenburg .	206	Kilometer,
2) Von Mülhausen bis zur Französischen Grenze bei Altmünsterol (Belfort)	39	"
3) Von Lutterbach nach Wesserling	28	"
4) Von Sennheim nach Sentheim	14	"
5) Von Bollweiler nach Gebweiler	7	"
6) Von Colmar nach Münster[1]	19	"
7) Von Schlettstadt nach Markirch	22	"
8) Von Straßburg nach Kehl	8	"
9) Von Königshofen (Straßburg) nach Barr . .	34	"
10) Von Molsheim nach Mutzig und Wasselnheim .	17	"
11) Von Vendenheim nach Avricourt und Dieuze .	104	"
12) Von Hagenau nach Benning und Carling . .	116	"
13) Von Styring nach Metz und Pagny	90	"
14) Von Metz nach der Luxemburgischen Grenze bei Bettemburg	55	"
15) Von Hayange nach der Französischen Grenze bei Hayange	7	"
Ueberhaupt	766	Kilometer.

Aus den Erläuterungen zu dem, vom deutschen Reichskanzler-Amte aufgestellten Etat für die Reichs-Eisenbahuen in Elsaß-Lothringen auf das Jahr 1872 hebe ich die nachstehenden näheren Angaben über das vorstehende Eisenbahnnetz hervor: „Diese Bahnen durchziehen ein sehr fruchtbares und an Industrie jeder Art reiches Gebiet. Sie lassen auf einen lebhaften und einträglichen Local-Import- und Export-Verkehr hoffen, zumal sie bis an das Saar-Kohlengebiet reichen und den gesammten Kohlenbedarf für Elsaß-Lothringen, sowie einen Theil des Kohlenbedarfs angrenzender Gebiete zu vermitteln haben. Nicht minder günstig ist ihre Lage für den Transit-Verkehr zwischen den Niederlanden, Belgien, den Rhein-

[1] Die Localbahn Colmar-Münster befand sich im Besitze der Stadt Münster und ist von der Reichs-Verwaltung zum Betrage von 2,700,000 Fr. erworben.

landen und der Schweiz ꝛc., sowie zwischen Oesterreich, Ungarn, Deutschland und Frankreich, weshalb sie auch, so lang sie von der französischen Ostbahn-Gesellschaft betrieben wurden, zu den einträglichsten Strecken dieser Gesellschaft zählten.“ Es heißt dann zur Erläuterung der Etats-Positionen weiter: „Für eine sichere Veranschlagung der Betriebs-Einnahmen fehlt es noch an sicheren Anhaltspunkten. Die Erträge, welche die Gesellschaft auf den Linien in Elsaß-Lothringen erzielt hat, lassen sich genau nicht feststellen und bieten auch keine sichere Grundlage für die Veranschlagung, da die Veränderung der äußeren Bedingungen, unter welchen Handel und Industrie thätig sind, Veränderungen in den Verkehrsbeziehungen herbeiführen. Auch über die Wirksamkeit der versuchsweise eingeführten Tarife liegen genügende Erfahrungen noch nicht vor ꝛc. Die Betriebs-Ausgaben sind nach der Annahme bemessen, daß durchschnittlich 19 Züge täglich über die ganze Länge der Bahnen gefahren werden. Diese Annahme entspricht der Durchschnitts-Frequenz der deutschen Nachbar- und anderer deutschen Bahnen mit starkem Local- und Transitverkehr im Jahre 1867. Sie erscheint umsomehr begründet, als auch die Zahl der Züge, welche unter der Verwaltung der französischen Ostbahn-Gesellschaft im Jahre 1867 pro Tag über die gesammte Bahnlinie gegangen sind, in Berücksichtigung der geringeren Belastung der französischen den deutschen Zügen gegenüber, verhältnißmäßig reducirt, nahezu damit übereinstimmt.“

In den Zusatz-Artikeln zum Frankfurter Friedensvertrage hatte die Reichs-Regierung, im Anschlusse an die Erwerbung der Elsaß-Lothringischen Eisenbahnen, auch Vorkehrungen dafür getroffen, daß die französische Ostbahn-Gesellschaft für die Folgezeit von dem Betriebe der luxemburgischen Eisenbahnen ausgeschlossen blieb. Auf Grund des mit Luxemburg am 11. Juni 1872 abgeschlossenen Vertrages sind demnächst die Wilhelm-Luxemburg Eisenbahnstrecken am 16. September 1872 von der General-Direction der Elsaß-Lothringischen Eisenbahnen in Verwaltung und Betrieb genommen.

Für das Eisenbahnnetz mußten zunächst 5 Millionen Thaler zur Beschaffung des Locomotiven- und Wagenparks flüssig gemacht werden, da dasselbe ohne diese Betriebsmittel übernommen war (Gesetz vom 14. Juni 1871). Durch Gesetz vom 11. December 1871 wurde der Abschnitt VII der Reichsverfassung über das Eisenbahnwesen vom 1. Januar 1872 ab in Elsaß-Lothringen eingeführt. Gleichzeitig trat Behufs der Verwaltung und des Betriebes der Eisenbahnen eine Behörde unter dem Namen „Kais. General-Direction der Eisenbahnen in Elsaß-Lothringen" ins Leben. Dieselbe zerfällt in: I. die allgemeine Verwaltung, II. Bahn-Verwaltung und III. Transport-Verwaltung. Die allgemeine Verwaltung theilt sich in: a) die General-Direction — 1 General-Director 7 Eisenbahn-Directoren und 2 Regierungs-Assessoren; — b) das Central-Büreau, c) das Reklamationsbureau, d) die Hauptkasse, e) die Betriebs-Inspectionen (1te in Straßburg, 2te in Colmar, 3te in Mülhausen, 4te in Saargemünd, 5te in Metz). Zur Bahn-Verwaltung gehört das Strecken- und das Telegraphen-Personal, zur Transport-Verwaltung: der Expeditionsdienst, der Maschinen- und Werkstättendienst und das übrige Personal bei den einzelnen Stationen[1].

Die Gehälter der Eisenbahn-Beamten im Reichslande sind sehr ausreichend bemessen worden. In den Erläuterungen zum Etat pro 1872 heißt es hierüber unter Anderem: „Bei Bemessung der Gehalts-Competenzen der anzustellenden Beamten ist vor Allem darauf Rücksicht genommen worden, daß es für einen ordnungsmäßigen und sicheren Betrieb auf den Reichsbahnen unerläßlich ist, zunächst ausschließlich nur solche Personen zu beschäftigen, die mit dem Eisenbahndienst durchweg bekannt sind, daß dem Reiche aber ein geschultes Eisenbahn-Beamten-Personal, das nach Elsaß-Lothringen versetzt werden könnte, nicht zur Verfügung steht, und daß es somit zur Gewinnung zuverlässiger Kräfte aus den Altdeutschen Landen unabweislich erscheint, das Einkommen der Beamten nicht nur höher als in der Heimath, sondern so ausreichend zu bemessen, daß der Beamte mit seiner Familie an den zum Theil theueren

[1] Jahrbuch für Elsaß-Lothringen 1872/73.

Orten seiner socialen Stellung angemessen leben kann und sich hierdurch bestimmen läßt, lieb gewonnene Verhältnisse und sichere Avancements-Aussichten in der Heimath aufzugeben und sich dem, nicht nur schwierigen und anstrengenden, sondern auch mit Darbringung mancherlei Opfer verbundenen Dienst mit Treue und Freudigkeit hinzugeben ꝛc."

Behufs Herbeiführung der im Verkehrs-Interesse liegenden Gleichmäßigkeit des Betriebes, ist, in Ausführung des Art. 45 der Verfassung, die Ausdehnung des Betriebs-Reglements für die Eisenbahnen im Norddeutschen Bunde vom 10. Mai 1870 mit den inzwischen eingetretenen Abänderungen auf Elsaß-Lothringen, sowie auf Grund des Artikels 43 der Verfassung die Einführung des Bahnpolizei-Reglements für die Eisenbahnen erfolgt.

Bekanntlich hat der Norddeutsche Bund, bezw. das Deutsche Reich, ein lebhaftes Interesse für das Zustandekommen der St. Gotthards-Eisenbahn bekundet und eine Subvention von 20 Mill. Thaler in Aussicht gestellt. Als Antheil der Eisenbahnen in Elsaß-Lothringen ist in dem Etat derselben pro 1873 ein Betrag von 80,504 Thaler, als ein Neuntel des Antheils der vom Deutschen Reiche übernommenen Subvention aufgenommen worden[1].

Durch Gesetz vom 1. November 1872 wurde das Reichs-Gesetz

---

[1] In dem Reichshaushalts-Etat für 1873 ist als erste Rate der vom Reiche übernommenen St. Gotthard-Subvention die Summe von 592,592 Thlr., abzüglich des obigen Antheils der Reichs-Eisenbahn-Verwaltung, mithin der Betrag von 512,088 Thlr. ausgesetzt.

Die in Angriff genommene Durchbrechung der Alpenkette in der fast geraden Richtung zwischen den Häfen des alten deutschen Meeres und den Mittelmeerhäfen des geeinigten Italiens hat für viele heutige centraleuropäische Erwerbszweige einen ähnlichen Werth, wie die Entdeckungen neuer Weltverkehrswege zu Ende des fünfzehnten Jahrhunderts. Die große **Verkehrspulsader des Rheins** erhält durch die Gotthardbahn eine in ihrer tausendjährigen Vergangenheit noch nie dagewesene Bedeutung. Ein Theil des Verkehrs zwischen Norddeutschland, Niederlande und Belgien, bei dem der Unterschied zwischen Land- und Seefracht nicht in's Gewicht fällt, ein großer Theil des mitteldeutsch-italienischen Verkehrs und der größte Theil der südwestdeutsch-italienivom 7. Juni 1871 über die Verbindlichkeit zum Schadenersatz für die beim Betriebe von Eisenbahnen, Bergwerken ꝛc. herbeigeführten Tödtungen und Körperverletzungen in Elsaß-Lothringen eingeführt.

Unterm 15. Juni 1872 erging ein Gesetz, betreffend den außerordentlichen Geldbedarf für die Reichs-Eisenbahnen in Elsaß-Lothringen, in dem eine Summe von 6,972,300 Thlr. aus den bereitesten Mitteln der von Frankreich zu zahlenden Kriegskosten-Entschädigung zum Bau der Eisenbahnen von Diedenhofen bis zur Landesgrenze in der Nähe von Sierk (als erste Rate 500,000 Thlr.), von Colmar nach Breisach (1,244,000 Thlr.) und von Metz bis zur Landesgrenze bei Amanvillers (320,000 Thlr.), sowie zur Vermehrung des Betriebsmaterials ꝛc. vorgesehen ist. Die Motive zu diesem Gesetz-Entwurfe sagen: „Das Eisenbahnnetz von Elsaß-Lothringen bedarf im Interesse der Landesvertheidigung und des Verkehrs einer Vervollständigung und Erweiterung, durch welche einerseits die bestehenden, unzureichenden Verbindungen des Landes mit dem übrigen Reichsgebiete zweckmäßig vermehrt, andererseits die inneren Communicationen, insbesondere zwischen den beiden Centralpunkten Straßburg und Metz, sowie zwischen dem Kohlenrevier an der Saar und den Industriebezirken des oberen Elsaß verbessert und

---

schen Bewegung wird der Gotthardlinie zufallen, deren Eröffnung für die zahlreichen exportfähigen deutschen Produkte und Fabrikate aus Elsaß-Lothringen, der Rheinpfalz, Baden, Württemberg und Bayern, wie aus Rheinland-Westfalen — für Ruhr- und Saarkohlen, metallurgische Erzeugnisse aller Art, Eisen und Stahl in allen Stadien und Formen ihrer Veredelung für chemische Produkte, mancherlei Manufacturen und kurze Waaren ꝛc. — das Signal zu einer lebhaften Concurrenz gegen England, Frankreich und die Schweiz sein wird, die den italienischen Markt beherrschen. Ebenso wird der größte Theil der für die gedachten deutschen und andere Länder bestimmten italienischen Landeserzeugnisse und Fabrikate — Oele, Wein, Südfrüchte, Baumwolle, Reis, Farb- und Gerbstoffe, Schwefel, Seide, Hanf ꝛc. — die größtentheils über die nördlichen Seehäfen ihren Weg nehmen, die kürzere Straße einschlagen, deren Fortsetzung nördlich bis Rotterdam, Amsterdam und Antwerpen, südlich bis Brindisi, der Gotthardbahn den größten Theil am deutsch-italienischen Handel sichert".

(Deutscher Reichs-Anzeiger pro 1873.)

abgekürzt werden." Dies ist alsdann des Weiteren ausgeführt worden. Die Motive erwähnen demnächst auch der Eisenbahnstrecken:

a) Von Saarburg über Finstingen nach Saargemünd,
b) Von Courcelles an der Nied nach Bolchen mit Fortsetzung nach Teterchen,
c) Von Nancy nach Salzburg und Vic,

von denen Folgendes hervorgehoben ist: „Sie sind bereits in den Jahren 1868 und 1869 von der französischen Regierung der Société des chemins de fer zu Brüssel concessionirt worden. Diese Concessionen gingen später auf die Société anonyme des chemins de fer de la Lorraine über, welche den Bau der Bahnen noch vor dem Ausbruch des Krieges begonnen, mit kurzer Unterbrechung während des Krieges fortgeführt hat und im Laufe dieses Sommers (1872) zu vollenden beabsichtigt. Die vorbezeichneten Eisenbahnen sind zwar als Localbahnen concessionirt, sie entsprechen indessen in ihrer Tracirung und Ausführung den Anforderungen des großen Verkehrs." Dies ist des Näheren nachgewiesen. Für den Verkauf dieser drei Eisenbahnen beansprucht die Eigenthümerin nach vollständiger Beendigung des in der Ausführung befindlichen Baues den Preis von 260,000 Thlr. pro Meile. Da nun die Länge der zu erwerbenden Eisenbahnen

a) Von Saarburg nach Saargemünd	53,25 Kilometer,
b) Von Courcelles nach Bolchen	22,50 "
c) Von Salzburg und Vic bis zur Deutsch-Französischen Grenze	18,00 "
im Ganzen	93,75 Kilometer.

oder 12,5 Meilen beträgt, so verlangt die Société anonyme des chemins de fer de Lorraine einen Kaufpreis von 3,250,000 Thlr. Die gedachten Eisenbahnen sind bisher nicht angekauft, sondern pachtweise übernommen worden. Die Eisenbahnstrecke von Saarburg nach Saargemünd wurde am 1. November 1872[1], die

[1] Die Eröffnung dieser Eisenbahn erfolgte in Gegenwart des Herrn Ober-Präsidenten von Möller. In Saar-Union wurde demselben von zwei Elsässischen Damen ein Blumenstrauß mit einem Gedicht überreicht, dessen erste Zeilen so lauten:

Strecke von Metz nach Amanvillers am 1. April, die Strecke von Courcelles nach Bolchen am 15. Juni und die Strecke von Amanvillers nach Batilly am 23. Juni 1873 dem Betriebe übergeben.

Eine sehr wesentliche Erweiterung des Eisenbahnnetzes steht dem Reichslande bevor in Folge des Gesetzes vom 18. Juni 1873, betreffend den außerordentlichen Geldbedarf für die Reichs-Eisenbahnen in Elsaß-Lothringen und für die im Großherzogthum Luxemburg belegenen Strecken der Wilhelm-Luxemburg-Eisenbahn. Danach soll eine Summe von 36,293,587 Thlr. aus der von Frankreich zu zahlenden Kriegskosten-Entschädigung für den Bau folgender Eisenbahnen verwendet werden: a) von Reding nach Remilly (5,083,800 Thlr.), b) von Zabern nach Wasselnheim und von Barr nach Schlettstadt (4,692,000 Thlr.), c) von St. Ludwig oder von einem nördlich von dieser Station belegenen Punkte der Bahn Mülhausen-Basel bis zur Rheinmitte bei Hüningen (632,000 Thlr.), d) von Lauterburg nach Straßburg (4,016,000 Thlr.), e) von Mutzig nach Rothau (848,951 Thlr.), f) von Steinburg nach Buchsweiler (429,486 Thlr.), g) von Diedenhofen bis zur Landesgrenze in der Nähe von Sierk (als Restbetrag 2,592,100 Thlr.) und h) von Mülhausen bis zur Rheinmitte bei Ottmarsheim in der Richtung nach Müllheim (1,274,000 Thlr.). Die übrige Summe soll zur Vermehrung der Betriebsmitttel ꝛc. verwendet werden. Ein größerer Betrag aus derselben Summe wird zur Herstellung eines Central-Bahnhofes auf der Westseite Straßburgs Verwendung finden, da der jetzige Bahnhof daselbst sehr beschränkte Anlagen für Ein- und Ausfahrt der Bahnzüge hat, aus welcher ungünstigen Situation sich für die Betriebsführung Gefahren und Erschwernisse ergeben.

„Als zur Bahn ward gelegt der Grund,
Gehörten wir noch zum Frankenland:
Eingereiht nun dem neuen Bund,
Reich' ich die Blumen in deutsche Hand.
Glück und Segen soll sie stets bringen
Dem Reichsland: Elsaß und Lothringen,
Und da sie will Städt' und Länder verbinden,
Soll jetzt auch der alte Groll verschwinden."

Vor Kurzem ist der Bezirk Lothringen außerdem ermächtigt worden, zur Deckung der für den Bau von Lokal-Eisenbahnen im Jahre 1873 aufzubringenden Beiträge von 914,000 Franken eine Anleihe aufzunehmen.

Dem Reichstage ist unter Anderem auch eine Uebersicht über die Tarifsätze und Betriebs-Ergebnisse der Eisenbahnen in Elsaß-Lothringen pro 1872 vorgelegt worden, welch werthvolle vergleichende Angaben enthält. Danach wurden

	I. Klasse Cent.	II. Klasse Cent.	III. Klasse Cent.	IV. Klasse Cent.
1) Zur Zeit der französischen Ostbahn-Verwaltuung erhoben;				
a) im Allgemeinen pro Person und Meile. . . .	84	63	46,2	—
b) für Retourbillets dgl. .	50	38	28	—
c) im Verkehr zwischen einzelnen Stationen anscheinend ohne bestimmte Regel, bis herab unter Gewährung von 60 Pfd. Freigepäck pro Person u. Meile	40	30	20	—
außerdem bestanden Wochen-Abonnements für Arbeiter, Schüler und Lehrlinge 2c.				
2) Auf den Eisenbahnen in Elsaß-Lothringen werden jetzt erhoben;				
a) in durchgehenden Schnellzügen pro Person und Meile	75	45	—	—
b) in Personenzügen pro Person und Meile mit den Minimalbeträgen von 75 Cent. für Klasse I., und 45 Cent. für Klasse II. in Schnellzügen und von 40 Cent. für Klasse I., 25 Cent. in Klasse II. und 15 Cent. in Klasse III. in den Personeuzügen u. ohne Gewährung von Freigepäck.	60	20	—	—

Die Gepäckfracht beträgt für je 10 Pfd. 2 Cent. pro Meile mit einem Minimalbetrage von 6 Cent. für je 10 Pfund und von 40 Cent. für jedes Gepäck. Sonst bestehen noch Retourbillets ohne Ermäßigung, Abonnements für Schüler unter 18 Jahren und Abonnements für Erwachsene in I. II. und III. Klasse.

Der Tarif für den Personenverkehr trat am 1. Januar 1872 in Kraft. Unter der Herrschaft des französischen Tarifs wurden im Monat December 258,174 Personen befördert. Im Monat Januar betrug die Beförderung 443,308 Personen, gegen den Vormonat also mehr 185,134 Personen[1] oder 75,6 Prozent, und zwar wurde benutzt: Klasse I von 2,1 Prozent Klasse II von 17,4 Prozent und Klasse III von 80,5 Prozent. Die Gesammtbeförderung in Elsaß-Lothringen und Luxemburg betrug im Jahre 1872, 8,413,640 Personen, darunter im Localverkehr 7,534,740 Personen oder 89,55 Prozent, im Verkehr mit anderen Bahnen auf directe Billets 878,900 Personen oder 10,45 Prozent mit einem Ertrage von 1,776,945 Thlr.

Die Einnahmen aus dem gesammten Personen- und Gepäckverkehr haben auf den Eisenbahnen in Elsaß-Lothringen im Jahre 1872 betragen: 2,408,814 Thlr. oder pro Meile Bahn 23,477,7 Thlr.

Im Localverkehr werden auf den Eisenbahnen erhoben:

a) Für Eilgut 10 Cent. als Einheitssatz pro Centner und Meile mit einem Minimalbetrag von 50 Cent, wozu noch ein fester Expeditionszuschlag von 12,5 Cent. pro Centner tritt;

b) für Stückgüter in gewöhnlicher Fracht 4 Cent. als Einheitssatz pro Centner und Meile mit einem Minimalbetrage von 30 Cent. und einem festen Expeditionszuschlag von 10 Cent. per Centner.

Für sperrige Stückgüter wird das Gewicht um 50 pro Cent erhöht. Aehnliche einfache Sätze sind für Güter in Wagenladungen und ferner in dem directen Verkehr mit fremden Bahnen, insofern

[1] Einzelnen aufmerksamen Beobachtern war es nicht entgangen, daß die Eisenbahnzüge gegenwärtig weit mehr Personen befördern, als beispielsweise noch im Jahre 1869. Ihre Wahrnehmungen sind nach obigen statistischen Angaben ganz richtig.

diese dasselbe Tarifsystem angenommen haben, vorgesehen. Es ist dies der sogenannte „combinirte Wagenraum- und Gewichts-Tarif“, der sich mehr und mehr Bahn zu brechen scheint[1]. Im Jahre 1872 sind überhaupt befördert worden, 84,064,296 Centner Güter. Davon kommen auf den Localverkehr 53,817,967 oder 64,02 Prozent, auf den directen Verkehr mit anderen Bahnen 27,821,432 Centner oder 33,10 Prozent und auf den Durchgangsverkehr 2,424,897 Centner oder 2,88 Prozent. Die Einnahmen aus dem Güterverkehr auf den Eisenbahnen haben im Jahre 1872 betragen: 4,833,128 Thlr. Es betrugen im Jahre 1872 die Gesammt-Einnahmen:

Aus dem Personenverkehr . .	2,408,814	Rthlr.
Aus dem Güterverkehr . . .	4,833,128	„
Aus verschiedenen Quellen . .	1,164,505	„
Ueberhaupt	8,406,447	Rthlr.
Daher pro Meile Bahn . . .	81,143	Rthlr.
Dagegen die Ausgaben:		
Titel I. Besoldungen	1,130,313	Rthlr.
„ II. Andere persönliche Ausgaben	1,541,419	„
„ III. Sächliche Verwaltungskosten	303,849	„
„ IV. Unterhaltung und Erneuerung der Bahn-Anlagen	975,693	„
„ V. Kosten des Bahn-Transports	1,217,757	„
„ VI. Sonstige Ausgaben . .	1,184,182	„
Summa .	6,353,213	Rthlr.
Die Einnahmen betrugen . . .	8,406,447	„
Daher Ueberschuß	2,053,234	Rthlr.

[1] Der volkswirthschaftliche Congreß in Wien nahm am 12. August dieses Jahres, auf Antrag des Referenten Dorn folgende Resolution an: „Der einfachste Weg, die Concurrenz im Frachtverkehr herbeizuführen, ist die Einführung des in Elsaß-Lothringen bereits bestehenden Wagenraum- und Colli-Tarifs.“ Dem Vernehmen nach, wird dieser Tarif demnächst auch bei den Badischen Staatsbahnen eingeführt werden.

Die Bahnlänge der Eisenbahnen in Elsaß-Lothringen wird im Jahre 1874 einschließlich der gepachteten Grenzstrecken bei Basel, Belfort und Pagny und der im Laufe des Jahres 1873 eröffneten Zweigbahnen der Lothringischen Eisenbahngesellschaft 117,3 Meilen (879,15 Kilometer) betragen. Davon kommt die Länge der anderen Verwaltungen zum Betriebe überlassenen Strecken: Weißenburg-Grenze, Styringen-Grenze, Saargemünd-Grenze und Diedenhofen-Fontoy mit 3,1 Meilen in Abzug; es verbleiben somit 114,2 Meilen. Der Bedarf an Personal ist wie folgt bemessen: 1 General-Director und 12 Mitglieder der Generaldirection; Central-Büreau: 99 Eisenbahn-Sekretaire, 33 Betriebssekretaire, 2 Betriebsinspectoren, 2 Eisenbahnbaumeister; bei den anderen Büreaux der allgemeinen Verwaltung: 1 Güterinspector, 1 Rendant, 6 Eisenbahn-Betriebs-Inspectoren, 6 Controleure, 18 Eisenbahn-Sekretaire, 21 Betriebs-Sekretaire, 4 Kassen-Assistenten, 6 Telegraphenbeamte. Bei der Bahn-Verwaltung: 3317 Beamte aller Kategorien; Transport-Verwaltung: 1424 Beamte.

Erwähnenswerth ist noch, daß nach dem Gesetze vom 21. Mai 1873, betreffend Steuer-Ermäßigungen, auch die bestehenden Vorschriften über die Besteuerung des öffentlichen Fuhrwerks, die Erhebung einer Abgabe von der Beförderung von Personen und Eilgütern auf Eisenbahnen, die Stempelpflichtigkeit der Frachtbriefe und ähnlicher Schriftstücke, welche zum Beweise eines Frachtvertrages dienen sollen, sowie die Stempelpflichtigkeit der Postscheine und der von den Empfängern von Postsendungen den Postanstalten ertheilten Empfangsbescheinigungen vom 1. Juli 1873 ab im Interesse eines erleichterten Verkehrs aufgehoben sind.

Elsaß-Lothringen steht, wie dies natürlich ist, in reger Verbindung mit Frankreich, obschon jetzt eine Zolllinie zwischen beiden Ländern besteht. Für das Jahr 1872, als der Uebergangszeit in der Zollbegünstigungen gewährt waren, stellt sich die Ausfuhr der wichtigsten Artikel des Reichslandes nach Frankreich nach den französischen Zolltabellen wie folgt:

Nach dem Gewicht declarirte Baumwollengewebe .	4,164,000 Kil.	3,369,000 Kil.	7,533,000 Kil.
Nach dem Werth declarirte Baumwollengewebe .	8,226,000 Fr.	4,245,000 Fr.	12,471,000 Fr.
Baumwollengarne	1,364,000 Kil.	1,224,000 Kil.	2,588,000 Kil.
Gezwirnte Baumwollengarne . .	1352 Mill. M.	3673 Mill. M.	4025 Mill. M.
Wollengewebe . .	8,798,000 Fr.	7,266,000 Fr.	16,066,000 Fr.
Wollengarne . .	226,000 Kil.	214,000 Kil.	440,000 Kil.
Stangeneisen und Schienen . . .	6,347,000 „	6,712,000 „	13,059,000 „
Eisenbleche . . .	365,000 „	75,000 „	441,000 „
Eisendraht . . .	616,000 „	83,000 „	709,000 „
Stahl	627,000 „	315,000 „	943,000 „

Aus obigen Zahlen geht hervor, daß im Allgemeinen eine Abnahme in der Ausfuhr stattfand, die freilich nichts Ueberraschendes hat. Von den 279,470 Hect. Bier, die Frankreich 1872 aus dem Auslande bezogen hat, kamen 232,866 aus Deutschland und zwar zum weitaus größten Theil aus Elsaß-Lothringen[1]. Nach Deutschland werden jetzt vorzugsweise große Quantitäten Wein ausgeführt.

Ueber die Einfuhr Elsaß-Lothringens geben die Listen der deutschen Zollverwaltung Aufschluß. Nachstehend hebe ich die Quantitäten der wichtigsten Waaren hervor, die im Jahre 1872 bei den Zollämtern des Reichslandes abgefertigt wurden und in den freien Verkehr getreten sind. Der größte Theil dieser Einfuhr ist danach über die französische Grenze gekommen, jedoch läßt sich derselbe aus der Gesammtmenge nicht aussondern, zumal das frühere Haupt-Zollamt in St. Ludwig aufgehoben und mit Altkirch vereinigt ist. An Baumwolle wurden danach 350,924 Centner eingeführt. Diese Ziffer erreicht indessen schwerlich die Hälfte des wirklichen Baumwollenverbrauchs im Reichslande, so daß also eine mindestens gleiche Quantität aus den deutschen Nordseehäfen bezogen sein wird. Die Einfuhr von Garnen betrug 9980, von Baumwollengeweben 5396, von roher Wolle 53,852, von gekämmter 12,423, von wollenen,

[1] Straßburger Handelsblatt, Nr. 38 pro 1873.

unbedruckten und ungewalkten Geweben 5902, von wollenen unbedruckten und gewalkten 8874 Centner. Für die Erzeugnisse der Eisen-Industrie sind die wichtigsten Daten folgende: Roh- und Brucheisen: 219,670 Stangen und Schienen: 58,054 grobe Guß- und Eisenwaaren: 138,811 Centner. Der Bezug von französischen Weinen hat in der letzten Zeit, wahrscheinlich in Folge der Befreiung der verzollten Weine von der inneren Steuer, zugenommen. Im Ganzen wurden 232,229 Centner in Fässern und ferner 8660 Ctr. in Flaschen eingeführt. Ganz bedeutend war die Einfuhr von Cerealien und Mehl, nämlich: Weizen 450,878, Roggen 1,468,437, Mehl 571,051 und andere Mühlenfabrikate 51,870 Centner. Sehr beträchtlich war auch die Einfuhr von Zucker, die ungefähr die ganze Consumtion des Reichslandes deckte. Die Gesammt-Einfuhr belief sich auf 197,107 Centner[1]. In neuester Zeit ist jedoch in Betreff des Zuckers eine bemerkenswerthe Aenderung eingetreten. Da der französische Zucker in Straßburg gegenwärtig im Preise höher steht, als der deutsche, so ist der erstere vom letzteren fast vollständig verdrängt worden, ja es wird bereits deutscher Zucker nach Frankreich ausgeführt.

Die bereits mehrfach erwähnte Jahres-Uebersicht über die Gesetzgebung 2c. hebt hervor, daß die gewerblichen Etablissements fast aller Branchen in Folge der, durch die Friedensverträge zugestandenen Zollbegünstigungen, theils aber auch durch den allgemeinen Aufschwung der Industrie während des Jahres 1872 reichliche und vortheilhafte Beschäftigung gehabt haben. Nur die Baumwollweberei und ein Theil der Spinnerei haben unter der Concurrenz der im Veredlungsverkehr von Frankreich eingeführten Nessel und Garne zu leiden gehabt. Handelskammern bestehen jetzt in Straßburg, Mülhausen, Metz und Colmar. Diejenige in Metz, welche während des Krieges zu bestehen aufgehört hatte, ist im Juni 1872 wieder in Thätigkeit getreten. In Colmar hat eine Vermehrung der Mitgliederzahl die Allerhöchste Genehmigung erhalten. Die Geldver-

[1] Straßburger Handelsblatt, Nr. 46 pro 1873.

hältnisse waren in letzter Zeit durchgehends befriedigend. Die Geschäftsthätigkeit der Preußischen Bank — welche Commanditen in Straßburg, Mülhausen und Metz besitzt — und der anderen neu eingerichteten Bank-Institute dehnte sich in erfreulicher Weise aus, ohne daß bei den ersten einheimischen Bankhäusern ein Rückgang bemerklich geworden wäre.

Diejenigen Schriftsteller, welche die Geschichte Straßburgs zu ihrem Studium machten, haben nachgewiesen, daß dieser Ort sich in fünf verschiedenen Zeitabschnitten wesentlich vergrößert habe [1], nämlich zum ersten Male in der Zeit von 750—800, zum zweiten Male im dreizehnten Jahrhundert, zum dritten Male am Ende des dreizehnten und am Anfange des vierzehnten Jahrhunderts, zum vierten Male in der Zeit von 1374—90 und zum fünften Male am Anfange des sechszehnten Jahrhunderts. Unter französischer Herrschaft hat diese Stadt nicht einen solchen Aufschwung genommen, wie beispielsweise die Städte im Rheinlande; so steht sie im Vergleich zu Köln, das ebenfalls durch Festungswerke eingeschnürt ist, gar wesentlich zurück. Offenbar hat bei Straßburg die politische Trennung des linken vom rechten Rheinufer störend eingewirkt, dann aber auch die französische Centralisation. Die Straßburger geben es zu, daß ihre besten Handwerker, ihre geschicktesten Arbeiter stets nach Paris gingen, woselbst sie größeren Verdienst erhielten, während in Straßburg die weniger geschickten Handwerker und Arbeiter aus den kleineren Orten verblieben. Paris zog die besten Kräfte an sich. Dies wird voraussichtlich nun anders werden, nachdem Straßburg mehr auf sich selbst angewiesen ist. An Raum zur Entwickelung wird es nach der bevorstehenden Niederlegung der inneren Festungswälle alsbald nicht mehr fehlen. Nachdem durch das Einführungsgesetz vom 8. Januar 1873 die Reichsgesetze über die Freizügigkeit vom 1. November 1867 und über die Erwerbung und den Verlust der Bundes- und Staats-Angehörigkeit in Elsaß-Lothringen eingeführt sind, hat sich die Einwohnerzahl Straßburgs in den

[1] Silbermann, Piton, a. o. O.

ersten 8 Monaten dieses Jahres nach amtlichen Erhebungen um circa 8000 Personen vermehrt. Wenn nicht alle Anzeichen trügen, dürfte der Ort noch lange in ähnlichem Fortschreiten bleiben. Zu einem Aufschwunge desselben in geistiger und materieller Beziehung werden gewiß die deutsche Regierung als auch die Initiative der Bewohner selbst beitragen. Erstere hat bereits treffliche Unterrichtsanstalten geschaffen und trägt sich nunmehr mit dem Gedanken der Begründung einer Kunstgewerbschule[1], wofür in Straßburg ein sehr geeigneter Boden sein würde, während von Privat-Personen die Einrichtung einer permanenten Gewerbe- und Industrie-Ausstellung daselbst angeregt worden ist. Es wäre wünschenswerth, daß diese glücklichen Gedanken alsbald zur That werden möchten. In dem erlassenen Prospect[2] über die letztere Unternehmung heißt es unter Anderem: „Die Stadt Straßburg geht in der Großartigkeit ihres Handels[3] und in der Entwickelung ihrer Gewerbthätigkeit, seitdem

---

[1] Dieser Gedanke ist von dem, inzwischen nach Leipzig versetzten Professor der Kunstgeschichte Springer in einem gehaltvollen Vortrage näher ausgeführt worden.

[2] Von Herrn Kaufmann Trätmar in Straßburg verfaßt.

[3] Dies wird neuerdings auch in einer Vorstellung einer Anzahl Kaufleute Straßburgs an das Bezirks-Präsidium daselbst wider die Einführung eines anderweitigen Octroi-Tarifs im Orte anerkannt. Es heißt in der Begründung des betreffenden Gesuches sehr bezeichnend:

„Seit der Einverleibung Elsaß-Lothringens in Deutschland hat sich in hiesiger Stadt neben dem Landesproduktengeschäft der Handel in Kolonialwaaren, in amerikanischen Artikeln u. s. f. in einer vorher nicht gekannten Weise entwickelt. Die Bezugsquellen sind andere geworden, es wurden neue Verbindungen mit Holland, England und den Vereinigten Staaten angeknüpft. Das Absatzfeld hat sich erweitert und wie früher nur die nächste Umgebung den Geschäftsrayon bildete, so ist jetzt ganz Süddeutschland dem freien Verkehr eröffnet und Straßburger Häuser haben ihre Verbindung nach der Schweiz, Oesterreich u. s. f. ausgedehnt. In entgegenkommender Weise werden von kaiserlichen Bahn- und Zollbehörden alle diejenigen Maßregeln angestrebt, die fernerer Entwickelung des Handels dienlich sein können, und tief wäre es zu beklagen, es sich in glücklicher Weise gefügt hat, daß Elsaß und Lothringen dem deutschen Reiche wieder angehören, einer Zukunft entgegen, der sich wenige Städte in ähnlicher Art zu rühmen haben. Schon jetzt bildet Straßburg, als die Pulsader des regen Verkehrs, die Hauptstadt des südwestlichen Deutschlands. Die Umsicht und der Gewerbefleiß seiner Bewohner rufen bei dem Wohlwollen der Kais. Staatsregierung auf dem Gebiete der Wissenschaft und Kunst, des Handels und der Industrie immer mehr die Zeiten der Blüthe Straßburgs in seiner großen Vergangenheit zurück, und es ist daher sehr erklärlich, daß der außerordentliche Fremdenverkehr, sowie das Zusammenströmen der geistigen und materiellen Erzeugnisse mit immer gebieterischer Nothwendigkeit auf die Errichtung eines Unternehmens hinweist, dessen sich minder große Städte unter ungünstigeren Verhältnissen mit bedeutendem pekuniärem Erfolge zu erfreuen haben." Wichtig ist die Mittheilung in dem gedachten Prospecte, daß bereits die gewerbreichsten Gegenden Deutschlands und ebenso bedeutende ausländische Fabriken die Zusendung der Muster ihrer Fabrikate nach Schluß der Wiener Weltausstellung zugesagt haben. Aehnliche Gedanken hat Herr Dr. Engel bereits 1870 gehabt, als er schrieb: „Der Glanz aller dieser (der elsässischen) Industrie ist seither Frankreich zu Gute gekommen. Die großen elsässischen Industriellen hatten die Augen immer auf Frankreich, ja sogar nur auf Paris gerichtet. Das wird jetzt anders werden, und von dieser Veränderung wird Straßburg, als Vorort des elsässischen Gewerbefleißes, am meisten Nutzen ziehen. Dort werden dessen herrliche Erzeugnisse

---

wenn durch Einführung des vorgeschlagenen Tarifs dem Handel neue Fesseln angelegt würden, wenn das eben aufblühende Geschäft durch Umständlichkeit erschwert und so die Unternehmungslust, der Zuzug neuer Geschäftsfirmen verhindert würde! Die wichtigsten Handelsplätze Süddeutschlands, wie Mannheim, Frankfurt, Heilbronn u. A. kennen die städtischen Consumsteuern auf Artikel des großen Handels nicht und die Unterzeichneten sind überzeugt, daß sich der Verkehr dieser Städte nie in solcher Weise entwickelt hätte, wenn er durch die Umständlichkeiten, die nothwendigermaßen mit der Einführung des Octroi verknüpft sind, erschwert wäre."

in große Bazars, in permanente Ausstellungen vereinigt werden, ähnlich wie Leipzig der Bazar für die sächsische Industrie ist[1]."

Mülhausens schnelle Entwickelung habe ich bereits oben angedeutet; indessen vermag ich nach vorstehenden Erörterungen nicht die Meinung des elsässischen Geschichtsschreibers Spach über diese Stadt in seiner neuesten, werthvollen Schrift[2] zu theilen, wenn er sagt: „Binnen Kurzem wird Mülhausen Straßburg überflügeln, auch wenn letzteres, nach transitorischer Unterbrechung, einen neuen Anlauf nehmen und in neue commercielle Bahnen treten sollte." Wahrhaft interessant ist die Charakteristik dieses bedeutenden Industrie-Orts in dem gedachten Werke; es heißt dort: „Mülhausen bildet im Elsaß einen besondern Centralpunkt; es ist ein eigener Mikrokosmos. Straßburg ist der Repräsentant der Vergangenheit; die Stadt Mülhausen, die Schöpfung des neunzehnten Jahrhunderts, birgt eine großartige Zukunft in ihrem Schooße. Ebenso gut wie Straßburg hat es eine in die Jahrhunderte weit hinaufreichende, ruhmvolle Geschichte; im Bunde mit der freien Schweiz behauptete die kleine Stadt bis zum Schlusse des vorigen Jahrhunderts ihre republikanische Unabhängigkeit; dann brach sie endlich zusammen; verschlungen wurde sie vom Minotaurus der französischen Revolution; allein, indem sie aufging im, damals zu großen Thaten sich aufraffenden Frankreich, erwachte sie zu frischem Leben, großgesäugt an der Brust der Göttin der Neuzeit, aufgezogen auf den Knieen der üppigen Industrie."

Dieser Ort macht auf den Beschauer sehr verschiedene Eindrücke, je nachdem man ihn an einem Werktage oder an einem Feiertage betritt, oder je nachdem man ihn aus dem Gesichtspunkte eines Alterthumsforschers oder eines Volkswirthes ansieht. Wenn die Werkstätten feiern, wenn, beispielsweise an einem Sonntage, die spitzsäuligen Schornsteine ihre schwarzen Dampfwolken nicht ausstoßen, könnte Mülhausen von Weitem als eine orientalische Stadt mit

---

[1] Engel, a. o. O.

[2] Moderne Culturzustände. Straßburg, Trübner, 1873.

ihren, in die Luft aufsteigenden Minarets erscheinen. Man könnte fast glauben, die Imans auf den Thürmen von rothen Ziegelsteinen erscheinen zu sehen, um die Kinder Mahomeds zum Gebet zu rufen. Betritt man jedoch diesen Ort und erkennt man erst die prosaischen Schornsteine, die schwerfälligen Schuppen, die durchräucherten Werkstätten, welche am Ruhetage noch die Spuren von der Arbeit des vorhergehenden Tages tragen, sieht man diese, nach erfolgter Schließung der Läden, so stillen Straßen und die so angegriffen aussehenden Gesichter vieler Vorübergehenden, so kühlt sich das Interesse für diese, als Industriestadt des Elsaß so hoch erhobene Stadt unter dem Einflusse der, von Kohlendampf geschwängerten Luft sehr ab und man denkt nicht ohne Bedauern an die mechanischen Arbeiten der vielen Menschen, mitten in dem fortwährenden Geräusche der Maschinen. An Sonn- und Festtagen sind die Straßen, insbesondere in dem Arbeiterviertel, sehr leer, weil ein großer Theil der Bevölkerung dann die Stadt geflohen hat. Dagegen macht sich alsdann ein sehr reges Leben und Treiben in der Umgegend bemerkbar, wohin Tausende von Arbeitern, welche die Woche hindurch an den Webe- Spinn- und Druck-Maschinen emsig beschäftigt waren, gleichwie die Bienen aus ihrem Korbe, ausgeschwärmt sind, um die goldene Freiheit zu genießen [1].

Die drittgrößte Stadt des Reichslandes, Metz, ist im Wesentlichen eine Festung und zwar die stärkste von allen im Lande. Diese Eigenschaft tritt dem Beschauer auch auf den Straßen entgegen. Die Zahl der Einwohner ist in den letzten Jahren zurückgegangen; sie betrug 1861, 56,688; 1866, 54,817; 1871, 51,388, worunter 10,955 Militair-Angehörige. Der Handel ist nicht unbedeutend. Die plötzliche Abtrennung der Stadt von Frankreich hat gerade dort sehr störend eingewirkt. Es wird voraussichtlich einiger Jahre bedürfen, ehe die Handelsbeziehungen sich wieder mehr beleben. Obschon die Straßen sehr unregelmäßig sind, und man bald den Eindruck erhält, daß man sich in einer alten Stadt befinde, ist Metz

---

[1] Nach LEVRAULT, Esquisses du Haut-Rhin. Revue d'Alsace, 1836.

doch eine verhältnißmäßig schöne Stadt zu nennen, zumal sie sich durch schöne Gebäude und größere freie Plätze auszeichnet. Die Spuren aus der Zeit, da sie deutsche „freie Reichsstadt" war, sind sehr verwischt; heutzutage macht sie unverkennbar den Eindruck einer französischen Stadt. Dennoch kann dem aufmerksamen Beobachter nicht entgehen, daß noch etliche Wahrzeichen aus früherer Zeit vorhanden sind. Besonders im östlichen Theile der Stadt, an der Seille, befinden sich Straßen von prägnant deutscher Bauart. Ferner deutet darauf die große Anzahl deutscher Namen der Bewohner hin [1].

Zum Schlusse sei noch ein Blick auf die ehemaligen freien Reichsstädte im Elsaß gestattet, die im Mittelalter so ausgedehnte Rechte besaßen. Einige davon sind nachgerade zur Bedeutungslosigkeit herabgesunken. Dies giebt auch der elsässische Schriftsteller Ch. Grad [2] zu, wenn er etwa sagt: „Seht Euch Kaysersberg, Oberehnheim und Türkheim an, diese Städte des Zehn=Bundes, ehemalige freie Reichsstädte, welche aus dieser Veranlassung zwischen Mauern eingeschnürt, kleine Festungen waren, die heute verfallen sind, ohne daß jedoch die Luft durch die Breschen gehörig circuliren kann. In diesem Labyrinth krummer Gäßchen, alter Häuser mit den hoch aufsteigenden Giebeln, die sich aus Altersschwäche zum Theil geneigt haben, kleiner finsterer Höfe, die mit Misthaufen und Wagen angefüllt sind, in denen Kinder mitten zwischen der lärmenden Hühnerschaar spielen, glaubt man sich in jene fremde Hauptstadt versetzt, welche Mephistopheles dem Faust beschreibt:

> Krummenge Gaeßchen, spitze Giebeln,
> Beschränkter Markt, Kohl, Rüben, Zwiebeln,
> Fleischbänke, wo die Schmeisen hausen......

„Und doch gedeihen diese Marktflecken oder kleinen Städte, welche mindestens das Verdienst des Pittoresken haben, sehr gut. Der

---

[1] Nach Fischer, P. D. Mag. f. Lit. des Ausl. Nro. 14 pro 1871.

[2] Grad, Aperçu statistique et descriptif sur l'Alsace, etc. Revue d'Alsace, 1872.

größere Theil der Bewohner erfreut sich eines gewissen Wohlstandes. Jeder Eigenthümer hat seinen Weinkeller mit edlem Wein gefüllt und rühmt sich dessen, daß er den besten selbst gekeltert habe."

Wer wollte nach den vorstehenden Andeutungen daran zweifeln, daß Elsaß-Lothringen in Deutschem Besitze sich kräftig entwickeln wird, und ferner auch, daß in den Bewohnern dieses Landes noch ein gutes Theil deutschen Wesens, ächt deutscher Volkstüchtigkeit steckt? Deutsche Stärke und Eintracht haben zurückgewonnen, was vor circa 200 Jahren deutsche Schwäche und Zwietracht verloren hatten. Es wird jetzt die Aufgabe der Deutschen Behörden sowie des ganzen Deutschen Volkes sein, auch die Herzen der Bewohner des Reichslandes dem Deutschem Vaterlande zu gewinnen.

Während des Druckes dieser Schrift sind die Dampfschiffe „Stadt Mannheim" und „Roland" der vereinigten Köln-Düsseldorfer Dampfschifffahrts-Gesellschaft am 18. und 19. Juli c. zum ersten Male in Straßburg eingetroffen. Die Wieder-Eröffnung der Dampfschifffahrt zwischen Mannheim und Straßburg hat am 20. Juli c. stattgefunden. Die zuversichtlichen Behauptungen des Wasserbaudirektors Grebenau, daß der Rhein auf der Strecke Mannheim-Straßburg schiffbar sei, haben sich also vollständig bewahrheitet. Die Fahrpreise auf der neuen Dampferlinie Straßburg-Köln sind folgende: 1) nach Maxau: I Platz (Salon) 3 Fr. 25 C., II Platz 2 Fr. 25 C.; 2) nach Speyer: I Platz 5 Fr., II Platz 3 Fr. 40 C.; 3) nach Mannheim: I Platz 6 Fr. 25 C., II Platz 4 Fr. 25 C.; 4) nach Mainz: I Platz 8 Fr. 50 C., II Platz 5 Fr. 75 C.; 5) nach Köln: I Platz 17 Fr. 50 C., II Platz 11 Fr. 75 C. &c. Bei Gütern besteht ein Spezialtarif für viele Artikel I Klasse in Sendungen von mindestens 25 Ctrn., außerdem ein gewöhnlicher Tarif I und II Klasse, ein solcher für sperriges Gut, sowie auch für Werthsachen. So ist beispielsweise zu entrichten für Sendungen nach Maxau im Specialtarif für 50 Kilogr.: 35 C.; I Klasse: 40 C.; II Klasse: 50 C.; sperriges Gut: 90 C.; Werthsachen: a) pro Mille 50 C.; b. Minimum 75 C. &c.

Die Wiedereröffnnng der Dampfschifffahrt bis Straßburg, welche voraussichtlich alsbald auch der Segelschifffahrt zu Gute kommen wird, ist gewiß für Straßburg und das Elsaß von großer Bedeutung.

Straßburg, „edele" Stadt an des Rhein's smaragdener Welle,
Denk' der entschwundenen Zeit, da Du Herrscherin warest am Rheinstrom,
Wasgaus feurigen Trank des Nordens Bewohnern sandtest
Und von des Rheines Schiffern die köstlichen Waaren empfingest,
Welche Natur und Kunst geschenkt den anderen Zonen.
Glückliche Zeit, in der Dein Kaufhaus strotzte von Segen,
Welchen der Rhein Dir gebracht von des Meeres entfernten Gestaden!
Damals glänzte vor Allem die Zunft des rührigen Ankers,
Blühender Handel und Schifffahrt gediehen in traulichem Bunde.
Bis in die Schweiz hinauf trug Deine silbernen Wappen
Mächtiger Ruder Gewalt und erwarb Dir biedere Freunde.
Jetzt noch erzählet das Lied vom Züricher „glückhaften Schiffe,"
Welches den Hirsbrei trug auf des Limmats brausenden Wogen,
Bis in den Rhein hinab nach Straßburgs gastlichen Mauern.
Ach, es verheerte sodann Germaniens trauernde Fluren
Lange Jahre hindurch des Krieges blutige Geißel,
Und in des Streit's Wirrwarr, in welchem sich Brüder bekämpften,
Wardst Du, Perle des Rheines, o Straßburg, Beute des Nachbars.
Basel aber und Mainz, die Erben Deines Betriebes,
Suchten und fanden den Schatz, der Deinen Händen entschlüpfte.
Bald verödete dann des Rheinstrom's obere Hälfte,
Welcher die Dampfschifffahrt nur keuchendes Leben zurückgab,
Bis sie sterbend erlag des Schienwegs eisernem Dampfroß;
Selbst der Kanäle Kraft vom Tode nicht konnt' sie erretten,
Denn sie vermochten nicht zu ersetzen den herrlichen Rheingott.
Drum begrüßet dies Lied der Schifffahrt Wiedereröffnung,
Denn sie verheißet uns ja die Zeit andauernden Friedens.
Straßburg, „edele" Stadt an des Rhein's smaragdener Welle,
Gerne reihet Dich an — dem Bündniß fröhlicher Kinder
Deutschlands sorgende Mutter, die ach, so lang Dich vermißte!
Handel und Schifffahrt erblüh'n, zum innigsten Bunde vereinet,
Und vernarben wird bald die jetzt noch blutende Wunde.

Anhang.

1) Enckerzunft-Artikelbuch[1].

(Statuten der Schiffer in Straßburg.)

1. Das nieman in das antwerck griffen sol.

Wer der ist, der nit mit uns dient[2], und unsern aynung nit hat, er sie burger oder lantman, der sol keinen win oder sus andern last umb lon füren den Rin abe oder uff, oder in alle ander walt wasser, kein wasser ußgenomen. Und wer das darüber tette, der sol bessern vier pfunt pfennig. Do süllent die halben in der stette Stroszburg ungelt werden, und die andern halben unserme antwercke. Ist es ein Lantman und wolte der besserunge ungehorsam sin, so sol man sin lip und sin gut nemen und angriffen untz uff die zit, das dem antwerck sin voelle geschiht. Ist

1. Daß Niemand unberufen sich der Schifffahrt unterziehen solle.

Jemand, der nicht zur Zunft gehört, sei er Bürger oder Landmann, darf um Lohn weder Wein, noch sonst eine Ladung, den Rhein oder irgend ein anderes Waldwasser hinab oder hinauf führen. Wer dagegen handelt, der soll vier Pfund Pfennige zahlen, von denen die Hälfte dem Stadtfiskus, die andere Hälfte der Zunft anheimfällt. Ist der Uebertreter ein Landmann, und weigert sich, die Strafgelder zu entrichten, so soll er an Körper und Gut angegriffen werden, bis er Genugthuung leistet; ist es aber ein Bürger, so soll er vor das Zunftgericht gezogen werden, und sich dem über

[1] Das Enckerzunft-Artikelbuch ist ein Buch, das aus hundertundein Pergamentblättern besteht; es umfaßt die Statuten nebst den dazu beschlossenen Abänderungen aus der Zeit von 1350 bis 1748. Auf den vierundvierzig ersten Blättern sind die Initialen gemalt, die erste Seite des dritten Blattes hat außerdem einen bemalten Rand.

[2] Zu einer Zunft dienen, heißt zu derselben gehören und alle Verbindlichkeiten erfüllen, welche die Verbrüderung auferlegte.

es aber ein burger, so sol man ime für unsers antwerckes gerihte gebietten, und sol in zu rede setzen, das er in unser antwerck gegriffen het. Sprichet er danne: er woelle gerne recht geben und nemen vor unsers antwerckes gerihte [1], was urteils danne uff in gevellet, dem sol er gehorsam sin und sols bessern, also do vor geschriben stot. Und weller stierman, der also hinnan fuert, der ebssert drü pfunt unserme antwerck sünderlich. Und ein vorstender 50 sol. den. Und ein lappemann ein Pfunt. Und ein rupknecht [2] 2 libr. den. Und sol ime ouch unser keiner kein gelt lihen der mit uns dient, und weller das darüber tette, der besserte ouch 2 libr. den. Und die selben sol man rügen, noch hoersagen und sol nit dem eide darvon gon, und sols bessern, also do vor geschriben stot. Und sol dem antwerck alles sin reht dannoch behalten sin, umb die vorgenanten vier pfund pfennie, also meister und rot erkant het (Fol. III).

ihn gefällten Urtheil unterwerfen. Ein Steuermann, der sich auf obenberührte Weise verfehlt, zahlt drei Pfund; ein Vorständer dreißig Schillinge, ein Lappmann ein Pfund, und ein Schiffknecht zwei Pfund. Wer auch von den Zunftgenossen einem solchen Geld leiht, zahlt zwei Pfund. Dabei ist persönliche Verantwortung durch den Eidschwur nicht gültig, da solche Dinge vielmehr nach der mündlichen Aussage sollen gerichtet werden, und die Zunft darum ihr Recht, um vier Pfund zu strafen, dennoch behält.

[1] Dies Gericht hatte zwei Zunftmeister, die halbjährlich abwechselten, und dreizehn Beisitzer, zwei Harrer (Gerichtsdiener) und einen Schreiber, nebst dreizehn Rügern oder Geschwornen, die Alles, was gegen die Statuten gethan wurde, dem Gerichte mittheilten, außerdem noch fünf Büchsenträger.

[2] Auch rügknecht genannt: eine ihrer Arbeiten war, das Schiff rein zu erhalten.

2. Das antwerck kouffen.

Wer der ist, der unser antwerck kouffen wil, der sol geben II pfund, VII schilling, IIII pfennig, umb das antwerck, bar, der XV ordenunge noch; und sol geloben dem antwerck getruwe und holt zu sin, sinen nutz zu fürdern, sinen schaden zu wenden, on alle geverde. Von dem gelte gehoert XXVIII pf. nemlich, 1 schilling pf. den cunstovelere zum encker; die süllent ouch eime sollichen einen imbs schencken, und jedem harrer VI pf. und dem schriber IIII pf. in zu schriben (Fol. VII b).

2. Aufnahme in die Innung.

Wer sich in die Schifferzunft will aufnehmen lassen, zahlt zwei Pfund, sieben Schilling, vier Pfennig baar für die Aufnahme, und verspricht der Zunft treu zu sein, ihren Nutzen zu fördern, und was ihr schädlich sein könnte, abzuwenden; davon erhält die Zunftstube zum Encker einen Schilling, wogegen sie dem Neuaufgenommenen eine Mahlzeit giebt. Jeder Harrer erhält sechs Pfennig, und der Schreiber vier Pfennig, als Gebühr für das Einschreiben.

3. Harnsch.

Wer der ist, der mit uns dient und schiff fertigen wil, der sol vor sinen gantzen harnsch haben, ee er schiff fertiget, und also dicke einer also one harnsch funden würt, so bessiert er 5 schilling pfennig.

3. Von der Schiffer Bewaffnung.

Jeder Genosse der Schifferzunft soll, ehe er die Schifffahrt beginnt, zuvor seine ganze Bewaffnung haben, und so oft es sich findet, daß er damit nicht gehörig ausgestattet ist, zahlt er fünf Schillinge Strafe.

Den Harnsch sufer halten.

Der ouch mit uns dient und nit schiff fertiget, der XX libr. wert gutz het, oder me, der sol ouch sinen gantzen harnsch haben;

Wie die Waffen sollen gehalten werden.

Wer Schiffer ist, ohne selbst Schiffe zu haben, und ein Vermögen von zwanzig Pfund Werths oder mehr besitzt, der soll auch und süllent den ouch sufer und reine halten. Und wanne der meister und das gerichte erkennent das man harnsch besehen sol, weller danne sinen harnsch nit hat, der bessert 5 schilling pf. also dicke er on harnsch funden wurt, also vorstot.

Wie der harnsch sin soll.

Ein gantz harnsch sol sin: ein hube oder isenhut, ein krage, ein pantzer, ein blech, ein schurtz, ein paar hentschu, stoesse, beingewant, einen spies, oder ein hallenbart, oder ein mortax, und ein swert (Fol. 8[a]).

seine ganze Bewaffnung haben, und soll sie rein und sauber halten; und wenn Meister und Gericht beschließen, daß Waffenschau solle gehalten werden, muß, wie schon gesagt, der, welcher keine Bewaffnung besitzt, fünf Schilling Pfennig Strafe zahlen.

Was für Waffen Jeder haben soll.

Eine vollständige Bewaffnung ist: ein eiserner Hut, ein Halskragen, ein Panzer, ein Blech, ein Schurz, ein Paar Handschuh, Stöße, Beinschienen, ein Spieß oder Hallebarde, oder eine Streitaxt und ein Schwert.

4. Wie man für das münster zu der banner ziehen sol.

Were es ouch, do got vor si, das ein für ußginge oder das ein geschelle gesche, also das man stürmen wurde, so sol menglich der mit uns dient und der in stette gesessen ist, fürderlich zu der baner gon uff die nuwe brucke, und sich aldo sammeln, und danne mitten ander vor das münster ziehen. Wer es aber das man in der naht stürmen wurde, welle danne in cruttenouwe gesessen sint,

4. Wie die Zunftgenossen vor das Münster ziehen sollen.

Im Fall einer Feuersbrunst oder eines Auflaufs, sobald die Sturmglocke ertönt, soll jeder in der Stadt anwesende Zunftgenosse sich zu seinem Banner, auf die neue Brücke, begeben, von wo man hernach vor das Münster zieht. Ereignen sich vorgenannte Fälle in der Nacht, so sammeln sich die in der Krautenau wohnenden Zunftgenossen auf der Stephansbrücke, und ziehen dann, die süllent uff sant Steffans brucke zu der cleinen baner gon und sich aldo samelen; und wanne man sant Steffans toerlin uff tut, so süllent sie mittenander ziehen vor das münster, und das clein baner zu tun und zu der grossen baner gon; und wanne der ammeister heisset wider heim ziehen, so ziehe aber iedermann mit siner baner wider heim. Und wer nit also zu der baner keme, der in der stat ist, der sol 5 schill. pf. dem antwercke bessern; es wer danne das einer eine kintbetterin hette, oder das im das für so nohe wer, oder eime sime angehoerigen fründe von gebürt, das er dem muste helffen floehen oder loeschen; und behebet der das by siner truwen, so sol er lidig sin (Fol. 10 b).

5. Schiff fertigen umb lon last, oder eigen last.

Wer schiff fertigen wil mit laste umb lon zu füren und der ein vol schiffmann ist, der mag wol zwei schiff fertigen und nit me, er und sin gemeiner [1]. Und wer der were,

sobald das kleine Stephansthor geöffnet wird, vor das Münster, wo das große Banner weht, nachdem sie zuvor ihre kleine Fahne eingezogen haben. Auf des Ammeisters Geheiß zieht man hernach in derselben Ordnung nach Haus zurück. Wer sich nicht auf dem Sammelplatz einfindet, zahlt fünf Schillinge Strafe, doch wird er von dieser freigesprochen, wenn er eine Kindbetterin zu Haus hat, oder das Feuer in seiner Nachbarschaft ausbrach oder er auch einem nahen Verwandten Hilfe leisten mußte.

5. Wie es auf der Schifffahrt auf fremde oder eigene Rechnung zu halten sei.

Ein jeder eigentlicher Schiffmann, der Waaren um Lohn führt, darf wohl in Gemeinschaft mit einem Andern zwei Schiffe laden, aber nicht mehr. Fährt er

[1] Ein Capitalist, der die Gelder zur Fahrt vorschießt.

der me danne zwei schiff fertigete nydewendig Nuwenburg den Rin abe, der bessert von iedem schiffe das er über zwei schiff fertiget III libr. den., es sige mit weller hande last es woelle. Ist es aber obwendig Nuwenburg den Rin uff, also manig schiff er danne über zwei schiffe fertiget, also manig pfunt pfennie sol er dem antwercke bessern. Und ist das alles zu verston, den Rin zu berge und in alle waltwasser. Were es aber das einer lichten müste, das sol ime keinen schaden bringen, also das kein geferde do by sie.

mit mehr als zwei Schiffen von Neuenburg (der Gränze des rheinischen Schiffergebietes für Strassburg) den Rhein abwärts, so zahlt er von jedem geladenen Schiffe, das über zwei geht, vier Pfund Pfennige; thut er dasselbe von Neuenburg den Rhein herauf, so zahlt er für jedes überzählige Schiff ein Pfund. Ist er durch die Umstände selbst genöthigt, auszuladen, so ist er keiner Strafe unterworfen.

6. Ein jeglicher mag wol schiff fertigen mit sime eigen laste, er diene mit uns oder nit.

Ein ieglicher, er diene mit uns oder nit, der mag wol schiff fertigen mit laste, also vil also er wil, also das der last sein eigen gut sie, und sol ime das keinen schaden bringen, also das er keinen froemden stierman, lappeman noch rübkneht nemen noch gewinnen sol, der nit mit uns dient, den Rin uff oder ab, oder in alle ander wasser. Er sol ouch keinen

6. Wer das Recht habe, ein Schiff mit Waaren beladen abfahren zu lassen.

Eigenes Gut kann Jeder laden, er sei Schiffer oder nicht; er soll keine Steuerleute, Lappenmänner und Schiffsknechte dingen, auch kein fremdes Gut laden. Sollte Einer, der nicht Zunftgenosse ist, solches zu thun sich erlauben, so wird ihm so lange an Leib und Gut nachgestellt, bis er obengenannte vier Pfund an den Zunftfiscus abgezahlt hat. Dem zünftigen Schifandern last anlegen der nit sin eigen ist, der selbe, der nit mit uns dient. Wer das verbrichet, dem sol man lip und gut stellig tun, untz das dem antwerck sin voelle geschiht um IIII libr. den., dem ersten artikel noch. Der aber mit uns dient, der mag wol andern last anlegen, und sol im das keinen schaden bringen (Fol. 14 a).

7. Do ein froemder schiffman last har bringet.

Weller schiffmann der froemde ist und nit mit uns dient und last har bringet den Rin har uff, der mag wol last mit ime widerumb enweg füren uff dem selben bodem, in den nehsten drigen tagen ungeverlich von dem tage also sin chiff ler würt, also das er fürderlich lere, und keine geverde darinne suche; und noch denselben drien tagen so sol er keinen last mit ime hinweg füren. Ist es aber das er zu berge fert hie zwischen und Colmar und des glichen in ander wasser, und das er danne lere har wider abe füre, so sol er hie zu Stroszburg keinen last dingen, noch mit ime hinweg füren. Wer es aber das einer dar-

fer ist es hingegen vergönnt, fremdes Gut zu laden.

7. Wenn ein fremder Schiffmann Güter nach der Stadt bringt.

Führt ein fremder Schiffer eine Ladung den Rhein herauf in die Stadt, so kann er auf demselben Schiffe wieder eine Ladung hinwegführen, wenn er sie innerhalb drei Tagen nach der Ausleerung seines Schiffes einthut, insofern dieselbe nach möglicher Schnelligkeit vor sich geht. Sind die drei Tage verflossen, so darf er nicht mehr laden. Fährt er aber den Strom hinauf, zwischen Strassburg und Colmar, und kommt leer wieder herab, so darf er hier nicht mehr laden. Thut er es dennoch, so hat die Zunft das Recht, ihm Schiff und Geschirr zurückzuhalten, bis er die vier Pfund Strafe bezahlt hat, und über last wolte hinweg füren oder hinweg fürte, so sol unser antwerck ime nemen schiff und geschirre, unz er mit unserme antwerck überkomet umb IIII libr. den., dem ersten artickel noch. Und sol ein sollicher sollichen last nit ferrer füren danne do er den last geladen het; und sol das die von Sletzstat und die die Ille uff farent die man die hosser nennet nyt anegan (Fol. 16 a).

die Ladung des Schiffs muß wieder bis an den Ladeort geführt werden. Dies betrifft aber die Schlettstädter und auch die Illfahrer nicht, die man die Hosser nennt.

8. Nit für abe farn der nit mit uns dient.

Wer der ist der nit mit uns dient und win oder andern last, der dem glich ist, die Ille zu tall oder den Rin oder har abe zu tale har in dise stat bringet, denselben last sol nieman für abe füren, danne die schifflüte zu Stroszburg; und sol dis das Rastetter geferte nit angon, noch deßglichen. Und wer das dar über tette, der besserte IIII libr. den. (Fol. 20 a)[1].

8. Fremde Schiffer sollen keine Waaren das Wasser herab weiter als die Stadt hinabführen.

Fremde Schiffer, die Wein oder ähnliche Ladungen die Ill oder den Rhein herab in die Stadt führen, müssen den weitern Transport derselben den Straßburger Schiffern überlassen, die Fahrten nach Rastatt und ähnliche ausgenommen: sonst ist die Strafe vier Pfund.

[1] Strobel, vaterländische Geschichte des Elsasses. Straßburg 1872.

2) Fryheit von der Rine-Brucken wegen zu Straßburg.

WJr Wentzelauw von Gotz Gnaden Römischer Kunig, zu allen Zyten Merer des Richs und Kunig zu Böheim, Bekennen und tunt kunt offenlichen mit disem Brieffe, allen den die in sehen oder hören lesen, Das wir von der nuwen Brucken wegen die unser und des Richs lieben getrouwen, der Burgermeister, Rate und Burger der Stat zu Straßburg über den Ryne by Straßburg geslagen und gemaht haben, eigentlichen underwiset sint daz dieselbe Brucke dem Riche und dem Lande nutz ist, wann groß und vil Wandels do selbs über den Rin ist, meniglichem hin und her wider zu faren, und das die Schiffe uff dem vare von Wassers und Unwitters wegen niht gefaren mögen, und ouch ettewenn Lute grossen Schaden uff denselben varen haben genommen, und do von soliche Schaden zu versehen, So haben wir für uns und unsere nochkommen an dem Riche mit wolbedahtem mute, gutem Rate und rehter wissen von Kunigclicher Mehte den vorgeschribenen Burgern zu Straßburg und iren nochkommen die egenante Brucke und dise besundere Gnade und volle Gewalt gegeben, und gebent yn ouch den in Krafft dis Brieffes, daz sie und ire nochkommen dieselbe Brucke mit allen Rehten und Nutzen als sie die gehabt habent und yetzunt haben, ynne haben bessere und behuten sollent, und obe es not beschiht von Wassern, die zu Rucken und uff ein ander stat zu Slahen glicher wise als die yetzunt ist one aller menglichs Hindernisse und Widerrede, Doch sol uns und den unsern die selbe Brucke offen sin wenne und wie ofte wir der bedurffen, wider aller menglichen niemand des ußgenommen, ußgenommen alleine die Stat zu Straßburg, Vnd gebietten darumb allen Fürsten geistlichen und weltlichen, Grofen, Fryen, Dienstluten, Rittern, Knehten, Houptluten, Amptluten, Richtern, Burgermeistern, Reten und Gemeinschafften der Stette, Merckte oder Dörffere, undertanen ernstlichen und vesteclichen mit disem Brieffe, daz sie die egenanten Burgere und Stat von Straßburg an solichen Gnaden und der Brucken nicht hindern, irren oder do wider tun in dhein wise, Sunder sie do by geruhlichen und ungehundert bliben lossen, Als liebe yn syc unsere und des Heiligen Riches swere Ungnade zu vermiden, Mit Urkunde dis Brieffes versigelt mit unser Kuniglicher Mayestat Insigele, Der geben ist zu dem Betteler do man zalte noch Cristus geburt, Dryzehenhundert Jare und darnoch in dem dru= und nunzigesten Jare an dem nehesten Dunrestage noch der Heiligen Dryvaltikeit tage unsere Riche des Böhemischen in dem drissigesten und des Römischen in dem Sibenzehenden Jaren.

(L S) Ad Mandatum D. Regis referentibus D. Lamperto Bambergensi Episcopo et Borzyvvigio de Svvimars, Franciscus Olomozensis Canonicus.

J. R. Wencesl. de Olomutz.

(Aus Wencker, Collectanea jvris pvblici etc. Straßb. 1702.)

---

3) Schöffenbeschluß in Betreff des Schiffbarmachens des Breusch-Flusses vom 9. Dezember 1402 [1].

Also der erwürdige herre, herre Wilhelm byschof zu Straßburg vnd wir des mitte einander überkommen sint, das man durch des landes vnd vnsere stette nutzes willen das waßer die Brüsche verig machen sol, das man mit flößen, schiffen, vnd andern dingen, die Brüsche vffe vnd abe varen müge. vnd der vorgenant herre der byschof die egenante Brüsch jn sime kosten bitze von Mollesheim verig gemacht het vnd wir sie vürbasser abe her, verig machen söllen mit tichen [2] vnd andern dingen die dar zu notdurftig sint, vnd vnser stat das anegeuangen het zu tunde vnd etwie manigen tich gemacht hant, do sint vnsere herren meister vnd rat, schöffel vnd amman überein

---

[1] Aus dem sogenannten Heimlichen Buche (Schneegans, Straßburgische Geschichten ꝛc.)

[2] Tich bedeutet auch Wehr oder Wuhr, wie man im Elsaß sagt.

kommen mit rehter urteil vnd hant es ouch erteilt, das ouch danne das stete sin vnd bliben sol, vnd das vnser stat die Brüsch vür sich vff verig machen soll mit tichen vnd andern dingen wie man sie verig sölle machen, das man do an keinen kosten sol sehen, vnd solte es joch noch kosten drühundert pfunde oder vierhundert pfunde pfennige vnd me, wenne wol mercklich vnde empfindeliche ist, wenne die Brüsch verig wurt daz daz vnsere stette vnd dem lande großen manigualtigen nutz vnd frommen bringet das vnser stat des kosten wol ergetzet wurt, vnd sol man ouch daz tun noch einander vnd nit verziehen wile man die sache komen ist, vnd sol dise vrteil alle jar ein rat dem andern in den eyt geben zc haltende. Actum sabato post diem sancti Nicolai episcopi anno domini M° CCCC^mo secundo.

---

4) Straßburger Meßordnung vom Jahre 1415.

Als der Allerdurchluchtigeste Fürste und Herre Herr Sygmund von GOttes Gnaden Röm. Künig zu allen Ziten Merer des Rychs, zu Ungern, Dalmatien, Croatien ꝛc. Kunig unser Stet zu Stroßburg die Gnade geton hat, daß wir eine Meß in derselben unsere Stat haben söllent und mögent, die da alle Jore sol anefahen 14 Tage vor S. Johans Tage zu Sungihten, und sol weren 14 Tage noch deßelben S. Johans Tage, und wart ouch dieselbe Meße also angefangen, under Herr Johans Lutold von Mulnheym Ritter dem Meister und Her Johans Betschold dem Ammanmeister, des Jors do man zalete von Christi Geburt viertzehen hundert und funffzehen Jore.

Also sind auch unsere Herren Meister und Rat, Schöffel und Amman übereinkommen, daß alle Wurte und Wurtinne in unsere Statt Straßburg und ouch alles ihr Gesinde, daß zu ynen gehöret, allen Kouffluten und Gesten, die do harkoment, Zucht und Ere bieten söllent und su tugentlich halten, mit irre Herberge, und ouch bescheidentlich mit Koste und Zerunge.

Were auch, daß yeman wer der were, deheyme Gaste Unzuht

oder Smeheit butte, mit Worten oder mit Wercken, daß wellent und söllent es auch Meister und Rat die danne zu Ziten sind, strenglich und vesteclich rihten, und rehtvertigen uffe den Eyd, noch den Schulden die danne gescheen und ergangen sind.

Es söllent ouch alle Meßen alle Jore fry sin, daß yederman mag kouffen und verkouffen, was Kouffmanschafft man harbringet, one mengliches Widerrede und Irrunge.

Es soll menglich fry sin aller Zölle, er sy frömde oder heymech, ußgenommen, Vngelt, Malegelt, Inlegegelt, von yedem Fuder zweene Schillinge, Krangelt, Brückegelt, Hußgelt, und ouch visiere Gelt.

Die Brot Kerriche söllent keynen Zoll geben, anders, danne an den Toren, ein Wagen iiij pf. und ein Karrich ij pf. domitte gewinnet man ouch einen guten Brotmerckt.

Es mag ouch ein yegelich Gast oder Kouffman sin gut und Kouffmanschafft furen und tun, in welches Wurtes Huß oder war er danne wil zu Straßburg und ist daß mit namen zu verstonde, in den 4 Wochen diewile die Meße weret, und wenne die Meße ein Ende hett, so soll ein yegelich Wurt oder Wurtinne an dem nehesten Tage noch den 4. Wochen, Iren Gesten verkunden und sagen was Gutes oder Kouffmannschafft Su danne vorhanden habent, daß su das fürderlich in ahte Tagen schaffent und dunt, in das Kouffhuß, und welch Wurt oder Wurtine daß nicht anhieltent, der, oder die söllent fünff Pfund pf. beßern;

Doch empfunde ein Wurt oder Wurtin, oder hinder wen solch Gut kumpt, daß köuffe in den ahten Tagen geschehent, daß söllent su furderlich dem Hußmeister verkunden, daß der Zoll davon gegeben werde, by der vorged. Pene, und wenne sollich Gut also in das Kouffhus keme, und nut verkouffet werden kunde, wil danne einer sin Gut en weg füren, der darff nit me danne Hußgelt geben.

Wer ouch gut gewant von Brabant, von Flandern, oder Lamperdsche Duch in eines Wurteshuß oder in einem andern Huse kouffet, der git von yedem Tuche vier pf. und der Verkouffer git nuzit.

Wer ouch in eines Wurteshuß oder in einem andern Huse kouffet growe Tuch, wisse Tuch von Triere, von Mentze, von Kölne oder andere Tuch die dem glichent, der git von yedem Tuch 2 pf. und der Verkouffer nutzit, und von andern Stucken und Kouffmanschafft noch Margzahl, und sol dem Wurte oder der Wurtin, oder hinter wemme das lit, das halbe Teil daran bliben und das andere halbe Teil, sol unser Stette werden.

Ouch so söllent Lastwegene oder Lastkerrich, die vier Wochen ouch Zollfry sin, ußgenommen das Wegegelt, von dem Wagen ein Schilling pf. und eime Karrich 6 pf.

Es ist auch bestellet und besorget, wer es daß ein Gast den andern oder yeman anders wer der were, anlangende oder anesprechende wurde von was Schulden ober Spennen das were, daß in der Meße geschehen were, lang oder kurtz, denen oder dem sol man zu Stunt über Nacht des Rechten helffen, und hett men onch das dryn Erbern mann befolhen, und darüber gesetzet die allermenglich rihten, und des rechten helffen söllent unverzögenlich uffe den Eyd, und die drye söllent zu Gerihte sitzen, alle Wergtage von Subenen bis zehenen, und söllent das halten, wie man das zu Franckenfort haltet, und denselben Dryn sol man vier Knechte zugeben, die den Luten fürgebietent, und tunt daß sie tun sollent, und sollent ouch dieselben dry keine myete noch myetewon, von nyeman darumb nut nemen, noch nyeman von iren wegen bey dem vorged. irem Eyde, one alle geverde.

Ist aber einer dem andern, Er sye wer er welle, sust schuldig, wannen das triffet, der mag Ime zusprechen noch gerihtes Reht und Gewonheit in unsere Statt, und daß man schaffen soll, daß inen fürderlich gerihtet werde.

Unsere Herren Meistere und Rat Schöffel und Amman, sind übereinkommen, daß deheim unser Burger noch nyeman der bey uns ingeseßen ist, mit rennen sol zu dem Tuche, daß wir uff den nehsten Zinstag acht Tage noch S. Johans Tag zu Sungihten ußgeben wellent, mit keynem anderen Pferde, denne mit sinem eigenen Pferde, und wer das verbreche und nut anhielte, der beßert zehen Pfund. Darnoch am Mittwoche, wellen wir den Frowen die lute umb lon tragent ein Boumwollin Tuch ußgeben, als das vormoles in andern Ziten me gewesen ist.

Es sol ouch nyeman er sy Burger oder Lantman uff unsere Stat Almende sitzen do veyl zu habende, weder vor dem Munster noch an deheinen andern stetten, wanne yederman soll gedeme oder husere lehnen, wo er wil, umb sin Gelt.

Unsere Herren Meister und Rat, Schöffel und Amman sint ouch übereinkommen, waß Gutes oder Kouffmanschafft vor der Meße in unserem Kouffhuse oder andern Enden blibet ligende und das Gut die Meße begriffet, wil danne der, deß das Gut ist, sin Gut in der Meße enweg furen, der sol es verzollen und verungelten in aller der moße, als ob die Messe nuten were, und ist das zuverstonde von Wine, Korne und aller ander Kouffmanschatz, das in unser Stet ist.

Wer ouch Gut oder Kouffmanschafft in der Meße herbringet, und das für unsere Stat abefuret, nit veil hett, der soll es verzollen und verungelten, glicher wise, als obe die Meße nuten were, were es aber, daß er daß selbe sin Gut oder Kouffmanschafft niderleite und su verkouffen wolte, und su nut verkouffen möchte, und daß das unser Amptman in unserem Kouffhuse sehe, daß Ime ernest ze verkouffende were, und geverde darinne suchte, So sol er das Gut und die Kouffmanschafft verzollen und verungelten, als daß uffgesetzet und verschrieben ist.

Wer ouch Gut in der Meße kouffet und das Gut lot ligen, untz noch der Meße, der mag es wol lossen ligen, untz ahte Tage noch der Meße, in unserm Kouffhuse, und sol nutzit davon geben, lot er es aber lenger ligen, so sol man ouch davon geben, alß das uffgesetzet und verschriben ist, wurd es aber in den ahte Tagen verkoufft, so soll man den Zoll davon geben, als das verschriben stot.

Man soll die Meße anhaben zu luten uffe den Ersten Tag, als die Meße anhept, So es Eilffe sleht, bitz zwölffen, und am hundersten Tage, sol man su uffe dieselbe Zit ußluten.

Unser Herren Meister und Rat, sind übereinkommen, wanne man die Meße zu einem anhabe ufflutet, so söllent die Heymeschen den Gesten die Preßen uffe dem Kouffhuse rumen.

Man hett ouch unsere Stette ein Huß bestalt, daß der heiße Stein sin sol, darinne man spilen mag do ist mit Knehten bestellet und geordnet, daß redelich glich Spil do gange, und sol man die Meße uß niergendt anderswo kein Spil haben noch halten, danne in demselben Huse des heissen Steins, doch mag man im Garten oder sust andern Enden wol waben, ime Brette spylen, und der Karten spilen, und sust kein ander Spil, wer aber in den vier Wochen der Meße, deheinerleie ander Spil hielte, Es were in Huseren oder Garten, by Tage oder by Nacht, der beßert fünf Pfund pf.

Die frömden Kouflute, sollent ouch mit iren gewande und Kouffmanschafft uff dem Kouffhuse ston do jetzo unsere Burgere stont, und söllent ynen unsere Burgere harüber an das ander Ende rumen.

Actum & publicatum die Dominico proximo post diem Beati Bonifacii Ao. Domini 1415.

(Aus: Wencker, de solennibus in Germania nundinis etc.).

---

5) Die älteste gedruckte Zeitung, welche, soweit bekannt, in Straßburg erschienen ist.

(Das Original befindet sich in der Bürger-Bibliothek in Zürich.)

Neüw zeytung so kurtzlich

diß Jars. Año jm. xxiiij. zu
Kyngßburg in Preüssen fürgangen,
durch gnädigen vffrüsten des götliche̅
worts, vñ wunderbarlichen abgangs
aller newe̅ abgöttereyen der
vnchristlichen pfaffen vnd
münchen sampt iren pa
pistischen an
hängern.

(Hierin ist ein Christenlich ansehen.

Dem wirdigen vnd erbaren her

ren George Armbroster, theütsch Ordēs zu Stra
ßburg am Rein entbeüt Johannes Döring, ge
nant Cādidus allzeit heyl in Christo Jesu
vnserem herren zu uor.

Großgünstiger lieber herr vn̄ bruder, ich thu eüch kundt mein walfart, welche ich widerumb vonn eüch, vn̄ allen heyligen vn̄ liebē bruderē in Christo zu Straßburg in d. hochberumptē Christlichē statt zu erfarē, hochlich erfreüwt bin, besunderlich do ich alhie eüwer handtgschrifft by dē hern Hans Comptor gelesen. etc. wie wol es an mich nicht geschrieben was, kan thun ermessen, dz eüch min brieff durch Michel Roden nicht worden ist, vnd wie ich verstanden, so sol er seinen letsten tag beschlossen haben, mag also d brieff undergangen sein, die weyl man mich nit kennet villeicht, iedoch wo ir je in̄ mitlerzeit überkum̄en werdēt, bit eüch, mich on antwurt nit lassen zu gele=gner zit mit zuuelliger botschafft, als ich ietzt eüch mit gegenwertigen M. G. H. Bürenmeister Bernhart Wolff malern, vnd Hansen Gattenhofrē thu schreibe, die sich ietzt auß dem land begeben haben, welchs mir auch der hochgelert D. Johan. Brießman predicant alhie in der thumkirchen, vn̄ herr Georgē der thumher vn̄ pfarher in der altē statt, befolhen vn̄ zu schreiben gebetten haben, nēlich, das (Got sey ewig lob vn̄ eer gesagt) hie das vnüberwintlich heylig gottes wort fast überhandt genōmen, vnd in so kurtzer zeit vil genug gewirckt hat, in der königspurger hertzen die Christliche frihest wol geleret, vnd erkandt, den Bapst sampt allem sinem anhang vn̄ gesetzten Decretalen versaget, allein den einigē mitler Jesum Christum zum Bapst, hirten, vn̄ obersten hohen priester vffgenum̄en, die winkkelmessen aber abgestelt, beide in den stetten vn̄ auf dem schloß. Die lüt berichten sich vnd beiden gestalten, als man spricht, sampt die herrschafft. Die biltniß sind der merer teil abgethā, mit den götze die do zeichē pflegen zuthun, das heylig T ist vergangē, zum grossen abbruch des teüfels, die liechtlin vffzesteckē verworffen, die altaria zum teil abgthan. Des Bapstes antichristisch regiment an tag ge=

bracht vñ vertilcket, welches noch etlich, als nemlich die thumhern, herr Simon vonn Drahe allter großkomp., vnd der pfarrher vff dem berg, haben wöllen weerē, aber es must nicht helffē ir blintheit. Den gemeinen kasten richt man ietzund vff, warlich mit grossem ernst. Got verlyhe sin gnad witer. Die bruderschafften vñ gylen, sind gantz mit den Vigilien vnd Requiem vergessen, das begrabē geet schlecht zu, das gewycht wasser sampt den Ceremoniē sind verschwundē, in kurtz dz. michs selbst verwundert, wie ouch zum teil meister Bernhart obgemelt selbs sagen wirt. Doctor Brißman lisset teglich im thum die Epistolas Pauli ad Corinthe. Doctor Johannes Amandi ist neülich von Natal. ankumen der lisset Euangelium Johannis teglich in der altē statt. Man wirt des predigs hören nit müd, Am kar fritag sind im thum in der passion predig by dem D. Brißman gewest by. x. tusent audienten vngeferlich überschlagē, vnuerdrossen gewesen zu hören dzwort Gottes. So hat man ouch in der fasten welcher vß Christlicher friheit gewalt hat, fleisch vnnd buttern gessen, wie wol es etlichen Papisten zu wider gewesen ist, den man nit ergerniß gegeben, snnder sy haben es selbst genumen. Den Canonē haben wir vß d. messen geworffen gantz vnd gar on das pater noster vñ Agnus dei nach anzeigē der gschrifft vñ. radt D. M. L. zu diesem mal. Die Horas Canonicas singen noch die animalia vētris im thum, ich hoff aber nit lang, vff dem schloß singē sy des morgēs metten vm̄ die. iiij. nur mit. iij. psalmē vñ. iij. lectionibus. Herr Fabian ist im heilgen geist by herr Simon vñ Drahe pfarrhern, ein papist by dem andern. Die münch müssen weder predigē noch beicht hörē, vñ wo sy nit werden zu sehē vñ recht ynher faren nach inhalt des Euangeli, so besorg ich sy werde nit lang allhie bhaußē. Die pfaffen sind wolffeil, facndey. iiij. vm̄ ein eih. So hat auch sontags nach d. iij. künig tag im kniphoff der erst pfaff Christlich vnd ganz erbarlich, kostlich, offentlich beygelegen, ist mit im der Bnrgermeister vnd der gantz radt zur hochzit gangen, vnd bin auch frölich mit gewesen zur wirtschafft sampt den doctoribus. In der fasten sind auch. iij. münch Augustiner und Franciscaner by gelegen, der Frāciscaner ist capellan in der alten statt worden, vn wonet by siner aller liepsten, welche zuuor ein Begyn gewest) in der widemen, so hab ich wol mut, das herr Georg der pfarher auch sich beweyben wirt vnd ander mer. Sontag Miseri. domini wirt herr Gregorius Breitnaß in der altē stat beyligē, nimpt des Sebeppenmeisters tochter do selbest Hieronymi Simonis. Wir hoffen, (wil got) teglich, das die frucht des gloubens auch baß herfür brechen werden nemlich die lieb gegē dem nechsten, welche gar seltzam ist vff erden. Itē der Bischoff vñ Heilspurg leßt syn vffgeblosen Papistisch mandat vß gehen, mag vnnd will nicht die Lutheraner leyden, yedoch muß er es dulden. Ein pantzer hilft für den galgen nicht. Es sey jm lieb oder leid, so fallen vil pfarher vō im ab. Das bochen gilt nichts meer, ouch sein blixen vnnd donnern nichts. etc. Die Dantzker stand still in der sach, wie wol vil Lutherianer da seind. Es fehlet im an predicanten. Die Littawn, Lubicker, Polen, Mascuiter seind Papistisch. Aber die Crokawer, Pomern, Leifftland ist gut Martinisch Euangelisch, zu Riga singt man teütsch die messz in der pfarren. etc. Nu habt ir kurtzlich in der eyl vnderrichtung vnsers wesens, im teil, hett eüch gern meer geschriben, wo zeit nit gebrochē hett. Wir haben auch ein buchtruckerey alhie vffgericht, die Sermones vñ ander so hye gepredigt wirt, durch den Christlichē vnsern Bischoff von Sälandt kompt alles in deñ truck, welches vyl leüten wee thut. Darūb aber nicht gelassen. (Doctor Brißman bittet, wöllet herr Wolffgāgen Capiton vō seinet wegen vil heyl vñ guts sagē, erkent in wol, so grüssent euch in Christo herr Georg der pfarrher), Doctor Brißman, der müntzmeister, Georgius hoffschneider, vñ alle gute bruder so im Cōuent zu tisch sitzen, seind alle gutt Euangelisch worde, darff mich mit jn mit meer habern. Herr Balthasar von Blumenaw pfleger zu Lick, der laßt eüch bittē, wöllet im seinen bruder grüssen vñ sein haußherren. Wañ ir künt so schreibēt mir widerūb zu, wie es eüch zu steet allen thalben, habt ir etwas seltzams, so schickends mir mit. etc. Datum am Ostertag M. D. xxiiij. Mit vil Hundert tausend guter nacht, vergessendt vnser nicht der armen Preüssen.

Johannes Döring genant Candidus.

Anno M. D. xxiiij.

6) Mandat wider schmach- und Lasterbüchlein, schmach-Gemälde u. s. w. [1]

Wir Peter Elhart der Meister vnd der Rhat zu Straßburg, thün kunth. Nach dem bitzhar die schmach, vnd lasterbüchlin, vnd geschrifften, dergleychen, solcher gestalt die gemälß, sich vilfaltiger wyse, zugetragen, vnd zuwider göttlicher, natürlicher, auch gemeyner vnd geschribner satzung, Vnd insunderheit entgegen K. M. vnsers allergnedigsten Herrn, jüngst außgangnen Mandat, gedicht, getruckt, gemalt, vnn offentlich feyl gehabt vnd verkaufft worden synd. Dem selbigen fürther vorzuseyn, vnn den besorgenden nachteyl vnd schaden so darauß erwachsen möcht, Wo gebürlich's ynsehen gespart, zu verhütten. So gebietten wir vnn vnsere freünde, die XXI. allen vnn yeden, geystlichen vnn weltlichen, vnsern burgern, pflichtigen, angehörigen, verwandten vnd hyndersossen, sie syhen in vnser stat Straßburg, oder aussertalb sunst in vnserer Oberkeit vnn gebietten, wonen oder seßhaft, Vnd besunder vnsern malern, büchtruckern, büchfürern oder andern, so solich schmachbücher, schrifften oder gemäls, dichten, schreyben, drucken, spylen, malen, oder feyl haben, Innhalt vnd vermög diß vnsers offenen Mandats vnd gebots, das jr dheiner, was stadt, grad oder wesens der sey, fürthyn keyn schmach oder laster büch oder geschrifften, auch dhein spyl oder gemäls, dardurch der gemeyn Christenmensch gegen seynem neben Christen menschen, zu anreytzung, gespöt oder ergernüß bewegt wirt, Weder in vnser stat Straßburg, vnserer Oberkeit vnd gebietten, dichten, schreyben, syngen, sprechen, drucken, feyl haben, oder sunst heymlich oder offentlich vmb gelt, oder vergebens verkauffen, züstellen, oder dem andern schencken, noch solchs aussertalb vnserer Oberkeit zü thün verschaffen solle, Besunder so eyner etwas dichtet oder schreybt, vnn das trucken will, es sey güt oder böß, der sol es nit in den truck kummen lassen, er habe dann züuor, das exemplar in vnser Cantzley gelüffert, vnn deßhalb

[1] Ueberschrift handschriftlich.

bescheyd erwartet. Dann welcher das verbrech, vnd disem vnserm gebott vngehorsam zü seyn, befunden oder begriffen wirt, dem wöllen wir solche bücher nemen, vnd darzü jm, ye nach gestalt der sach, gebürendt straff beschynen vnd widerfaren lassen. Derneben auch ernstlichs vffsehen haben, das solch schmach vnd laster, getruckt, geschrifften, spyl oder gemäls, von dheym frembden, heymlich oder offentlich, an ortten vnd enden wir zügebietten haben, nit getruckt, gespylt, gemalt, noch feyl gehabt werden sollen, Vnd mit destminder, wo die selbigen also befunden, auch gegen jn mit gebürender straff fürfaren, Das wir eym yeden, er sey frembd oder heymsch, sich demnach wissen zürichten, warnungs wyse nit wolten verhalten. Datum Montags den zwölfften Septembris. Anno 1524.

---

7) Mandat wegen der Entrichtung des Zolls von den eingeführten Waaren.

WJr Hans Philips Böcklin, der Meister vnd der Raht, dieser Freyen Reichs Statt Straßburg, Thun Kund menniglich. Demnach wir in der erfahrung befinden, Das die von vnfürdencklichen Jahren, allhie vil leydlicher dann sonsten bey andern Herrschafften, auffgesetzte Zölle, von allerhand Wahren vnd Gütern, nicht so auffrichtig vnd gebürlich, wie von Recht vnd billigkeyt wegen wol hette seyn sollen, von menniglich abgericht, Sonder gemeine Statt inn vil weg an jhrem Einkommen darinne vernachtheilt vnd betrogen worden. So haben wir dem selben zu begegnen, mit Rath vnserer Freunde der Einvndzwentzig, Erkandt, Gesetzt vnd verordnet, Auch vnserm Haußherren im Kauffhauß aufferlegt vnd beuohlen, desto fleißiger achtung darauff zu geben, die Handelsleuthe, Frembde vnd Heymische, so Zollbare Wahren allher bringen, allhie kauffen oder verkauffen, oder durch führen wöllen, zu befragen, was es für Wahren, vnd in was preiß dieselbige verhandlet worden seyen. Da dann ein jeder auff erfordern des Haußherrn, bey leiblich erstateteter trew die Warheyt anzuzeigen schuldig sein soll.

Vnd im fall gedachter vnser Haußherr einigen betrug spüren, befinden, oder einen argwon haben würde, das eyner seine Wahren oder den Werth derselbigen vnrecht angegeben, vnd den auffgesetzten gewöhnlichen Zoll zü entführen vnderstanden hette. So soll jhme Haußherren aufferlegt, auch hiemit beuelch vnd gewalt gegeben sein, die verdechtige Faß, Ballen vnd andere stuck Güter, vermög vnserer alten Kauffhaußordnungen, eröffnen, besichtigen vnd ersuchen zu lassen. Vnd da sich der betrug inn warheyt befindet, Alß dann sollen solche Faß, Ballen vnd Güter Confisciert, vnd dem gemeinen Seckel heimgefallen sein. Die Vbertretter auch von wegen jhres vnrechten angebens, vnd falsch gegebener trew, durch vnß, nach gestalten sachen am Leib oder am Gut gestrafft werden. Geschehe es aber von eynem auß den Gefreiten orten, der soll auch seine Freiheit verloren, und deren forthin, bey vns vnd inn vnser Statt nicht mehr zugeniessen haben. Als auch in Vnsern Kauffhaußordnungen vnder anderem begriffen vnd geschrieben stehet, Daß keyn Burger noch Hindersaß der Statt Straßburg sich keines Guts annemmen soll zu verkauffen, oder Nachbott darüber zu sein, da solch Gut jemanden zugehört, von den Enden vnd Stetten die von alters her in der Statt Zollfrey sind, Er wölle es dann Verzollen als ob der keyn Freiheit hette, Sonder wer seiner Freiheyt geniessen will, der soll sein Gut durch sich selbs, oder sein gedingt Gesinde, kauffen oder verkauffen, bey gesetzter Straff, außgenommen gegen den Erbarn von Franckfort, wie jhnen solches vor Jahren zugeschriben ist.

Vnd Wir aber inn glaubwürdiger erfahrung befunden, das etliche Burger nicht allein sich, dergleichen der Gefreyten frembden Factoreien vnderziehen, auch frembde Wahren hinder sich inn jhre Häuser vnd gewarsame nemmen vnd verhandlen, Sonder auch Vnuerburgerte personen, die sich für sich selbs, vnd andere Leuthe allhie handlen, bey jhnen inn jhren Häusern auffenthalten.

So haben wir gleichesfalls mit Rhat Vnserer lieben Freunde der Einvndzwentzig Erkandt, gesetzt vnd geordnet, Das vermög angeregter Kauffhaußhordnung, alle Vnsere Burger vnd Hindersassen, sich forthin der frembden gefreyten Factorierens, anderst dann wie dabey gemeldet ist, enthalten, Auch keiner frembden, sie seien waher, sie wöllen Güter, hinder sich nemmen noch behalten, sonder ins Kauffhauß, dahin alle frembde Güter gehören, verschaffen oder führen lassen, Daselbst vnd niergend anderswo verhandlen, Deßgleichen niemandt der nit Burger ist, bey ihnen auffhalten, sonder an eyn Beylen Würt weisen sollen, Alles bey der peen Zwentzig pfund Pfenning, die eynem Verbrecher, so offt es kundlich würt, vnnachleßlich sollen abgenommen, vnd deren nicht erlassen werden.

Dessen wir hiemit menniglich auisieren vnd verwarnen wöllen, sich vor schaden wissen zu hüten, vnd der vnwissenheyt nicht haben zu entschuldigen. Actum et Decretum Mitwoch den achtzehenden Decembris, Anno Fünffzehenhundert Neuntzig vnd Vier.

8) Mandat wegen des Ankaufs von Wein an den Reben.

WJhr Bernhard von Kageneck, der Meister, vnnd der Rath von Straßburg, Thun Menniglich hiemit kund vnn zu wissen: Ob wol vnsere liebe Vorfahren vnd Wir, sampt vnsern Freunden den Ein vnd Zwäntzigen, vor Jahren zu mehrmalen wider den Weinfürkauff, so an den Reben beschicht, allerhand nutzliche vnd nothwendige Mandata außgehen vnd publiciren lassen, der gäntzlichen zuversicht, es würden dieselbigen bißhero schuldiger gebür in acht genommen sein worden: So haben Wir doch nicht mit geringem vnwillen vernemmen müssen, Das etliche Vnserer Burger, wider Göttliche Ordnung, vnd Brüderliche liebe, auch vnsere obangezogene publicirte Mandata, biß anhero jhnen allein zu nutz vnd vortheil, vnd sonst vilen andern ihrer neben Menschen zu mercklichem schaden vnd nachtheil, den noch vnzeitigen Wein an den Reben angeregter vor verbottener weiß auff ein sondern angedingten Schlag an sich kaufft, vnd dahero ein merckliche Weintheurung verursacht, Derenwegen Wir auch gegen ihnen den Vbertrettern, die in angezogenen Mandaten einverleibte Straffen Vns hiemit vorbehalten haben wollen.

Damit dann solcher schädliche vnd vnchristliche Fürkauff, so viel immer müglich verhütet und hindertriben, Vnd der Arme gemeine Mann durch den Reichen vnd vermöglichen, oder auch diejenigen, so jhre Sach allein auff den Geitz vnd Wucher gestelt haben, nicht so beschwerlich vernachtheilt werde, sondern ein jeder deß Herbsts, der gemeinen Märckte, vnd deß gewohnlichen Schlags erwarten, vnd dardurch der gemeine Marckt einem jeden zu seiner Notlurfft zu gutem kommen, auch der arme neben dem Reichen desto baß bleiben vnd außkommen möge.

So gebieten vnd verbieten demnach Wir allen vnd jeden vnsern Burgern, Einwohnern, Hindersassen vnd Vnderthanen, in Statt und Land, daß keiner hinfürter einigen Wein vor dem Herbst oder an den Reben, vmb ein benandten Kauffschilling kauffen oder verkauffen soll, noch jemands anders in seinem Nammen thun lassen, oder daran theil oder gemein haben: Dann welcher solches verbreche, er were Burger oder Hindersaß, oder sonsten der Statt Straßburg Obrigkeit Verwandter, der soll nach gestalt seines verübten vnverantwortlichen procedirens vnd verhaltens, ohnfehlbarlich andern zum abschew an Leib vnd gut mit ernst gestrafft werden.

Hette aber jemands dieser zeit auff den künfftigen Herbst also Wein an den Reben kaufft oder bestelt, vnd etwas Gelt oder Geltswerth darauff gegeben, oder zu geben verheissen, der soll davon abstehen, auch solcher Kauff vnd Abred desselben todt vnd ab sein, vnd der Käuffer oder besteller, seines darauff gegebenen Gelts, biß Martini nechst künfftig erwarten, vnd keinen Kosten deßwegen auff die Armen Leuth treiben: Oder aber den Wein, so er gekaufft oder bestelt, auff den künfftigen Schlag, oder gemeinen Kauff vnd Lauff, so in vnd nach dem Herbst auff gemeinen feylen Märckten sein würd, annemmen, Vnd jedermann das seinige zu gebürlichen zeiten, vmb ein Landleuffigen Pfenning feyl bieten vnd verkauffen lassen: Nicht weniger wollen Wir auch auff diejenigen so nach eingemachtem Herbst, jhre Nechsten zu mercklichen beschwerden, jhnen aber allein zum vortheil solche grosse vnd vor diesen zeiten vnerhörte Summen Weins einkauffen, vnd also mutwillige theurung vnd auffschlag in den Wein bringen und eigennützig verursachen, fleissige achtung zu geben mit vnterlassen, damit solche Geitzhälß, die alles jhr thun auff die Monopolia allein richten, der gebür nach mit Oberkeitlichem ernst mögen angesehen und gestrafft werden. Dessen allen vnd jeden, wisse sich menniglich hiemit genugsam verwarnet, vor schaden zu hüten. Actum et Decretum, Mitwochs den 14. Septembris, Als man zahlt nach Christi vnsers Herren vnd Erlösers Geburt, Tausent, Sechshundert, zwäntzigvndfünff.

---

9) Straßburgische Erneuerte Tax-Ordnung M.DC.XLVI.

DEmnach vnsere Genädige Herren die Räth vnd Ein vnd Zwantzige nicht ohn sonderbar Obrigkeitlich mißfallen verspüren müssen, Obwohl der getrewe GOtt die lieben Früchten dergestalt gesegnet, daß man das Fiertel so wohlfeil, als in vielen Jahren nicht erlebt worden, wie auch Wein, vnd andere Victualien vmb ein billichen preiß haben vnd bekommen kan; jedoch die Handwercker vnd Tagner, sonderlich aber die jenige, deren sich der Baur- vnd Ackermann nothwendig bedienen muß, mit ihrer Arbeit, in dem allzu hohen werth fortfahren vnd Sie (ohngeachtet, deß freundlichen erinnerns vnd zusprechens, so auff allen Zünfften, vnd sonsten zum öfftern geschehen ist), dergestalt ohnverantwortlich vbernommen, daß, wo nicht ein Obrigkeitliche verordnung vorgenommeu wirde, der gemeine Burger- vnd Haußmann nicht allein mercklich beschwert, vnd vndertrucket, sondern auch endlichen der Feld- vnd Ackermann gantz zu scheutern gehen, vnd erliegen müßte: Als haben wohlermeldte vnsere Genädige Herren die Räth vnd Ein vnd Zwantzige, denen alles das jenige, was zu auffnehmung vnd Wohlfahrt jhrer getrewen lieben Burgern, Vnderthanen, vnd deß gemeinen armen Manns gereichen mag, zu beförderen ernstlich angelegen: vnd dann dieses an jhm selbst ein solch Werck, welches weder Hoh- noch Nider-Standspersonen, vnd also niemandt entperen kan, auch darumb so viel weniger länger einzustellen ist, E. E. Meisterschafft der Schmidt, Wagner, Seyler, Sattler, Gerber, Lederbereiter, Schuhmacher, So dann der Kornwerffer, Sackträgere, Faß- vnd Kärchelzieher, Holtzkarcher, Holzhawer, Holtz- vnd Krätzenträger, Taglöhner, Mäher, Schnitter, Tröscher, ꝛc. nach fleissiger erwegung träglicher mittel vnd wege, volgenden Tax, so lang, biß der Hauptbedacht durch alle Handwercke vnd Zünffte wird erörtert sein, geben vnd publiciren wollen: mit dem Obrigkeitlichen anhang, dafern Sie demselben nicht gehorsamlich nachgeleben wirden, die vbertrettere, von den verordneten E. E. Policey-Gerichts, bey welchen der beschwerte theil es vnvmbgänglich anzubringen schuldig, mit gebührender Straff, je nach beschaffenheit der vmbständ angesehen werden sollen. Mit vorbehalt diese Ordnung, in einem vnd anderem, nach erheischender Notturfft, zu ändern, zu mehren oder zu mindern. Darnach sich ein jeder zurichten, vnd vor Straff vnd schaden zu hüten. Decretum Montags, den 22. Junij. Anno 1646.

Tax der Huefschmide.

EJn neuwes Roßeisen für Müller- oder Holzkarcher-Pferde, zu griffen, vnd auffzuschlagen . . . . 1 ß. 6 dz. ꝛc.

Tax der Wagner.

EJn par Müller- oder Kärchelzieher Karchräder für 2 fl. 4 ß. ꝛc.

Tax der Seyler vnd Sattler.

EJn Windt oder Haspel an ein Häuwagen . . . 1 ß. 4 dz.

Tax der Seyler.

EJn Pfundt weiß gesponnen Seyl . . . . . . 1 ß. 8 dz.

Tax der Sattler.

EJn Reitsattel zu einem grossen Hengst . . . . 6 fl. ꝛc.

Tax der Rothgerber.

VOn einer eingesetzten guten Ochsenhaut auff weiß Sohlleder zu gerben . . . . 3 fl. 3 fl. 5 ß. ꝛc.

Tax der Lederbereyter.

VOn einer eingesetzten Ochsenhaut auff weiß Sohlleder zu gerben . . . . 3 fl. 3 fl. 5 ß. ꝛc.

Tax der Schuhmacher.

EJn gut par Manns Schuh vom besten Spannischen Corduan, mit Niederländischen Sohlen, vnd Ledernabsätzen 13, 14 ß auffs höchst . . . . 15 ß. ꝛc.

. . . .

Tax der Taglöhner.

Außer der Ernde.

VOn Getrudis biß auff Galli, im Kosten	1 ß. 8 dz.
Ohne Kosten, vnd in Verding	3 ß. 4 dz.

In der Ernde.

Mit dem Kosten, deß Tags	2 ß.
Im verding, oder ohne Kosten	4 ß. 2c.

Tax des Ackerfahrens.

VOn Einem Acker zu fahren, jedesmahl	5 ß. 2c.

Tax der Mäder.

EJn Manßmatte zu Mähen, im verding	3 ß. 2c.

Tax der Schnitter.

EJn Acker Winterfrucht zu schneiden, auff zuheben vnd zu binden, er seye groß oder klein, durchaus	6 ß. 2c.
	Vnd ein Leib Brodt 2c.

Tax der Schneider.

VOn einem Mantel zu machen, der mit Schnüren gebrämt, vnd durchauß gefüttert ist	14 ß. 2c.

Tax der Schreiner.

EJnem Meister deß Tags für Kosten vnn Lohn . .	5 ß. 2c.

---

10) Mandat des Magistrats zu Straßburg in Betreff der zu leichten Münzen [1].

DEmnach vnsere Herren Räth vnd Einvndzwantzig, abermahlen nit ohn sonderbare beschwerd vnd Obrigkeitlich Mißfallen verspüren vnd wahrnemmen müssen, obwohlen in vorhergehenden Jahren durch verschiedene publicirte Müntz Edicten ernstlich mandirt vnd versehen worden, daß bey hiesiger Statt keine vngewichtige güldene oder silbere Müntzen sollen eingeschleüfft vnd in zahlung weder außgegeben noch angenommen werden; sich jedoch ein widerigés vnd besonders dieses widerumb herfür thun will, daß benantlichen durch

[1] Stadt-Archiv in Straßburg. Die Original-Verordnungen liegen meistens gedruckt vor; sie tragen öfters keine Ueberschrift.

vortheilsichtige eigennützige Leute, der beschnittenen vnd daher am Gewicht zu geringhaltigen vnd allzuleichten gantz vnd halbe Königsthaler, Quatre d'Escu oder Creutzdicke, auch Francken vnd Testonen, deßgleichen die Spanische vnd Englische gantz vnd halbe Kopffstuck, welche man allhie fünff bätzner vnd zwantzig pfenniger ins gemein zu nennen pflegt, mit weniger auch die Bononier oder genante Münchsköpff, in starcker quantitet zur stell gebracht vnd hien vnd wider fast ohne schew ane zahlung offerirt werden wollen, wardurch dann vnd dafern dagegen nit anderwertlich vorgebogen werden solte, anderst nichts erfolgen müsste, als daß gegen einschleichung solcher beschnittenen leichten Müntzen, die gerechte güldene vnd silbere Sorten, sich wo nit mehrentheils wider verlühren, doch in ein hochschädliche ersteigerung getrieben vnd also ein gantz newe Müntzconfusion bey dieser Stadt ohnfehlbar entstehen vnd einreissen würde. Solchem besorgendem vnheil nun ohnm einige verweylung für zu kommen, Als würdt von Obrigkeit wegen bey nacherwehnter poen hiemit widerumb mandirt vnd befohlen, daß gleich wie alle vbrige güldene vnd silbere gelt Sorten, also auch die obspecificirte, gantz vnd halbe Königsthaler, Quart d'Escu, Creutzdicke, Francken vnd Testonen, die Spanische auch Englische gantz vnd halbe Kopffstück, Bononier oder Münchsköpff, anderst nicht, als auff daß gewicht in Zahlung außgelegt, an- vnd eingenommen werden, vnd dabeneben Männiglich sich auff deß einschleiffens solcher berührten beschnittenen vnd daher am gewicht zu leichten Müntzen allerdings müssigen vnd enthalten solle, bei der confiscation oder auch vnd je noch gelegenheit der Vmständ, noch anderen hohen Gelt- vnd Leibstraffen; Falls auch fürohin an der Statt Zöllen vnd gefällen dergleichen beschnittene oder sonst leichte Müntzen solten eingenommen vnd in denselben befunden werden, so sollen die, welche vber solche Gefäll als Beampte vnd Diener gesetzt vnd verordnet seind, gemeiner Statt den verlust vnd nachstand auß ihren Säckeln gut zu thun verbunden sein. Welche heimische oder Frembde aber anjetzo dergleichen beschnittene leichte Gelter beyhanden, die mögen solche an allhiesig Müntze bringen vnd lüfferen, allda ihnen den wehrt dafür, nach der feine bezahlt werden solle; Ob auch jemand zu seiner nachricht ein oder mehr dere gleichen Gewicht zu haben begehrt, deme werden solche bey der Statt geschwornen Fecher vmb die gebühr mitgetheilet vnd abgefolgt werden. Warnach sich ein jeder zurichten zumahlen auch für schaden zu hüten:

Decretum Montags den 16. Junij Anno 1651.

11) Mandat des Magistrats in Straßburg in Betreff des Heranziehens der durchreisenden Fremden seitens der Gastgeber [1].

WIr Frantz Sebastian Röder von Dierspurg der Meister vnd der Rath deß Heyligen Reichs Freyen Statt Straßburg ꝛc. Fügen hiemit männiglich zu wissen; Ob wol bey allen Handthierungen verordnet, daß keiner dem andern seine gewohnliche oder zu Hauß kommende Kunden vnd Gäste vortheilhefftig: vnd gefährlicher weiß abspannen oder abpracticiren soll: So haben wir jedoch mit grossem mißfallen erfahren müssen, daß sonderlich bey den Würthen vnd Gastgeben dieser mißbrauch einreisset, in dem etliche derselben durch darzu bestellte Vnderhändler nicht allein die durchreysende Soldaten sondern auch andere frembde Personen, so anhero kommen vor den Thoren vnd in der Statt, dem einen zu mercklichem Vortheil, dem andern aber zu grossem schaden anzusprechen, an sich zu ziehen, vnd also einander die Gäst unverantwortlicher weiß zu entführen vnd abzupracticiren gelusten lassen, darauß dann endlich allerhand vbeyl entstehen dörffte: Derowegen solchem allem vorzukommen, befehlen wir hiemit vnsern Burgern, Schirmsverwanthen, Soldaten vnd sonst männiglich, so sich in vnserer Statt aufhaltet, vnd wollen, daß nicht allein kein Würth dem andern die Gäst entweder selbst, oder durch andere besprechen, abspannen, oder entführen, sondern auch niemand zu solchem abpracticiren sich bestellen, gebrauchen, oder

[1] Straßburger Stadt-Archiv.

bestechen lassen soll, bei fünff Pfundt Pfenning, oder auch nach befindung der sachen andern ernstlichen straffen, die nicht allein demjenigen, so die Gäst also vortheilhafftiger weiß auffwickelt, sondern auch denen, so dieselbe annimmet, ohnnachlässig sollen abgenommen werden. Warnach sich männiglich zurichten. Decretum in Senatu Mittwochs den 13. Augusti 1651.

---

12) Nr. 2658. Pasquillen-Verbott [1].

WJr Georg Dieterich Zorn, der Meyster vnd der Raht deß H. Reichs Freyen Statt Straßburg, sampt vnseren Freunden den XXI. Füegen hiemit männiglich zu wissen. Demnach leider bey dießer Statt jederweilen auffrührische Gottes- vnd aller Erbarkeit vergessene Belialskinder sich gefunden, welche vngeacht angeträweter zeitlicher vnd ewiger straffen, allerhand Teuffelische Pasquill, Famosgedicht, Ehrenverletzliche Gemäld, Schmächkarten, Schandschrifften, Zettel vnd dergleichen, zu machen, zu schreiben, oder anzugeben, vnd so heimb- so offentlich außzubreiten sich nicht entblödet haben, einzig vnd allein zu dem ende, damit sie ansehnlicher bey dieser Statt wohlverdienter Regimentspersohnen, getrewer Officianten vnd anderer in Ehren bekandter Leuth, guten namen, leumuth vnd glimpff, diebischer weiß calumniren, schwächen, mit falscher auffdichtung allerhand Laster vnd übel stinckend machen, vnd also ihren Sathanischen muhtwillen, rachgier vnd beschimpffung in solchen dingen verüben mögen, die sie mit grund vnd Fundament der warheit an gehörigen Gerichtsstellen, oder anderen erlaubten Orthen, darzu inen der weg niemals verspert gewesen, außzuführen vnd wahrzumachen, nicht getrawen vnd vermögen; Vornemblich aber Wir mit höchstem Vnserm mißfallen vnd hertzenleid wahrnehmen vnd erfahren müssen, daß in diesem noch nicht allerdings zuruck gelegten Jahr allein bey 11

---

[1] Straßburger Stadt-Archiv; die obige Verordnung ist in mehreren Exemplaren nebst der «formula deß Kirchenbanns" vorhanden; ein schriftliches Exemplar trägt die obige Nummer nebst der Ueberschrift.

derselben Teuffelischen Lästerschrifften sowohl wider Obrigkeitliche, als andere in vornehmen diensten begriffene Personen, Geist- vnd Weltlichen Standes außgesprengt, vnd zu deß Regierenden Ammeisters Handen geliefert worden seyn, ohn was davon heimlicher weiß vnderschlagen vnd vertuscht worden seyn möchte; Daß Wir, zu würklicher Contestation vnd bezeugung Vnserer ab solchem, zu zerstörung Burgerlichen Friedens vnzweiselich angesehenem, oder doch wenigst von sich selber außlaufenden Vnwesen, tragenden Obrigkeitlichen displicentz vnd mißfälligkeit, eine vnumbgängliche nohtwendigkeit zu seyn befunden haben, Alles vnd jedes, so zu erkundigung bißheriger Paßquillanten, vnd derselben Helffers-Helffer, wie nicht weniger, zu außlänglicher Verhütung, daß dergleichen in das künfftige nicht mehr geschehe, immer diensam vnd ersprießlich sein kan vnd mag, vor vnd an die hand zu nemmen.

Erhohlen demnach zu angeregtem ende nicht allein vormahlen öffters angeträwete Leib- und Lebensstraffen, so wohl wider die boßhafftige Authores vnd Lästerer selbsten, welche die gefundene vnd noch erfindende Paßquill, Schandgedicht vnd Gemähld, sie haben namen wie sie wollen, gemacht, geschrieben, angegeben, herumb getragen, angekleibt oder gehäfft, in Gassen vnd Häuser geworffen, auff- vnd an die Pfaltzstegen gelegt, oder in andere weg außgebreitet haben, als auch diejenigen, welche Raht vnd That darzu gegeben, Hülff vnd Vorschub geleistet, oder was sie gefunden, nicht herab gethan vnd dem Regierenden Ammeister also balden zugestelt, sondern gelesen, stehen oder liegen lassen, oder bey vnd hinder sich behalten, abgeschrieben, heimblich herumb getragen, an andere Orth geschickt, vnd sich damit, als wann es eine wohlgethane Sach wäre, gekützelt vnd belustiget haben, oder auch hinführo zu thun, sich gelusten lassen werden: Sondern auch Ein Ehrwürdigen Kirchen-Convent erinnert, daß Er sein Ampt mit exercir- vnd gebrauchung, deß Ihnen wider dergleichen beharrliche Teuffelskinder, Meutmacher, Mörder, vnd Ehrendieb, welche so wohl die von vns, diß orts ordenlichen Obrigkeit, öffters angeträwete Leib- vnd Lebensstraffen, als die von den Cantzlen vielfaltig beschehene ernstliche erinnerungen und Comminationes der ewigen Verdammnuß, biß dato verächtlich in den wind geschlagen, anvertraweten Bindschlüssels gleicher gestalt vnd mit solchem Nachtruck verrichte, daß wir die Schuldigen deren mahl eines in erfahrung bringen, mit gebührenden straffen ansehen, vnd Ehrliche Leuthe von dergleichen beschmitzungen hinfüro sicher stellen können. Dieweil nun wohlermelter vnser Kirchen=Convent, empfangenem befelch zufolge, das Werck in reiffe deliberation gezogen, vnd seine schrifftmäßige gedanken vns mit solchem bestand eröffnet, daß Wir sie den Glaubens=Regulen allerdings gemäß befunden, als haben Wir auch selbige, bey dieser gelegenheit zu publiciren befohlen vnd erkandt, Samstags den 18. December 1658.

Formula deß Kirchenbanns.

DEmnach du Gottloses Beliaskind, noch zur Zeit für menschlichen augen vnbekannter vnd vngenandter, doch dem allsehenden aug Gottes vnverborgener Paßquillant, der du, du seyest einer oder der ander, du seyest frembd oder einheimisch, der Christlichen Obrigkeit zu Straßburg mit Eid und Handtrew zugethan oder nicht, du seyest in der Statt Ringmauer begriffen, oder anders wohin außgezogen, es sei kurtz oder lang, ein oder anders schändliches ehrenverletzliches, mit noch vnerwiesenen vnd vnerfindlichen aufflagen beschwerendes Paßquill, famos vnd schmähkart, wieder so wol die Christliche Obrigkeit, als auch dero wohl verdiente Officianten, vnd sonst so Geist= so weltliche ehrliche Personen, entweder selbs geschrieben, abgeschrieben, schreiben vnd außsprengen lassen, oder aber verhelet und mit still=schweigen dich gleichen Lasters theilhafftig gemacht, vnd aber bißhero ohngeacht aller Obrigkeitlicher hierüber abgefaßten Decreten, auch von der Cantzel herab ernstlich geschehenen warnungen, nicht allein keine offentliche erkandtnuß, bekandtnuß vnd rew über die begangene boßheit von dir erscheinen lassen, sondern noch in derselben dich gestärcket vnd verhärtet. Als thue ich als ein ordentlicher Diener dieser Kirchen und Gemein, alhie auß Befehl vnd in krafft deß von Jesu

Christi dem allemans'Richter der Lebendigen vnd der Todten, durch seine Kirch mir anvertraueten Bindschlüssel, laut der kräfftigen vnd eydfesten wort, die auß seinem wahrhafftigen, allmächtigen, richterlichen Mund geflossen. Matth. 18. Warlich ich sage euch, was ihr auff Erden binden werdet, daß soll auch im Himmel gebunden seyn; vnd wiederums Joh. 20, welchen ihr die Sünde behaltet, denen seind sie behalten, dich so wohl den Häler als den Thäter, hiemit als einem Heyden vnd Vnchristen gleich gehaltenen, in den offentlichen Bann, vnd verkündige dir nicht allein vnnuffgelößte behaltnuß deiner sünden, sampt deß Gerechten Gottes im Himmel vnerträglichen höllbrennenden Zorn, zu deiner auff den fall der beharrlicheu Vnbußfertigkeit ewigen Verdamnuß, sondern ich schliesse dich auch hiemit als ein räudiges Schaaff von dem geistlichen Schaaffstall Jesu Christi, vnd der Gemeinschafft der Heiligen auß, vnd übergibe dich kräfftiglich, würcklich und thätlich, dem (durch kirchisch Gebett) vnverwerthen gewalt deß leidigen Sathans) Anathema maharammotha! sey verflucht zum ewigen Tod, der HErr komme dich zu richten, also lang und viel biß du in dich selbs gehen, für dem vnerträglichen Zorn Gottes, vnd dem ewigen Tod dich entsetzen, deine verübte schwere Mißhandlung erkennen, bekennen vnd berewen wirst, nicht allein für dich selbs, in deinem Hertzen, sondern auch für dem zeitlichen Richter E. Ehrsamen Raht, oder Regierenden Herrn Ammeister der Statt allhie, auf welchen fall auch dir die Gnadenport wiederumb eröffnet, vnd salva Justitia barmhertzigkeit erwiesen, deine Sünd vergeben, vnd der Bann wieder auffgelöset werden soll, auff daß dein Geist seelig werde am Tag Jesu Christi. Vnd dieses alles rede, würcke, vnd thue ich in dem Namen Gottes des Vatters, Gottes des Sohns Jesu Christi, vnd Gottes des Heiligen Geistes, Amen vnd alles Volck spreche im Hertzen Amen, das werde wahr.

13) Mandat des Magistrats in Straßburg wegen Beförderung der Reisenden mit den Postpferden oder mittelst der Landkutsch-Anstalten [1].

WJr Philipp Jakob Wormser, der Meister und Raht dieser deß Heyligen Reichs Freyen Statt Straßburg, sampt Unsern Freunden den EinundZwantzigen, Fügen hiermit männiglich zu wissen, Demnach nun eine geraume zeithero Wir, nicht ohne sonderbares mißfallen, wahrnemmen müssen, was vor beschwerliche Mängel und Confusiones sich bey allhiesiger Statt, auch darinnen ereignen und hervorthun wollen, daß etwan reysende Leuth, in dem derentshalben keine gewisse Anstalten gemacht gewesen, bald auß mangel der gelegenheit ane fortsetzung ihrer Reyß gehindert, bald mit schlechten und liederlichen (sic!) Pferden versehen, bald auch in der bezahlung weit über die Gebühr übersetzt worden; Welchem ohnwesen länger also nachzusehen, so wohl Uns ohnverantwortlich, als auch gesampter dieser Statt an frembden Orthen fast schimpfflich vnd nachtheilig seyn wollen; Daß deme nach, vnd zu vorkommung aller solcher Ohngelegenheiten, vnd ohnverweilter Stifftung besserer Ordnung, Wir auff vielfaltig gepflogene Deliberationes und Berathschlagungen, denen frembden reysenden Personen zum besten, hiernachstehende verfügung zu thun bewogen und veranlasset worden.

Vnd zwar Erstlichen so viel diejenige betrifft, welche sich der Post zu bedienen gedencken, lassen Wir es bey hiervorigen guten Anstalten durchauß und allerdings verbleiben, vnd wird sich ein jeglicher bey dem allhiesigen Postampt von selbsten anzumelden wissen.

Wer aber, Zweitens, nicht zwar die Post zu reuten, doch aber sonsten seine Reyß zu Pferdt zu verrichten gedencket, der solte sich ebenmäsig bei Unserm Postmeistern darumb anzumelden, Er aber dem von Uns ihme auffgetragenen Befehl gemäß, dahin zu sehen

---

[1] Straßburger Stadt-Archiv.

haben, daß, mit zuziehung ein und anderer Unserer Burger, welche insonderheit darzu ernandt, und mit einer gewissen Ordnung von Uns versehen werden sollen, Er allezeit mit guten gnugsamen Pferden versehen seyn, damit reysenden Leuthen ohne auffenthalt fortgeholffen werden möge.

Und solle Drittens keinem einigen Unserer Burger und Hindersassen, viel weniger denen frembden Postillionen, welche anhero kommen (es wäre dann, daß sie zuvorhin mit Unserm Postmeistern sich dahin verglichen, daß auch den Unserigen bey ihnen dergleichen Ruckreyßen verstattet werden solten) erlaubt und zugelassen seyn, mit niemanden, wer der auch wäre, einiger Reyß halber zu tractiren, noch selbige zu übernemmen, sondern soll, wie vermeldet, männiglich schuldig und verbunden seyn, sich derenthalber bei Unserm Postmeistern eintzig und allein anzumelden, und solches bey unaußbleiblicher Bestraffung, zu Fünf Pfund Pfenningen von jeder Person so dergestalten wider das Verbott weggeführt und auffgedingt wird, oder wohl auch nach befindung bei ernstlicher Thurn- und Leibsstraff.

Damit aber auch hingegen, Viertens, die reysende Personen nicht irgends in dem Lohn mit zu grossem Tax übernommen wurden, haben Wir selbigen nach jetziger Zeit gelegenheiten, bestimpt, und zu männigliches Nachricht in offenen Truck anfertigen lassen.

Doch solle, Fünfftens, denen jenigen, welche etwan biß anhero ihre Pferde frembden Studiosis zum spatzieren, oder auch denen Burgern in das Land zu reuten gelehnt, ein solches hiemit, auch noch in das künfftig, durch diese Ordnung ohnverwehrt, sondern in alle Weg vorbehalten, gleichwohlen aber Knecht oder Postillion mitzugeben, keineswegs erlaubt, sondern gäntzlich und allerdings verbotten seyn, bey obengesetzter Straff der Fünff Pfund Pfenning, so offt hierwider gehandelt wird.

Wer dann, Sechstens, der Gutschen[1] sich zu bedienen gedencket,

---

[1] Kutschen.

der wird sich, wie biß anhero, mit den Land=gutschern derenthalben zu vergleichen haben.

Wer dann auch, Siebendens, denenselbigen nicht weniger als dem Postmeister, da sich Leuth darumb bey ihme anmelden solten, der Caletschen, zu führung frembder reysender Leuth, zu bedienen bevorstehen, sonsten aber allen Unsern Burgern und Hindersassen ein solches zu thun ernstlich und durchauß verbotten und untersagt seyn solle.

Und solchem nach gebieten und befehlen Wir hiemit allen und jeden Unsern Burgern und Hindersassen, welche diese Unsere Ordnung in ein oder andere weiß berühren mag, und wollen alles Ernstes, daß sie dieser Unserer Constitution und Verordnung, so lang Wir kein anders schliessen und erkennen werden, schuldige gehorsame folg leisten, und deren zu wider nichts verfügen, noch gestatten sollen, verfügt zu werden, so lieb einem jeglichen ist, Unsere Ungnad, schwäre Andung und obenbedeute Straff zu entfliehen.

Decretum Montags den 30. Junij 1662. Renovatum Montags den 19. Julij 1669.

---

14) (Königliches Wappen).

De Par le Roy [1]

Et Monseigneur le Marqvis de Lovvois, Ministre et Secretaire d'Estat, Grand Maître des Courriers et Sur-Intendant General des Postes de France.

(Links befindet sich der französische Text, rechts folgender):

Auß Befehl deß Königs.

ES wird hiermit allen Burgeren, Kauffleuthen, und anderen, was Würdens oder Stands die seynd, verbotten, Ihre Brieff durch kein einig andere Gelegenheit, als die Ordinari=Post abzuschicken, bey Vermeidung drey hundert Pfund Straff, ein Drittel dem Jeni=

[1] Straßburger Stadt=Archiv.

gen, der es anzeigt, ein Drittel dem Spithal, und einen denen Vorgesetzten der Post, mit Confiscation Ihrer bey sich habenden Sachen.

Es wird ebenfals allen und jeden Landgutschern, Botten zu Pferd und Fuß, Fuhrleuthen zu Wasser und zu Land, und ins gemein allen anderen Personen, was Stands, Würden, oder Wesens die seynd, ohne einige exception verbotten, einige Brieff, oder Paquet auffzunemmen, bey vermeidung obgesetzter Straff der dreyhundert Pfunden, und Verliehrung Ihrer bey sich habender Güter.

Vnd wollen Ihre Maiestät, daß die Jenige von obenvermeldten, so nicht in dem Vermögen seynd, bedeutete Straffen zu bezahlen, daß selbige mit Ruthen außgestrichen, und mit der Gilgen gebrennt werden sollen, wie solches alles in denen Königlichen Ordonnantzen weitläufftiger enthalten ist [1].

A Strasbourg ce 21. Novembre l'An 1681.

---

15) (Königliche Verordnung [2]).

Zur Erläuterung des durch eine Königliche Ordonnance der Botten und anderer Briefftträger halben jüngst publicirten Verbotts, wird hiemit nachrichtlich angefügt:

Erstlich daß es keines weegs die meinung habe, daß man dadurch die zu beförderung des gemeinen Wesens bißhero gemachte Anstalten und Bequemlichkeiten zu hindern gedencke, sondern daß man vielmehr hiemit willen gebe, an alle nebens zu gelegene Orthe, da keine Ordinari Posten hingehen oder stabilirt seynd, die Brieffe nach belieben, und durch welche Personen man will, zu versenden.

Daß Zweytens denen Studiosis erlaubt seye, ein oder mehr Re-

---

[1] Der französische Text lautet im letzten Alinea:

Sa Majesté voulant que tous ceux, qui seront pris avec les lettres, & qui n'auront pas de quoy payer lesdites trois cens livres d'amende, seront condamnes au foüet, & à la fleur de lys, comme il est expressement porté par les Ordonnances.

[2] Ohne Ueberschrift; Straßburger Stadt-Archiv.

commendations- Schreiben mit sich zu führen, in dem das Verbott allein auff diejenige Personen, welche zu höchstem Praejudiz und zu Abbruch des so kostbaren Postwesens, von Brieff tragen profession zu machen sich unterfangen wollen, anzunehmen und zu verstehen ist.

Den Land-Kutscheren ist Drittens nicht weniger gegönt, die Fracht-Brieffe, über die Ihnen auffgegebene Güter und Wahren bey sich zu haben, doch dergestalten, daß dieselbige offen und unverschlossen sein sollen.

Ingleichen mögen Vierdtens die Nürnberger und Tübinger allhero gehende Ordinari Botten, sich mit den Disputationibus oder auch denenjenigen Geldern, welche denen Studiosis zu ihrer Unterhaltung übermacht werden, auch denen darüber besagenden Advis-Brieffen beladen, doch dergestalten, daß solche Brieffe, wann sie von denen Nebens-Orthen, da keine Ordinari Post hingehet, herkommen, zwar wohl verschlossen, diejenige aber, so von denen Orthen, da Ordinari Posten seind, außgesendet werden, Ihnen offen mitgegeben werden sollen.

Im übrigen ist Fünfftens die Verordnung geschehen, daß, wann einer oder der ander Burger oder Einwohner hiesiger Statt, zu eintreibung seiner außständigen Gülten oder anderer Schulden auff dem Land, sich eines hiesigen Cancelley Läufferbotten bedienen will, der oder dieselbige, zu verhütung alles Verdachts, mit gewissen „zwey oder drey Monat geltenden, mit der Statt Straßburg Cancelley Insigel verwahrt" und bekräfftigten Schein versehen werden sollen, umb damit auff allen Fall ihre Personen zu legitimiren- darnach sich männiglich zu richten wissen wird. Signatum den 26 Novembris 1681.

16) Postbericht von Straßburg vom Jahre 1681[1].

De Par (Königliches Wappen) le Roy.

Monseignevr le Marqvis de Louvois et de Courtenuaux &c., Conseiller du Roy en ses conseils, Commandeur et chancellier de ses Ordres, Ministre & Secretaire d'Estat & des Commandemens de Sa Majesté, Grand Vicaire General de l'Ordre de Nostre Dame du Mont Carmel & de St. Lazare de Jerusalem, Grand Maitres des Courriers & Sur-Intendant General des Postes, Relais & Chevaux de Loüage de France.

Les courriers ordinaires de Strasbourg

partiront		arriveront
Les Dimanches les Mardys & les Vendredys à minuit.	Paris & la France passants par Saverne, Phalsebourg, les places de la Saare, Marsal, les Evesches, la Loraine, la Champagne, le Luxembourg François, les places de la Meuse & l'Angleterre.	Les Dimanches, les Mercredys & les Vendredys au soir en Esté les lendemain desd. jours en Hiver.
Les Lundys & les Vendredys à midy precisement.	Spire, Rhinhausen, le Palatinat, Francfort, Mayence, Cologne & toute la basse Allemagne, la Flandre, Espagnolle, la Hollande & les pays de Liège.	Les Lundys & Jeudys au matin.
Les Lundys à midy precisement.	Auchsbourg, Canstat, Vlm, Ratisbonne, Vienne, le Tyrol & toute la haute Allemagne.	Les Lundys au matin.

[1] Ohne Ueberschrift; Straßburger Stadt-Archiv.

Les Jeudys à midy precisement.	Schafouze, Zuric, Saint-Galle, Constance, Lindau, Kempten, Bregentz, Milan, Venise & l'Italie.	Les Vendredys au matin.
Les Lundys & les Vendredys à trois heures apres midy.	Scelestad, Brisac, Fribourg, Colmar, Hunningue, Porentru, Montbeliard & toute la haute Alsace, Basle & toute la Suisse, les Villes Forestiers, Geneve, Lyon, le Dauphiné, la Provence, Bezançon & la Comté.	Les Lundys & les Vendredys avant midy.
Les Lundys & les Jeudys à midy.	Haguenau & la basse Alsace.	Les Lundys & les Jeudys au matin.

Touttes les lettres s'affranchiront pour l'Allemagne, sans quoy elles resteront.

Le bureau de la poste sera doresnauant (fernerhin) à Strasbourg chez la Veufue (Wittwe) Zeisolf dans la Schlossergas.

17) Pour la commodité du public [1].

(Französischer Text und darunter der nachfolgende in deutscher Sprache:)

Auff Sonntag den 9. Juni wird mit spedirung einer Ordinari Post in die Sauerbronnen, je dreymahl in den Wochen, der Anfang gemachet werden, als Sontags, Dienstags und Freytags zu Abend, und wird auch solche dreymahl allhier ankommen, als Montag, Mittwoch und Freutag morgens frühe.

Anbey wird jedermännlichen, weß Standes man auch seye, verbotten, keine Brieffe weder verschlossene noch offene hin oder her mit sich zu nehmen bey straffe, wie solche die Königl. Ordonnances mit sich bringen [2].

[1] Straßburger Stadt-Archiv.
[2] Vom Jahre 1682.

18) DE PAR LE ROY[1]

et Monseignevr le Marqvis de Louvois, & de Courtenuaux &c. Conseiller du Roy en ses Conseils, Commandeur & Chancelier de ses Ordres, Ministre & Secretaire d'Estat & des Commandemens de Sa Majesté, Grand Vicaire General de l'Ordre de Notre Dame de Mont Carmel & de St. Lazare de Jerusalem, Grand Maitres des Courriers & Sur-Intendant General des Postes, Relais & Chevaux de Loüage de France.

Bei Vollziehung der Königlichen Verordnung, beschehen in dero Rath den 12. Martii 1597, auch denen in folgendem Monat May herauß gegebenen Patenten, und der darauf erfolgten Declaration im Monat Augusti 1602, so alles in dem Parlament zu Paris den 23. Januarii 1598 und 3. Juli 1609 ordentlich eingezeichnet, ferners denen Declarationen beschehen im Februar 1604 und Oktober 1616 sampt deren im Mayo 1632 so gleicher gestalten in dem Parlament zu Paris den 2. Augusti 1633 registrirt, und dann auch krafft des Königlichen Decrets gegeben in dero Rath den 11. Februarii 1670 Thut Ihre Königl. Majestät hiemit jedermänniglichen, was Würden und Stands ein jeder auch sein möchte, austrücklich verbiethen, keines weegs, unter was für prætext es auch sein möge, sich zu unterfangen, einige Lehn-Rosse weder heimblich noch offentlich zu unterhalten, es seye dann, daß man vorhero dessen expressè permission von Monseigneur le Marquis de Louvois empfangen habe, als deme dieses Recht allein zustehet, und Ihme deßwegen von jedem Lehn-Roß, so viel man deren unterhalten würde, je von drey Monath zu drey Monaten, und zwar zum vorauß jederzeit 2 Reichsthaler erlegét werden muß, und solches bey Straff 300 Pfund, davon der halbe Theil dem Hospital, das übrige aber hochgedachten Monseigneur le Marquis de Louvois und dessen Commis zufället; Weilen nun Ihre Königl. Majestät auch ferners haben

[1] Straßburger Stadt-Archiv.

wollen, daß durch hochgedachten Monseign. le Marquis de Louvois, oder dessen Commis, in allen Orthen des gantzen Königreichs, eine solche Anzahl dergleichen Unterhalter der Lehn=Rosse bestellet würden, so viel es deren, dem gemeinen Wesen zum Besten, nöthig zu sein erachtet wird, und damit auch solche Leuthe ihre Dienste desto fleissiger verwalten, haben Allerhöchst=gedachte Ihre Königl. Majestät durch dero Ordonnancien declarirt, daß alle solche Leuthe von allen Wachten, Commissionen, der Ufflagen, so wegen der Armen, der Laternen und säuberung der Gassen beschiehet, aller Vogtheyen und andern dergleichen Burgerlichen Chargen, deßgleichen auch aller würcklichen Einquartierung der Soldaten befreyet seyn sollen, wie solches alles in gedachten Königlichen Ordonnancien ausführlicher beschrieben.

Wird demnach hiermit männiglichen kund und zu wissen gethan, daß, vermög oben=gedachter Königl. Ordonnancien Monseigneur le Marquis de Louvois gesinnet seye, auch in der Statt Straßburg und denselben zugehörigen Orthen, dem gemeinen Wesen zum besten, in der Statt drey solcher Unterhalter der Lehn=Rosse, zwey in jedem Flecken, und ein in jedem Dorff zu setzen, welche einig und allein macht haben sollen, ihre Pferde jedermänniglichen, und zwar solche nur im Schritt gehen zu lassen, und ordentliche Tagereysen darmit zu zu thun, darzuleyhen, welche auch allein erstgedachte Privilegia zu geniessen haben werden. Zu dem ende denn der Herr de Courcelle, Commis und Directeur der Posten allhier, von hoch gedachtem Monseig. le Marquis de Louvois, wie den Posten, also auch in diesem Recht der Lehn=Rosse vorgesetzet, umb von allen denen, so es unterfangen wollen, Ihre Gebotte, so sie deßwegen thun würden, anzunehmen, welches denn alle Tag und zu allen Stunden bei Ihme in dem Post=Hause geschehen kan. Ehe aber solche Königliche Ordonnancien zur execution gebracht, und Ein, Zwey, oder Drey gewisse hierzu bestellet und eingesetzt werden können, solle sich inzwischen niemand bei obenangesetzter Straffe der 300 Pfund unterstehen, Pferdt solcher gestalten zu verleyhen, man habe sich denn vorhero bey gedachtem Herrn de Courcelle deßwegen angemeldet, die Anzahl der Pferde, so man hat, benambset, und von jedem Pferdt das Reht[1] der 2 Reichsthaler, für drey Monat, zum vorauß bezahlet. Man wird allen denen, so das Recht der 2 Reichsthaler bezahlen werden, deßwegen unterzeichnete und verpitschierte Scheine ertheilen, es müssen aber solche alle drey Monat erneuert, auch die Anzahl der Pferde, so hierzu gebrauchet werden, deßgleichen die Ställe, darinn solche stehen, treulich benambset werden. So solle man auch in solche Ställe keine andere Pferde, unter was für prætext es auch seye, einstellen noch logiren, auch keine grössere Anzahl Lehn-Rosse, ausser denen, so man declarirt, anderwärts heimblich unterhalten, alles bei confiscation solcher Pferde und Straff der 300 Pfund; Diejenige aber, so solches Recht entlehnen und beständig behalten wollen, können ihre Gebott schriftlich, von sich unterschrieben, übergeben. Man wird allhier zu Straßburg nicht mehr als Drey annehmen, so es aber jemand allein entlehnen will, kan es auch geschehen. Straßburg, den 12. Januarii 1682.

19) Königliche Declaration.

Alle diejenige mit dem Todt bestraffend, welche Früchten auß dem Königreich zu verführen sich gelusten lassen[2].

Wir Ludwig von GOttes Gnaden, König in Frankreich und Navarren, Entbieten allen denjenigen, so gegenwärtiges vorkombt, Unsern Gruß. Es ist der Handel, so mit Früchten und anderem Gekürn ausserhalb deß Königreichs, und ohne austrückliche Erlaubnuß beschiehet, von denen Königen Unseren Vorfahren, jederzeit und sehr scharff verbotten gewesen. Einige solche Verordnungen haben die Confiscirung Leibs und Guts wieder die Verbrechere in sich verfaßt; andere haben sie gar der Beleydigten Majestät schuldig erkannt.

[1] Soll wohl heißen: „Gebühr."
[2] Straßburger Stadt-Archiv.

Gleich wie aber gemeiniglich die Jährlichen Einerdnungen weit mehr ertragen, alß zu unterhaltung Unßerer Unterthanen wohl von nöthen seyn mag, und dahero vor gut angesehen gewesen, Ihnen zu Zeiten zu erlauben, Ihren überfluß an die Frembde abzuführen. So ist doch mit erfolg der Zeit es dahin kommen, daß man sothane öfftere Erlaubnussen, welche gleichwohl insgemein nur auff gewisse Zeit und Zahl angesehen gewesen, vor eine heimliche Wiederruffung derer alten Verordnungen auffnehmen wollen, Welches Uns dann bewogen gehabt, sothane Verordnungen, obwohl mit anhenckung geringerer straffen indeme Wir die übertrettere nur mit der Straff der Galeren angesehen, auch von Zeit zu Zeit erneueren. Nach deme Wir aber in erfahrung gebracht, was massen ohnerachtet aller solcher Verbott, deren Straff keine genugsame Forcht eingepräget hette, vielleicht unter dem Vorwand, als wäre man deren nicht zur genügen kundig gewesen in ansehung, daß die Verordnungen darinn solche Straffen enthalten, meistentheils nur in denen See=Stätten publicirt worden; Also viele Privat-Personen täglich an vielen Orthen sich einen grossen Vorrath an Früchten und anderem Gekürn zusammen häuffen, in der Absicht, solche in frembde Land, da sie theurer dann in dem Königreich, verkaufft werden, zu verführen, welches dann verursachet, daß, obschon ein genugsamer Vorrath so an Früchten alß allerhand anderem Gekürn zu unterhaltung Unserer Vnterthanen vorhanden, der Preiß deren gleichwohl sehr hoch gestiegen und noch steiget, dahero Wir auch solchem Vbel zu begegnen, nöthig erachtet, die rechtmäßige Schärffe der alten Verordnungen wiederumb zu erneueren. Umb welcher und anderer Ursachen halber, so Uns hierzu bewogen, Wir dann hiermit und in krafft dieses gegenwärtigen, so Wir mit Unserer eigenen Hand unterzeichnet, allen Unseren Unterthanen, was Stands die sein mögen, Handels= oder anderen Leuthen, alles Ernstes befehlen und verbieten, Einigerley Früchten ahne Weitzen, Speltz, Korn, Habern oder anderem Gekürn, Was Nahmens oder Art des seye fürohin auß dem Königreich, ohne sonderbare Unsere Erlaubnuß wegzuführen, oder wegführen zu lassen, es seye zu Land oder zur See, oder auf denen Flüssen, und unter was Vorwand solches geschehen möge, Bey Straff deß Lebens, auch confiscirung der Früchten, Wagen, Geschirr, Pferde, Schiff, Kauffardey-Schiff, und allen anderen Fuhrwercks, dessen man sich zu außführung der Früchten hat bedienen mögen, und über das bey straff noch drei Tausend Pfund Geldts. Wollen hiermit, daß die Verbrechere ohne einige Gnad und Nachlaß, an dem Leben gestrafft werden. Vnd befehlen hierauff Unseren Lieben und getreuen Räthen Unsers Parlements zu Paris, umb gegenwertiges lassen zu verlesen, zu publiciren und zu protokolliren, auch daß dessen Inhalt nach aller Form nachgelebet werde, zu verfügen und Hand darob zu halten. Dann solches ist Unser Ernster Will und Meinung. Zu Vrkund dessen haben Wir unser Siegel an diesen Brieff hencken laßen. So geben zu Versailles den 22. Decembris, im Jahr Ein Tausend Sechshundert Neunzig und Acht, und unserer Regierung im Sechs- und Fünfftzigsten. Vnterzeichnet **Ludwig.** Vnd besser unten, von wegen des Königs (Phelypeaux) Vnd versiegelt mit dem grossem Insiegel in gelbem Wachs.

Also protocollirt und abgehört auf anhalten des Königlichem General-Procurators, umb solches nach seiner Form und Inhalt exequiren zu lassen. Und seynd die vidimirte Copeyen in die Aempter hiesiger Jurisdiction verschickt worden, umb allda auch abgelesen, publicirt und protocolirt zu werden. Und ist den Substituten des Königl. General-Procurators anbefohlen, darob zu halten, und dessen den Königl. Hoff innerhalb Monats-frist wieder zu berichten, alles vermöge heutigen Parlement-Schlusses. Geben im Parlement zu Paris den 31. Decembris 1698. Unterzeichnet Dongois.

Claude de la Fond, Conseiller du Roy en les Conseils d'Etat Maitre des Requêtes Ordinaire de son Hostel, Intendant de Justice, Police et Finances de la Province d'Alsace.

Nachdem Wir die Königliche Declaration, davon hierbei Copey beygehet, genau besehen; Alß befehlen wir hiermit, daß solche in dem gantzen Bezirck unßerer Jurisdiction nach deren Form und Inhalt bestens exequirt werde; mithin allen Inwohnern und privat-

Personen jeder Provinz ernstlich entpfehlend derselben gemäß zu leben, alles unter der darinn enthaltenen Straff; desgleichen alles und jedweden Amptleüten, Obrigkelten, Schultheißen und Burgermeistern darüber genaue Obsicht zu haben bey Straff deswegen in ihrem eigenen nahmen Red und Antwort zu geben.

Gegeben zu Straßburg den 16. Martz 1699. Unterzeichnet de la Fond. Und beßer unten, von wegen meines Barons Gondouin.

---

20) Niemand soll mit Juden Contrahiren als allein um Essenspeiß und Pferd[1].

Es soll niemand er seye Burger, Innwohner, Vnderthan, Zugehöriger oder Verwanther, noch dessen Weib, Kinder oder Gesind, in Statt oder Land, mit einigem Juden oder Judensgenossen, selbsten, oder durch die zweyte, dritte oder mehrere Hand, heimlich oder offentlich, in- oder ausserhalb dieser Statt Obrigkeit, innerhalb acht Meil Weges rings um diese Statt etwas Handlen, Wechslen, Vertauschen, Verpfänden, Kauffen, verkauffen, Entlehnen, Verbürgen, noch in einige andere Wege, wie dieselben Nahmen heben mögen (ausserhalb was Essenspeiß um baar Geld, und die Pferd-Handlung betrifft) soll zuthun und zuschaffen haben, bey Straff Fünfftzig Pfund Pfenning, oder wohl einer höhern Straff auff Seiten des Christen, und Verlust deß Gelts, Schuld oder erhandelten Guts auff Seiten deß Juden. Inmassen solches alles weitläuffig und ausführlich in der Policey-Ordnung, tit von Juden § 6 & seqq. versehen ist[2].

---

[1] Straßburger Stadt-Archiv.

[2] Obige Verordnung ist ohne Datum; die Polizei-Ordnung datir vom 7. Mai 1708.

21) Extract aus dem General-Vertrage der Post.

Vom 18. April 1721[1].

An Dero Hoch=Gräfflichen Gnaden den Hochgebohrnen Herren Herren De Harlay, Graffen von Cely, Königlichen Staats=Rath und Intendanten in der Provintz Elsaß.

Dero Hoch=Gräfflichen Gnaden gibt Johann Coulombier, general=Verpachter von den Posten und Land=Gutschen in Frankreich, in Unterthänigkeit zu vernehmen, daß, nachdeme in der Verpachtung aller Gerechtigkeiten Einkünfften und Genussen der Brieff= und Paquet=Brieffen porto sowohl Französischer als Frembder, so Ihro Königliche Mayestät in Dero Staats=Rath den 18 Aprill 1721 demselben allergnädigst vergönnet, verbotten worden allen Botten, Fuhrwerckeren, Lohn= und Land=Gutschren, Kaletschen, und Wagen=Fuhrleuthen, Maul=Esel=Treiberen, Fracht=Wägen=Fuhren, Hüner=Verkäufferen, Buttermännern, Eyer=Krämeren, Schiff=Leuthen, Land=Krämeren und allen anderen Persohnen, sowohl zu Land als zu Wasser einige Brieffe oder Brieff=Paquete zu bestellen, indeme Ihro Königliche Mayestät allergnädigster Befehl wäre, daß sie alle sollen auf die Post gelieffert werden, außgenommen die offene Fracht=Brieffe, über die Waaren, mit welchen sie sich beladen würden, und solches bey 500 Thaler Straff, Confiscation der Pferdte und Fuhrwercke bey jeder Uebertrettung, und daß auch dem Imploranten, seinen Befehlshaberen, Unterpachteren, Verwalteren, Einnehmeren, Schreibern, Buchhaltern, Postillionen und Gutschern, die nehmlichen Privilegien und Befreyungen, so sie in vorigen Zeiten nebst anderen darinnen enthaltenen Freyheiten genossen, vergünstiget werden, wie solches weitläuffig in gedachter Verpachtung enthalten ist. Wann aber der Implorant alle solche Gerechtig=

[1] Straßburger Stadt=Archiv. (Hier folgt zunächst ein Extract aus dem General=Vertrage in französischer und demnächst das Folgende in französischer und deutscher Sprache.)

keiten in dem Bezirck dero Hoch=Gräfflichen Gnaden Gebiets nicht geniesset; als geruhen dieselben auff übergebenen Ordnungs= mässig collaitionirten Extract von gemeldter Verpachtung in Rechten zu erkennen, daß gemelte Verpachtung nach dero Form und Innhalt in dem gantzen Bezirck der Provintz Elsaß bey denen darinnen enthaltenen Straffen im Fall der Uebertrettung wider jedermann, so darwider handlen wird, solle vollzogen werden, und damit sich niemand mit der Unwissenheit entschuldigen könne, dem Imploranten zu erlauben sowohl den Extract von gemelter Verpachtung als auch gegenwärtige Bittschrifft und dero angehenckte Erkanntnuß trucken, offentlich ablesen, und allwo er es vor nöthig erachten wird anschlagen zu lassen. Unterschrieben Defresney.

Auff gegenwärtige Bittschrift wie auch Extract von der von dero Königlichen Mayestät dem Imploranten allergnädigst vergönnten Verpachtung vom 18 Aprilis 1721 ist mit Urthel zu recht erkennt; daß die gedachte Verpachtung nach dero Form und Innhalt solle vollzogen werden. Verbiethen demnach allen und jeden Persohnen darwider zu handeln, bey der darinnen enthaltenen Straff der 500 Thaler bey jeder Uebertrettung. Erlauben auch dem Imploranten so wohl gedachter Extract seiner Verpachtung als auch obige Bittschrifft mit dieser gegenwärtigen Erkanntnuß zu trucken, offentlich abzulesen, und aller Orten in dem Bezirck unsers Gebieths, wo er es vor nöthig erachten wird, anzuschlagen, damit sich niemand mit der Unwissenheit entschuldigen könne. Decretum Straßburg den 14 Decembris 1726 unterschrieben De Harley und auff Befehl Ihro Hoch=Gräfflichen Gnaden Peloux.

Urthel, so wider die Gutscher der Franckfurther, Landauer und Durlacher Land=Gutsch ergangen ist, weilen man sie angetroffen, daß sie verbottener Weiße Brieffe mit sich geführet haben.

Auff gegenwärtige Bittschrifft, deroselben geschehene Significationen vom 4. und 9. Octobris jüngst, vorgebrachte Verantwortungen von Johann Rinck, dem Gutscher der Landauer Land = Gut=

schen, Johann Adam Hertzog, dem Gutscher der Durlacher Land-Gutschen; übergebene Gegen-Verantwortung von Seiten deß Imploranten; wie auch über die angelegte Arreste auffgesetzte Verbal-Processe vom 24. und 25 Septembris jüngst deßgleichen Extract von der von Ihro Königlichen Mayestet dem Imploranten allergnädigst vergönnten Verpachtung vom 18 Aprilis 1721 ist mit Urthel zu recht erkandt, daß den durch die auffgesetzte Verbal-Proceß vom 24. und 25 Septembris jüngst angelegte Arreste gut und gültig seyen. Befehlen demnach, daß die in gedachtem Verbal-Proceß enthaltene Land-Gutschen sambt denen Pferdten, so daran gespannet gewesen, zu Nutzen des Imploranten erworben und confiscirt verbleiben, als welchem sie sollen überliefert, oder der Werth davon bezahlt werden, worzu diejenige, bey welchen sie hinderstellet worden, sollen gehalten und hiermit davor auffs förmlichste und gültigste quittirt seyn. Die Ubertrettung betreffend, sollen gedachte Joh. Rinck, Adam Fath und Johann Adam Hertzog jeder in die Straff von 500 Thaler condemnirt seyn. Im übrigen wird die dem Imploranten den 18 Aprilis 1721 vergönnte Verpachtung nach dero Form und Innhalt bey denen darinnen enthaltenen Straffen zu vollziehen anbefohlen. Decretum Straßburg den 14. Decembris 1726. Unterschrieben De Harlay, und auff Befehl dero Hoch-Gräfflichen Gnaden Peloux.

22) De Par le Roy[1]

Arrest des Königlichen Staat=Raths,

Durch welches jedermänniglichen was Standes und Condition der auch immer seyn möge, verbotten einige Brieff, noch Brieff=Pacquet, zur Uberliefferung anzunehmen, solche zu tragen, oder dieselben auszutheilen, noch auch einige Niederlag zu halten, allwo dieselbe angenommen, oder überliefert, und außgetheilet werden.

Gezogen aus denen Registern des Staat=Raths.
Vom 30. May 1730.

Auff die dem König durch Accurse Thiery General=Pachtern des Post= und Botten=Weesens, in seinem Hohen Rath übergebene Bittschrift, dahien gehend, daß obwohlen durch verschiedene in dem Hohen Rath ertheilte Arrests und Verordnungen jedermänniglichen, wes Standes und Condition der auch immer seyn möge, einige Brieff noch Brieff=Pacquet, zur Uberliefferung anzunehmen verbotten: und durch den VIII. Articul seiner Pacht=Verschreibung allen und jeden Botten, Eigneren, Pacht=Männeren, Beſtätteren, Gutscheren, Land=Gutschern, Chaisen und Karch=Führeren, Maulthier=Treiberen, Fuhr=Männeren, Fuhr=Knechten, allen Hüner=, Butter= und Fisch=Trägeren, allen Kauffleuthen, und Krähmeren und sonsten allen anderen Leuthen wes Gattung die seyen, weder zu Wasser noch zu Land einige Brieff noch Brieff=Pacquet zu tragen, gleichmäßig inhibirt, anbey durch eben diesen Articul anbefohlen daß alle Brieff und Brieff=Pacquet, nur allein die Fracht=Brieff außgenommen, auff die Post sollen getragen werden: So habe er gleichwohl erfahren müssen, daß in verschiedenen Orthen des Königreichs Privat=Persohnen, unter dem Vorwand, daß sie dem publico bedient seyn wollen, in deren Behaussungen die Brieff von denenjenigen

[1] Straßburger Stadt=Archiv.

welche sie dahin bringen, annehmen, mit der Versicherung daß sothane Brieff auff die Post würden gebracht werden, wodurch sie in der That auß deren Behaussung eine Niederlag machen allwo die Brieff, und Brieff=Pacquet, welche gleichwohl nirgend anderswohin als in das Post=Hauß gehören, angenommen werden, welches dann ein Miß=brauch so einig und allein auff Betrug und dahin angesehē̄n, das Post=ambt in seinen Rechten zu kränken; weßwegē̄n dann der Supplicant seine Majestät anflehe dißfalls ihme die hülffliche Hand zu biethen: Nach angehörtem Vortrag des Hrren Orry Ordinari Rath, in dem Königl. Rath, General-Controlleur des Finantz=Weesens, haben Ihro Majestät, Dero Rath beywohnend, befohlen und befehlen, daß die wegen des Post=Weesens ertheilte Arrests und Verordnungen nach deren Form und Innhalt, und wie es erstangeregte Arrests, und der VIII. Articul der gedachten Thiery den 11. Septembris 1729 ge=schehenen general-Uberlassung deß Post= und Botten=Weesens mit sich bringen, vollzogen werden sollen. Und verbiethen Ihro Majestät allen und jeden Botten, Eigneren, Pacht=Männeren, Bestätteren, Gutscheren, Chaisen und Karch=Führeren, Maulthier=Treiberen, Fuhr=Männeren, Fuhr=Knechten, allen Hüner=, Butter= und Fisch=Trägeren, allen Kauffleuthen und Krämeren, und sonsten allen an=deren Leuthen, wes Gattung sie seyen, weder zu Wasser noch zu Land einige Brieff noch Brieff=Pacquet zu tragen. Uber dieses ge=biethen Ihro Majestät daß alle Brieff und Brieff=Pacquet, allein diejenige Fracht=Brieff über die Waaren welche gedachten Fuhr=Männeren, Fuhrknechten, Kauff=Leuthen oder Kramern zur Uber=liefferung anvertrauet, außgenommen, zur Post=Büchs und in die Post=Stub sollen getragen werden. Anbey verbiethen Ihro Maje=stät ebenmäßig allen Gast=Halteren, Würthen, Aubergisten und allen anderen Persohnen, wes Standes und Condition die seyn mögen, einige Brieff noch Brieff=Pacquet, unter was Schein es auch seyn möchte, in dero Behaussungen anzunehmen, bey Straff fünfhundert livres welche bey der ersten Ubertrettung verfallen seyn solle, und noch schärfferer Anthung im nochmaligen Uebertrettungsfall: Mit Befehl an dero in denen Provintzen und Généralités deß König=

reichs bestellte Herren Commissarien die Hand ob Vollziehung gegenwärtigen Arrests, als welches damit niemand sich mit der Unwissenheit entschuldigen möge, aller benöthigten Orthen, offentlich abgelesen, kund gethan, und angeschlagen werden solle, die Obrigkeitliche Hand zu halten. Geben in dem Königlichen Staats=Rath gehalten zu Fontainebleau den 30. May 1730. Collationirt, unterschrieben. Devougny.

Paul Esprit Feydeau, Ritter, Herr von Brou, Montereau, Fautyonne, Maison rouge und mehr anderer Orth, Staats=Rath, Intendant über das Justitz= Policey= und Finantz=Weesen im Elsaß.

Nachdeme Wir obiges Königliche Arrest besichtiget So befehlen Wir daß selbiges nach all deßen Form und Innhalt vollzogen, auch in allen Städten und Orthen dieses Departements allwo es nöthig seyn wird, offentlich abgelesen, kund gemacht und angeschlagen werden solle, damit niemand sich mit der Unwissenheit entschuldigen könne. Geben den 14 November 1730. Unterschrieben Feydeau, und besser unten auß Befehl Ihro Gnaden Mahon.

---

23) Mandat des Magistrats in Straßburg wegen Verkürzung der Zölle und Gebühren [1].

WIr Frantz Joseph von Hürtigheimb, der Meister und der Rath der Statt Straßburg, Fügen hiemit zu wissen, und thun kund jedermänniglich: Demnach Wir nicht ohne sonderbahres Mißfallen und Beschwärnuß verspühren und wahrnehmen müssen, welcher gestalten, an gemeiner Statt Bureaux und Zoll=Stätten, sowohl in= als ausserhalb der Statt, von Einheimischen und Frembden vielfaltige Verkürtzung, Gefährdte und Betrug in Abrichtung deß gebührenden Zolls, Umbgelts, Acciß, und anderer dergleichen Statt=Gebühren, biß anhero gebraucht und verübet worden; indem einstheils die Zollbahre Waaren, Denrées und Effecten entweder gar nicht,

[1] Straßburger Stadt=Archiv.

oder doch eine Gattung für die andere, zu hindergeh- verkürtz- und Veralgung der Statt Zölle angegeben, anderen theils aber selbige nicht in ihrer wahrhafften und eigentlichen quantitæt, Anzahl und Gewicht declarieret worden, ohnerachtet derer dißfalls sowohl in denen allgemeinen Rechten ohnehien versehener, auch in vorigen Zeiten durch unterschiedliche außgelassene Mandaten und Ordnungen von Unseren Löbl. Vorfahren, und Uns, eingeschärfften und wiederholten schwären Straffen und Confiscationen, welche wieder die jeweilige Ubertrettere für zunehmen; auch mehrmahlen in älteren als neueren Zeiten, und biß dato, nicht nur zur Steurung dieses Ubels, und zu Abstraffung derer Delinquenten und Zoll-Betrügere, sondern auch anderen zum Abscheu und Exempel haben müssen vorgenommen und andictieret werden: und aber Wir, vermög tragenden und Uns anvertrauten Obrigkeitlichen Ambts, solchem Unwesen und Verkürtzung dieser Statt Zölle und Gefälle ohnmöglich länger nachsehen können, noch wollen, sich auch niemand der Unwissenheit behelffen, oder entschuldigen möge; als haben Wir nöthig erachtet, den Innhalt derer in Ansehung richtiger Angebung der Effecten, und Abstattung der davon schuldiger Zollgebühren vormahls außgelassener Ordnungen, hiemit nochmals kürtzlichen zu wiederhohlen; anbey jedermänniglich vor denen ohnaußbleiblichen Confiscationen und Straffen, treulich-wohlmeynend, auch ernstlich zu verwarnen und abzumahnen, einfolglichen zu jedermänniglichs Nachricht publicieren zu lassen.

Ordnen solchemnach, befehlen, wiederhohlen und wollen, daß an allen und jeden Unseren Zoll-Stätten und Bureaux, sowohl inn- als außerhalb der Statt, Umbgeld, Kauffhauß, Zollkeller, Fleisch-Accis, Statt-Thoren, Schleussen, und allen anderen dergleichen Statt-Zöllen, alle sowohl hier bleibende als durchgehende Waaren, Wein, Früchten, Denrées und Effecten, ohne Unterscheid, sie mögen Nahmen haben, wie sie wollen, getreulich, erbarlich, ordentlich, und jedes insbesondere angegeben und declarieret, mithin nichts davon verschwiegen, noch eines vor das andere, oder auch zu wenig benahmbset, noch vielweniger ichtwas veralget, verdutschet, verstecket, und sonst unter einigem Vorwand oder mit Gefährdte herein und vorbey geführt, getragen und practicieret werden solle. Würden aber einer oder mehr hierinnen gefährlich zu handlen und diese Verordnung zu übertretten sich underſtehen und anmassen, der oder dieselben sollen benebst würcklicher Confiscation und Verlust der also entweder gar nicht, oder fälschlich, oder aber zu wenig angegebener Waaren, Wein, Früchten, Denrées und Effecten, annoch mit der in denen Ordnungen enthaltenen Straffen und Pönen beleget werden; auch sogar, nach Erheischung derer beschwährender Umbstände, die Fuhr, Pferdt, Schiff und Geschirr, sambt auffhebenden übrigen Effecten gemeiner Statt gäntzlichen verfallen seyn.

Vnd soll gegenwärtige Verordnung nicht nur allein am nächstkünfftigen Marcktag offentlich abgelesen, sondern auch an allen und jeden der Statt Bureaux und Zollstätten angeschlagen werden, damit sich jedermänniglich darnach zu richten, einfolglichen vor Schaden und schwären Straffen zu verhüten wissen möge. Decretum bey Herren Räth und XXI. Montags den 23. Julii Anno 1736.

24) Revidirte Ordnung des Wasser-Bestätters [1].

Der Wasser-Bestätter soll schwöhren einen leiblichen Eyd zu GOtt dem Allmächtigen der Statt Straßburg getreu und hold zu seyn, dero Nutzen und Frommen zu beförderen, dero Schaden und Nachtheil zu warnen, so fern er kan, weiß und vermag; auch diesem seinem Dienst bestem Vermögen nach vorzustehen, denselben zu verwalten, und dergestalt zu versehen, daß weder Kauff- oder Handels- noch auch Schiffleuth, wider seinen Unfleiß einige Klag mit Fug vorzubringen, die geringste Ursach finden mögen; sondern er solle vielmehr bey solchem seinem Eyd, jedermänniglichen, der seiner Hülff vonnöthen haben wird, auff das fleißigste an die Hand gehen, auch

[1] Die obige ist eine der vielen für die Beamten des Kaufhauses ergangenen Ordnungen, entnommen dem Straßburger Stadt-Archiv.

zu dem End das Kauff=Hauß sowohl Vor= als Nachmittags fleißig besuchen, anbey, damit diejenige, welche ihnen ihr Guth in sothaner Qualität eines Bestätters anvertrauen, nicht in Gefahr gesetzt werden, für drey tausend Gulden burgerliche Caution stellen. In dem übrigen aber sollen

Erstlichen, alle Rhein=Gefährt zu Berg und zu Thal sich seiner (jedoch was die Frembde betrifft mit der Ermäßigung, wie unten § 9 gemeldt) zu bedienen schuldig seyn.

Zweytens, solle derselbe denen Herrn Kauffleuthen von Zeit zu Zeit auffwarthen, und nach Ladung fragen, auch so viel möglich das Guth auff das Wasser wenden.

Drittens, das Guth von denen Herren Kauffleuthen, wie es an die Hand kommt, annehmen, sogleich in deren Gegenwart desselbe in sein Buch ordentlich einzeichnen, und sorge tragen, daß solches ohnauß gesucht, in der Ordnung, wie es angegeben worden, durch den Schiffmann eingeladen, und wann das nach denen Articuln (als welche er sich wohl bekannt zu machen hat,) und in specie nach der heut dato ertheilten Verordnung der Schiffarth betreffend, wie auch nach Außweisung der jeweiligen Fertiger Zedul bestimmte Quantum beysammen, daran seyn, daß der Schiffmann ohnverweilt abfahre; auch vigiliren, damit ferner, und nirgend anderswo, als vor dem hiesigen Kauff=Hauß und Craan, bei hoher Straff, auch nach gestelten Umbständen, bei würcklicher Confiscation, nichts eingeladen noch außgeladen werde.

Vierdtens, eine gleiche Bewandtnuß soll es auch haben mit denen Compagnie- und Wein=Reisen: jedoch bleiben diese letztere, nemblichen die Wein=Reisen, wie herkommens, jedesmahl ein freyer Verding.

Fünfftens, falls pressirt Guth an die Hand käme, solle er es auch annehmen, und nach Ordnung eine Spiel=Reiß darauß machen.

Sechstens, die Frachtbrieff, Zeichen und Acquits solle er wohl examiniren, daß kein Mangel entstehe, und vigiliren, daß gemeiner Statt an dero Gefällen nichts unterschlagen werde; auch schuldig seyn, falls er einige Transgressionen, oder daß etwas wider gemei=

ner Statt Interesse unterfangen werden wolle, wahrnehmen sollte, solches ohnverweilt bey Verlust seines Diensts, behöriger Orthen anzubringen, falls der Wasser-Bestätter sich dieses Verbrechens selbsten theilhafftig zu machen verhüthen, und die Erlegung solcher Straff für sich selbst vermeiden will; zu dem Ende wegen des ohne Zeichen und ohne Angebung in dem Kauff-Hauß und an dem Craan ein- und abgeladenen Guths die Confiscation und Straff, in dem 14ten und 15ten § der erneuerten Kauff-Hauß-Ordnung enthalten, ohnnachläßig abgenommen, und dißfalls die Denunciation denen Oberen Kauff-Hauß-Herren und Beambten des Kauff-Hauses, durch den Wasser-Bestätter, bei würcklicher dessen Cassation verfüget werden solle; Und nachdeme denen Schiffischen vermög der ihnen im Jahre 1731 ertheilten Ordnung § 10 biß auff anderwärtige Verordnung vergönnet worden (falls sie sowohl wegen der grossen als nebens Reysen nach deren Tour hier abfahren,) Kauffmanns-Guth, so ihnen über Rhein an Hand kommen möchte, in dem vorbeyfahren mit einzuladen, jedoch nicht anderst, als daß sie selbiges zuvor hier sowohl bey denen Fertigeren, als auch in dem Kauff-Hauß anzugeben, den durchgehenden Zoll mit der Helffte dessen, was derselbe sonsten ertragen möchte, allda abzurichten, und sie auch auff dieses Guth, als welches unter denen ihnen respective geordneten 400 und 300 Centneren, wie in dem Articul gemeldt, nicht begriffen, damit das Schiff nicht überladen werde, sich nach Ordnung fertigen zu lassen, bey scharffer Obrigkeitlicher Ahndung pflichtig seyn sollen: So solle deßwegen der Wasser-Bestätter sowohl, als die geschwohrne Fertiger, wie auch gesammte Schiffleuth, so dessen wissens hätten, bey ihren Eyden, damit der Statt jetztbemeldte Gebühr davon abgerichtet werde) in dem Kauff-Hauß und Zoll-Keller schrifftlichen und specificè es zu denunciren schuldig, widrigenfalls eber der Wasser-Bestätter und die Fertiger, wie auch die Schiffleuthe, so solches wissentlich veralgen würden diesen Zoll aus dem ihrigen benebst 25 Pfundt Pfenning Straff zu erlegen gehalten seyn; Von welcher Straff dem Denunciatori die Helffte jedesmahl zukommen und gebühren solle; vorbehältlich E. E. Zunfft der Encker auch dißfalls die behörige Straffe nach Außweisung ihres habenden Articuls anzudictiren.

Siebendens, solle er die Frachten zu Thal und zu Berg ordentlich einforderen, und dem Schiffmann sogleich von Hand zu Hand zustellen.

Achtens, was zu Berg anhero kommt, solle er ebenfalls ordentlich, worinnen das Gut bestehe, und weme es zustehe, in sein Buch, (es wäre dann, was die Frembde betrifft, daß selbige deren Fracht selbsten einziehen wolten) einschreiben; Wann aber

Neundtens, ausser denen Maynßischen andere frembde Schiffleuth, so den Rhein brauchen, wegen deren anhero gebrachten Wahren die Fracht selbst zu beziehen gesinnet, verbleibt es denenselben ohnverwehrt, wolten sie aber sothane Fracht nicht selbstens einforderen, so sollen dieselbe sich dieses geschwohrnen Wassers=Bestätters, und sonsten niemand anders bey hoher Obrigkeitlicher Straff zu bedienen schuldig seyn. Solten auch

Zehendens, zwischen einem Schiffmann, und ihme Bestättern, wegen dieser seiner Bedienung einige Contestationen sich erheben, so wird E. E. Zunfft=Gericht der Encker deren Examination und Decision imprimâ instantiâ überlassen, jedoch vorbehältlich der Appelation falls durch den Entscheid eine der Partheyen gravirt zu seyn vermeynen sollte.

Endlichen solle dieser Bestätter wegen sothanes seines Diensts von jedem Gulden des Betrags der Fracht einen halben Sols oder drey Heller, als eine Bestallung von dem Schiffmann zu erforderen Fug und Macht haben. Der Wasser=Bestätter soll auch für sich selbst zu handlen, noch Speditions- oder Commissions-weise Handelschafft oder Gewerb zu treiben, gänßlich unterlassen, bey Cassation und mehrerer Straffe; und soll diese Ordnung dem Wasser=Bestätter gleich und mit anderen derer Beambten des Kauff=Hauses und derer Land=Bestättere alle halbe Jahr vor angehender Meß in dem Kauff=Hauß bey offenen Thüren abgelesen, demselben darauff der Eyd de novo fürgehalten, auch ihme des weiteren, bey Vermeydung der Cassation und anderer schwehrer Pönen, alles Ernstes eingeschärffet werden. Decretum bey Unseren Gnädigen Herren der XV. Montags den 27. Augusti 1731. Renovirt und confirmirt bey Gnädigen Herren Räth und XXI. Montags den 11. Febr. Anno 1737.

---

25) Policey-Ordnung über die Buchdruckere, Verlägere, und Buchhändlere [1].

WIr Frantz Joseph von Hürtigheim, der Meister und der Rath der Stadt Straßburg, fügen hiermit männiglichen zu wissen, was gestalten wir in etwas reiffere Erwegung gezogen, wie unter allen denen der Gesellschaft durch den menschlichen Witz zugewachsenen Vortheilen, die Erfindung der Buchdruckerey mit einer der preißwürdigsten, gestalten durch die Beyhülffe dieser so glücklichen Entdeckung die hohe und theure Wahrheiten der Religion denen Christen je mehr und mehr kundt und bekandt, der Willen ihrer Regenten eröffnet, die in denen höchsten Gerichten ertheilte und wohl erwogene Rechts-Sprüche gemein gemacht, die Menschen sich auch vermittelst dieser Erfindung ihre Außsinnungen über schöne Künsten und Wissenschaften einer dem andern entdecken, damit dieselbe desto leichter begriffen, besser fortgesetzet und zu ihrer endlichen Vollkommenheit gelangen mögen; anbey betrachtet, daß je höher die Buchdruckerey-Kunst durch solchen mit sich bringenden Nutzen erhaben, je mehr sie auch von aller Verderbnuß und Mißbräuchen zu verwahren seye. Dieses auch jederzeit die Meynung unserer in GOtt ruhenden Vorfahren geweßt, indeme so bald diese so schöne und nutzliche Kunst in dieser Stadt (wo anders bewehrten Zeugnüssen Glauben beyzumessen) vor das erstemahl Anno 1440 an das Tages Liecht gekommen, sie dieselbige alsobald mit Gesetzen versehen, und sich dahin beflissen haben, wie alles dasjenige so zu Entheiligung der Re-

[1] Straßburger Stadt-Archiv.

ligion, zu Zerrüttung guter und erbahrer Sitten oder Beunruhigung des Staats gereichen könnte, zeitlich davon möchte entfernet werden; Als veranlassen uns sothane trifftige Bewegungs-Gründe alle mögliche Aufmerckſamkeit über die Handhabung und Vollziehung so heylsamer Gesetzen vorzukehren; Haben derowegen erneuert und erneueren in Krafft gegenwärtiger Policey-Veranstaltung alle in dieser Stadt hiebevor insonderheit in denen Jahren 1619, 1628 und 1708 ergangene Verordnungen, wollen, setzen und befehlen, wie folgt:

Erstlichen soll kein Buchdrucker künfftighin die Buchdruckerey in unserer Stadt und dero Bottmäßigkeit treiben, bevor er eine Special-Erlaubnuß disfalls von unsern Ober-Buchdrucker-Herrn wird erhalten haben; Verbieten derohalben neuerding auff des aller ernstlichste einige Preß heimlich und verstohlener Weise auffzurichten; alles bey Straff der Confiscation derer Buchstaben, Pressen, und anderen zur Buchdruckerey erforderlichen Werckzeugs und 100 Pfund Pfenning gegen die Uebertrettere.

Nachdeme Wir zum Andern beflissen, den unserer Stadt durch so mannigerley zum Druck beförderte treffliche alter und neuer Scribenten Wercke, womit sie die gelehrte Welt bereichert, hergebrachten Ruhm beyzubehalten, und selbigen je länger je mehr zu erweiteren, als befehlen Wir, daß alle Buchdrucker und Buchführer so fürderhin neue Bücher zu drucken übernehmen oder drucken lassen werden, sich hierzu schöner Buchstaben, guten Papiers und fleißiger Correction bedienen, anbey das Kennzeichen, und den Nahmen des Buchdruckers darauf setzen lassen sollen, und wann besagte Bücher auf die Kösten des Buchhändlers und seinen Verlag werden gedruckt werden, alsdann der Buchdrucker so sie zu drucken übernehmen wird, solle gehalten seyn seinen Nahmen gleichfalls zu Ende des Buches aufzutrucken, benebst dem Nahmen und dem Kennzeichen so sich auf dem erstern Blatt befinden wird, alles bey Confiscation, Geld und je nach denen sich ereignenden Umbständen annoch höherer Straffe.

Wir wiederhohlen Drittens die in unsern alten Ordnungen enthaltene Verbotte in dieser Stadt einig Werck von was Art und

Format es auch seye zu drucken oder drucken zu lassen, es seye dann daß man deswegen eine austrucklicke Erlaubnuß von ihnen nicht wird können ertheilet werden, bevor solches Werck wird wohl erwogen und durch einen Gelehrten, welchen sie entweder aus der Anzahl unserer Stadt-Canzley Verwandten oder der Professoren unserer Universitæt, je nach denen unterschiedlichen Materien der Bücher werden außersehen haben, wird approbirt worden seyn, solle anbey die also gegebene und erhaltene Erlaubnuß mit und entweder zu Anfang oder zu End des Wercks aufgedruckt werden, bey Straff der Confiscation der Exemplarien und 100 Pfundt Pfenning, ja in ereigendem Fall Leibes-Straffe. Befehlen zugleich unsern Polizey-Richteren hierauf gebührende Hand zu haben.

Gleichwohlen wollen Wir zum Vierdten in denen im vorstehenden Articul enthaltenen Verordnungen nicht begriffen haben alle diejenige Programmata, Disputationes und Berichte so von denen Professoren unserer Universitæt selbst werden verfertigt worden seyn.

Wir verbieten Fünfftens allen Buchdruckeren, Buchführeren und Buchkrämeren künftighin einige Placards, oder eintzele Blätter, worüber es auch seyn mag zu drucken, zu verkauffen, feyl zu haben, noch anzuheften ohne eine hierzu von unsern Polizey-Richteren schrifftlich erhaltene Erlaubnuß bey Straff der Interdiction und Beraubung der Meisterschafft gegen die Buchdruckere, und Leibes-Straff gegen denenjenigen welche da dergleiche Placards, und eintzele Blätter, sie seyen gedruckt oder geschrieben ohn mit dergleichen Erlaubnuß versehen zu seyn, werden angeschlagen haben.

Sechstens sollen alle Buchdruckere, Buchführere und andere unserer Stadt—Burgere und Innwohnere, die sich eigenmächtig unterfangen werden, einig Buch so da auff die in dem 2ten nnd 3ten Articul gegenwärtiger Ordnung vorgeschriebene Weiß und Art zum Druck wird befördert worden seyn, entweder hier oder anderswo nachzudrucken oder neuerdings auffzulegen, nicht allein gehalten seyn denen hierunter Schaden leidenden alle erweißliche Kösten, Schaden und Interesse zu vergüten, sondern annoch über dieses von den

Richteren unsers Policeyes nach Gutdüncken und Ermäßigung der sich erzeigenden Umständen mit Strafe beleget werden, benebst der Confiscation der also nachgedruckten und neuerdings auffgelegten Exemplarien.

Alle und jede Verlegere, Buchführere, Buchdruckere, so da eine schrifftliche Erlaubnuß auf obbedittene Art werden erhalten haben, einig Werck oder Buch zum offentlichen Druck zu befördern sollen Siebendens gehalten seyn ein Exemplar davon in unserer Stadt-Archiv zu liefferen, und dessenthalben einen glaubwürdigen Schein von einem unseren Archivarien denen Policey-Richteren beyzubringen, alles in Monaths-Frist, nachdem die Bücher der Werck werden vollendet sein, und bey 5 Pfundt Pfenning Straff gegen die Widerspänstige und Nachläßige, ja annoch höherer im Fall sie sich neuerdings werden hierinn betretten lassen.

Solle Achtens der 8te Articul Unserer den 27ten Januarii 1738 publicirten Policey-Ordnung über die Kinder-Zucht nach seiner Form und Innhalt vollzogen werden, deme Zufolg neuerdings allen Buchhändleren, Buchdruckeren und Buchkrämeren dieser Unserer Stadt verbotten seye, der Jugend einige derjenigen Büchere, so da mit Gottlos- und Außgelassenheit angefüllet, oder deren Autoren sich dahin beflissen in denen Augen ihrer Leser, die Laster zu Schmählerung der Tugend angenehm und lieblich zu machen, zu verkauffen, noch feyl zu bieten, alles bey der darinn enthaltenen und angedroheten Straff.

Wir verbieten über dieses und zu dem Neundten auf das allernachdrücklichste allen Buchführeren, Buchdruckeren, Bücherkrämeren, Buchbinderen, wie auch allen anderen Persohnen, einig Buch oder Papier denen Kindern, Schühleren, Bedienten, Domestiquen oder andern ihnen ohnbekandten Personen abzukauffen, es seye dann daß man ihnen eine schrifftliche Einwilligung der Elteren oder Meisterschafft disfalls beibrächte, oder daß sie hierüber durch seßhafte Persohnen die im Stand davor jederzeit Red und Antwort zu geben, genugsam Versicherung hätten, alles bey Straff wegen derer Bücher und Papier so da werden gestohlen, entwendet, oder sonsten ungebührender Weise veräusert worden seyn, civiliter belanget und angehalten zu werden, bey 15 Pfundt Pfenning Straff, Ersetzung aller daraus entstehenden Kösten, Schaden und Interessen, Niederlegung der Buchdruckerey und je nach denen sich ergebenden Fällen annoch exemplarischerer Abstraffung. Befehlen ebenmäßig Unseren Policey-Richteren allen ihren Eyfer, Wachsamkeit und Strenge hierüber außzuüben. Lectum & Decretum bey Gnädigen Herren Räth und XXI. den 15ten Januarii 1740.

---

26) Einschärfung einer älteren Verordnüng in Betreff der Pferd-Lehner.

(Königliches Wappen)[1]
(mit 3 Lilien)

DEmnach Herr Andreas Lourtzinger ex-Senator Burger und Postmeister allhier, Monseigneur le Marèchal Comte de Broglie seine unterthänigste Supplic eingegeben, und darinnen in aller Vnterthänigkeit vorgestelt, daß die Pferdt-Weglehnere, Gastwürth, und andere partikularen, Pferdt, Chaisen, und andere Gefährden auff die Strassen, allwo Posten établirt, und eingeführt seind, hinweg lehnen, und zu des Hr. Imploranten höchsten Nachtheil und Schaden geben thäten, sintemahlen es doch denselben nach Inhalt der von Ihro Königlichen Majestät unterm 18. Juni 1733 gnädigst ertheilter Ordonnantz nicht anderst erlaubt ist, Pferdt, als einen Schritt, oder den Traab zu reiten, und zwar ohne Wegzeigern oder Guide, weg zu lehnen, und daß denselbigen durch besagte Ordonnantz auf der Post zu Pferdt, und in einer Chaise, oder anderer Gefährden, sambt einem Guide auf den Strassen, allwo Posten auffgerichtet seind, zu gehen, und dieses bey Confiscation der Pferdten, Chaisen und anderer Gefährden, und 300 Livres Geld-Straff, durch diejenige Postmeistere, welche solche werden haben

---

[1] Ohne Ueberschrift; Straßburger Stadt-Archiv.

anhalten lassen, zu beziehen, verbotten seye. Dahero hat besagter Herr Lourtzinger hochgedachten Monseigneur le Marèchal ihme hierinn bestmöglichste Justitz zu verschaffen unterthänigst gebetten, welcher hierauff uns diese Supplic sambt der Ordonnantz eingehändiget, umb dieselbige den Pferdt=Weglehnern kund zu machen, und sich in das künfftige darnach zu richten, mit allem Ernst anbefohlen.

Diesem nach und zu folg hochgedachten Monseigneur le Marèchal uns gnädig ertheilten Befehls, wird allen pferdt=Weglehnern, keine pferdt anderst, als einen Schritt, oder den Traab zu reiten, und ohne Wegzeigern oder Guide weg zu lehnen, erlaubt, wornach sie sich in das künfftige zu richten und sich nach obangezogener Königlicher Ordonnantz bey der darinnen enthaltener Straff zu verhalten schuldig seyn sollen. Straßburg den 23 May 1740.

W. Beyerle
Regierender Ammeister.

---

27) Königliche Verordnung [1].

Die Botenfahrten und andere öffentliche Gefährter betreffend.

(Ordonnance du Roi concernant les Messageries).

Vom 12. August (sic!) 1775.

Auf Befehl des Königs.

Da Seine Majestät vorträglich zu sein erachtet hat, die wirkliche Besorgung der Botenfahrten, der Postwägen und Landkutschen abzuändern, und an deren Platz eine neue den Reisenden und der Handlung fürträglichere Verwaltungs=Form einzuführen, so hat Dieselbe befohlen, daß von dem Tag an zu rechnen, der für jede Landstraße des Königsreichs würde bestimmet werden, einer oder mehrere Postwägen sollen aufgerichtet werden, welche beladen oder unbeladen abgehen, und von einer genugsamen Anzahl Postpferde

[1] Straßburger Stadt=Archiv.

sollen gezogen werden; Und angesehen, daß der neue Dienst, welchen Dieselbe beliebet den Posthaltern anzuvertrauen, denselben einen beträchtlichen und beständigen Ertrag versichert, so hat Seine Majestät befohlen und befiehlt, wie hiernach folgt:

Erster Artikel.

Von dem Tage an zu rechnen, der für jede der Landstraßen des Königreichs wird bestimmet werden, sollen an die Stellen der wirklichen gewöhnlichen Gefährter, leichte, bequeme, wohl in Riemen hangende, achtsitzige Postwägen aufgerichtet werden; vor welche, sie mögen mit Passagieren besetzt seyn oder nicht, wenn die Ladung nicht über achtzehn Zentner Markgewicht ist, von den Posthaltern sechs Pferde; wenn solche bis auf ein und zwanzig Zentner steigen wird, sieben Pferde; und zu vier und zwanzig Zentnern, acht Pferde sollen geliefert werden, welche den Posthaltern auf den Fuß von zwanzig Sols für jede Post sollen bezahlet werden: die doppelten und anderthalben Posten sollen nach Proportion; die Postknechte auf den Fuß von zehn Sols für jede Post, und die doppelten und anderthalben Posten auch nach Proportion bezahlet werden. Und angesehen, daß auf mehrern Landstraßen ein viersitziger Postwagen genugsam seyn wird den Dienst zu versehen, so sollen vor dergleichen Gefährter nur vier Pferde und ein Postillon, im Fall deren Ladung zwölf Zentner austragen wird; vor mehr als fünfzehn Zentner, fünf Pferde; wenn aber die Ladung achtzehn Zentner und mehreres ausmachen wird, sechs Pferde und zwei Postknechte bezahlet werden.

II.

Ein jeder Postwagen soll von einem dazu bestellten Schaffner begleitet werden; solcher soll einen Stundenzettel bey sich haben, welcher ihm von dem Aufseher des Postwagens in dem Ort der Abfahrt soll behändiget werden. Solcher Zettel soll von Post zu Post von den Posthaltern ausgefüllet werden, als welche die Stunde der Ankunft und die der Abfahrt des Postwagens darauf bemerken, und ihren Namen unterschreiben sollen: Solche nämliche Zettel sollen annoch von den Aufsehern oder Einnehmern der Postwägen beglaubiget werden in den Orten wo dergleichen angestellet sind; und das zu dem Ende, damit man von der Genauigkeit des Dienstes versichert sey, als welcher auf das geschwindeste soll verrichtet werden, damit bey den allerschlimmsten Wegen die Postwägen in Zeit von einer Stunde eine Post zurücklegen mögen.

III.

Die Posthalter sollen besorgt seyn, daß ihre Pferde auf die Stunde der Ankunft der Postwägen in Bereitschaft stehen, damit der Dienst nicht im geringsten gehindert werde; ingleichem soll ihnen auch obliegen gute Pferde und Postknechte zu halten, die im Stande sind solche Gefährter zu führen. Es declarirt Seine Majestät, daß dieselben für das Verzögern und für die durch ihre oder ihrer Postknechte Schuld verursachte Zufälle, haften sollen.

IV.

Da man zur Bequemlichkeit der Passagiere, die in Compagnie mit einander reisen wollen, oder die Geschäfte halber gezwungen sind an unbestimmten Tagen und zur unbestimmter Zeit zu verreisen, Berlinen zu vier Plätzen geben wird, so sollen den Posthaltern für die Fuhr solcher Gefährter vier Pferde und der Postknecht in dem nämlichen Preiß und auf den nämlichen Fuß bezahlt werden, als die so bey den Postwägen gebraucht werden: Da aber kein Schaffner bei solchen Gefährtern seyn wird, so soll der Stundenzettel dem ersten Postknecht zugestellt werden, welcher denselben auf der ersten Post abgeben soll, damit er ausgefüllt und auf die zweyte und so fort, bis in den Ort der Ankunft gebracht werde, allwo er in dem Bureau der Postwägen soll hinterlegt werden. Es befiehlt Seine Majestät, daß dergleichen Gefährter mit der nämlichen Geschwindigkeit sollen geführt werden wie die Postwägen.

V.

Denen General-Aufsehern der Postwägen und Botenfahrten soll das Prüfen der zu diesem Dienst brauchenden Pferde obliegen, und es soll denselben erlaubt seyn die untauglichen auszumustern. Es befiehlt Seine Majestät den Posthaltern ein ausgemustertes Pferd länger nicht als drey Wochen zu behalten, und in solchem Zwischenraum ein anderes sich anzuschaffen, bey Strafe einer Geldbuße von Einhundert fünfzig Livres für das erste mal, und einer noch schärfern Bestrafung in dem Wiederbetretungfall.

VI.

Die auf den wenig frequentirten Landstraßen angestellte Posthalter, die einfolglich auch wenig Pferde halten, sollen beflissen seyn sich derer eine größere Anzahl anzuschaffen, damit sie die verschiedenen ihnen obliegende Dienste genugsam versehen können.

VII.

Auf die von dem sechsten Theil des Preißes der Plätze auf den Postwägen formirte Massa, soll denjenigen Posthaltern eine Schadloshaltung zugestanden werden, die in Ansehung des obgemeldten Dienstes werden Pferde verloren haben; es werden so gar von Seiner Majestät auf solche Massa Gaben verwilligt werden für solche Posthalter, die ihre Pflichten werden wohl beobachtet haben; solches alles wird geschehen in gefolg des Seiner Majestät von dem Herrn General-Controlorn des Finanzwesens zu thun habenden Vortrags, und nach eingesehenen, von den gemeldten Oberaufsehern der Postwägen errichteten Proces-verbaux.

VIII.

Es verbietet und befiehlt Seine Majestät allen Statthaltern und General-Lieutenanten in Deroselben Provinzen, den Partcular-Statthaltern und Commandanten in Deroselben Städten und Vestungen, den in den gemeldten Provinzen angestellten Intendanten und verordneten Commissarien, daß einer jeder seines Orts ob der Vollziehung dieser gegenwärtigen Verordnung die obrigkeitliche Hand halte und die benöthigten Befehle deßhalb ertheile; als welche allenthalben auf die gehörige Art soll kund gemacht und angeschlagen werden, damit die obbesagten Posthalter sich nicht mit der Unwissenheit entschuldigen mögen. Geben zu Versailles den zwölften Augst 1775. Ist unterschrieben Louis; und weiter unten, de Lamoignon.

28) **Arrêt**[1]

du Conseil d'Etat du Roi, portant Établissement d'une petite Poste dans la Ville, Fauxbourgs, Villages de la Banlieue & environs de Strasbourg

du 11 Avril 1779.

(Extrait des Registres du Conseil d'État du Roi.)

Sur la requête presèntée au Roi, étant en son Conseil, par le sieur Jean-Louis Auvrest, contenant, que de tous les moyens qui servent à la communication des citoyens d'une grande ville, la petite Poste est le plus commode, le plus sûr & le moins dispendieux; que son utilité à tous égards est prouvée par le succès de celle de la ville de Paris, & qu'il paroît certain que l'exécution de cet établissement sera également heureuse dans la ville de Strasbourg, que son grand commerce, le nombre de ses habitans & des étrangers que leurs affaires y attirent de toutes parts, en rendent très-susceptible, *A ces causes* requéroit le Suppliant qu'il plût à Sa Majesté de lui accorder la permission de former ledit établissement dans les Ville, Citadelle, Forts, Fauxbourgs & Banlieue de ladite ville de Strasbourg, & de lui accorder la privilége pour trente années consécutives aux offres qu'il fait de compter de la dépense & de la recette, sur le produit net de laquelle il sera prélevé telle somme qui sera ordonnée par Sa Majesté pour subvenir à l'entretien des écoles vétérinaires que Sa Majesté a ordonné être établies dans le Royaume pour le traitement des maladies des bestiaux. Vu ladite requête, signée Jolas, Avocat du Suppliant, ensemble l'avis du sieur Intendant & Commissaire départi en la province d'Alsace. Ouï le Rapport: *Le Roi en son Conseil*, a permis & permet au sieur Auvrest d'établir

---

[1] Straßburger Stadt-Archiv.

une petite Poste dans les Ville, Citadelle, Forts, Fauxbourgs, Banlieue & environs de Strasbourg, avec tel nombre de Commis, de Facteurs et de Bureaux qu'il jugera nécessaires pour le service de ladite Ville, Citadelle, Fauxbourgs, Banlieue & environs, pendant le tems et l'espace de trente années, à compter de ce jour, sans que les Facteurs de la petite Poste puissent porter des lettres dans les endroits où la grande Poste est établie, & à la charge par ledit sieur Auvrest de ne percevoir que les droits énoncés au tarif annexé à la minute du présent arrêt, & encore à la charge de compter annuellement, entre les mains du Receveur général des écoles vétérinaires, du dixième du produit net dudit établissement, d'après les comptes qui seront arrêtés à cet effet par le sieur Intendant & Commissaire départi dans la ville de Strasbourg. Fait défenses Sa Majesté à toutes personnes, de quelle qualité & condition qu'elles soient, d'entreprendre sur le dit privilége à peine de tous dépens, dommages & intérêts: Ordonne Sa Majesté que les Commis, Facteurs & Préposés à la dite petite Poste seront exempts de Corvées, Milice, du Guet & Garde, pour leur personne seulement, & que les principaux Commis auront en outre le port d'armes pour leur défense & sûreté; comme aussi que les Commis, Facteurs & Préposés seront contraignables par corps à compter de leur recette au Sr Auvrest ou ses ayans-cause; lesquels au surplus seront tenus de se conformer à tous les Règlements, Ordonnances et Jugemens de police des lieux : évoque Sa Majesté a soi et à son Conseil les contestations a naître pour raison dudit établissement, & icelles, circonstances & dépendances, a renvoyées & renvoie pardevant le sieur Intendant & Commissaire départi en la ville de Strasbourg, pour être jugées sommairement en première instance & sauf l'appel au Conseil, lui attribuant à cet effet toute cour & jurisdiction, qu'Elle interdit à ses autres Cours & Juges. *Fait* au Conseil d'Etat du Roi, Sa

Majesté y etant, tenu à Versailles le onze avril mil sept cent soixante-dix-neuf. Signé Bertin.

Tarif du port des Lettres et Paquets.

Les Lettres simples ou avec enveloppe seulement qui seront portées dans la ville & Fauxbourgs payeront deux sols, ci....2 s.

Celles qui seront portées à la Citadelle, au Fort blanc ou Fort-de-pierre & dans la Banlieue trois sols, ci . . . . 3 s.

Les Paquets payeront par chaque once de leur poids trois sols, ci . . . . 3 s.

L'once pour les Paquets venans de la campagne, ou qui y seront envoyés, payera quatre sols, ci . . . . 4 s.

Il ne sera payé qu'un sol pour chaque once au-dela de la première, soit pour la ville soit pour la campagne, ci . . . 1 s.

Les Lettres destinées à être mises à la grande Poste, payeront d'avance un sol, ci . . . . 1 s.

Fait au Conseil d'État, Sa Majesté y étant, tenu à Versailles le 11 avril 1779. Signé Bertin.

LOUIS par la grâce de Dieu Roi de France et de Navarre: A notre amé & féal Conseiller en nos Conseils, Maître des requêtes ordinaire de notre hôtel, le sieur Chaumont De La Galaiziere, Intendant et Commissaire départi pour l'exécution de nos ordres en la généralité d'Alsace; *Salut*: Nous vous mandons & ordonnons par ces présentes, signées de notre main, de procéder à l'exécution de l'arrêt ci-attaché sous contre-scel de notre Chancellerie, cejourd'hui rendu en notre Conseil d'Etat, Nous y étant, pour les causes y contenues. Commandons au premier notre Huissier ou Sergent sur ce requis, de signifier ledit arrêt à tous qu'il appartiendra, à ce que personne n'en ignore, & de faire pour son entière exécution & de ce que vous ordonnerez en conséquence tous actes et exploits nécessaires: *Car Tel est notre plaisir*. Donné à Versailles le onzième jour d'avril, l'an de grâce mil sept cent soixante-dix-neuf, & de notre règne le cinquième. Signe *Louis*. Et plus bas: Par le Roi, contre-signé *Bertin*, avec paraphe.

Antoine de Chaumont de la Galaiziere Chevalier, Comte de Chaumont-sur-Moselle, Marquis de Bayon, Seigneur de Roville & autres lieux, Conseiller du Roi en tous les Conseils, Maître des Requêtes honoraire de son Hôtel, Intendant de Justice, Police et Finances en Alsace.

Vu le présent arrèt, la Commission a nous adressée et le Tarif y annexé· Nous ordonnons que ledit arrêt et le Tarif y annexé seront suivis et exécutés suivant leur forme & teneur, & à cet effet publiés et affichés partout où besoin sera. *Fait* le neuf décembre mil sept cent soixante-dix-neuf. Signé *De la Galaiziere*. Et plus bas: Par Monsigneur *Doyen*.

DÉTAIL

du Service de la petite Poste de la Ville, Fauxbourgs, Villages de la Banlieue & environs de Strasbourg, établie par Arrêt du Conseil d'Etat du Roi du 11 avril 1779.

Le Bureau général de la petite Poste est établi rue des Juifs près la Tribu des Maçons, auquel Bureau sont attachés quatorze Facteurs et deux Surnuméraires. Il y a quarante-neuf boëtes dans l'intérieur de la Ville, les Fauxbourgs & la Citadelle.

Timbre des Boëtiers	POSITION DES BOËTES DE LA VILLE.
B	1er Au cabinet littéraire, sous les grandes Arcades;
	2e chez un Perruquier, vis-à-vis le Poële de la Lanterne, etc.

. . . .

. . . .

On fera quatre levées par jour, dans l'intérieur de la Ville, les Fauxbourgs & lieux adjacens, & quatre distributions. La première à 8 heures du matin, la seconde à 11 heures, la troisième à 3 heures après-midi et la quatrième à 6 heures du soir. Les lettres seront portées, sans retard, au Bureau général, pour y être timbrées & rendues à leur destination deux heures après, au plus tard.

Les Facteurs feront leur tournée d'heure à autre avec

leurs sacs et claquettes; ils iront au pas, & monteront au premier étage seulement, pour porter les lettres & non pour les recevoir; ils ne pourront recevoir des lettres qu'en fonction, ni les collecter que dans leur département; ils mettront, en présence des personnes, les lettres, qu'ils en recevront, dans leurs sacs dont les clefs resteront au Bureau attachées avec leurs timbres, & ne seront ouverts qu'en présence du Directeur. Il leur est expressément défendu, sous peine de punition, de rendre compte du service & de nommer les personnes de qui ils auront reçu des lettres ou auxquelles ils en auront porté.

Toutes les Lettres affranchies porteront trois timbres. Le premier, celui du Bureau général qui indiquera la levée; le second, celui du Boëtier ou du Facteur; le troisième la date du jour. Et les Lettres contresignées porteront en outre le timbre qui indiquera que le port est dû, par P. D. Avec cette explication, il n'est personne qui, dans l'instant, ne puisse voir d'où vient le retard dont on auroit à se plaindre.

Les Boëtiers timbreront les Lettres en présence de ceux de qui ils les recevront, & les mettront à l'instant dans une boëte destinée a cet effet. Ils ne rendront jamais une lettre après être timbrée; on pourra les réclamer au Bureau général, en représentant le cachet.

Toute lettre doit être affranchie ou contre-signée d'une personne connue, ce à quoi les Boëtiers & les Facteurs auront grande attention.

Une quantité de lettres ou paquets seront reçus par abonnement au Bureau général, & ne porteront que le timbre du Bureau général & la date du jour.

On se chargera des Billets d'enterrement, Mariages, Avis, Mémoires, Factums, Billets de bonne année, Gazettes, Journaux &-c. en outre de ce qui est portatif pouvu qu'il ne gène ni ne retarde les Facteurs dans leur marche, soit pour la ville, soit pour la campagne.

Les paquets seront taxés suivant la fragilité des effets qu'ils contiendront, parce qu'ils exigent plus de soin & plus d'attention que les lettres simples. Les paquets qui excéderont deux onces, seront taxés suivant le Tarif & le prix du port sera mis en chiffre sur l'adresse: Il n'y aura aucune augmentation de prix pour changement de demeures.

On recevra au Bureau général l'argent que l'on voudra faire passer d'un quartier à un autre ou dans les villages de la Banlieue; on en répondra, en les faisant enregistrer, & en payant un denier pour livre, & deux sols pour l'enregistrement.

On ne répondra par des effets mis dans les Lettres ou Paquets, à moins qu'ils n'aient été déclarés & mis à découvert au Bureau général où ils seront taxés & enregistrés.

On payera 4 sols d'avance pour le port des lettres adressées d'un village de la Banlieue à un autre: On payera aussi, d'avance, un sol pour chaque lettre, soit de la ville ou de la campagne que l'on voudra faire mettre à la Boëte de la grande Poste.

Les Lettres refusées dont le port aura été payé, ou celles adressées à quelques personnes qui ne résideroient plus dans la ville ou dans la Banlieue, enfin celles dont les adresses seroient illisibles, seront mises au rebut; on pourra les réclamer au Bureau général, en répresentant le cachet & en donnant par écrit l'adresse telle quelle aura été mise.

Les Lettres contresignées qui seroient refusées, seront remises aux personnes qui les auront écrites, en payant un sol seulement.

Il est très-important, avant de mettre une lettre à une Boëte, de s'assurer si elle ne vient pas d'être levée, sans quoi la lettre sera retardée au moins de deux heures; pour éviter ce retard, on pourra les envoyer au Bureau général,

Le Public ne doit pas ignorer que toutes lettres adressées dans la Ville & dans la Banlieue qui sont jettées dans la Boëte de la Grande Poste, ne sont jamais portées à leurs adresses; elles sont mises au rebut, quand même elles viendroient des provinces: c'est pour éviter ce grand inconvénient, qui touche de si près a l'intérêt du public, qu'on le prévient de bien choisir les personnes à qui il confiera des lettres qu'il voudra faire passer par la voie de la petite Poste; car, ou par méprise, ou fait-exprès, il peut arriver que les Commissionaires, pour gagner le port d'une lettre, la mettroient à la Boëte de la grande Poste. On ne sauroit trop lui recommander aussi d'écrire lisiblement les adresses & de mettre les qualités des personnes & le nom des rues; de faire timbrer & mettre dans les Boëtes, en sa présense, les lettres qu'il remettra aux Boëtiers ou aux Facteurs.

Le Bureau général sera ouvert depuis six heures du matin jusqu'à neuf heures du soir & les Boëtiers recevront les lettres depuis sept heures du matin jusqu' à sept heures du soir.

Service de la Banlieue.

Il y aura une Boëte dans chacun des endroits ci-après, exceptés ceux qui sont écrits en lettres italiques.

Les Lettres partiront tous les jours de Strasbourg à portes ouvrantes; & celles venant des mêmes lieux seront remises, en été, le même jour à la dernière distribution, & l'hiver le lendemain à la première;

Achenheim
Barr
Bœhlenheim
Ballbronn
Bernardsveiler
Bersche &
Saint-Leonard
Berstett etc.

(140 endroits avec boëtes, 22 endroits sans boëtes.)

Le Public est averti, que l'on ne portera des Lettres, Cartes, Billets & petits Paquets que dans les endroits désignés ci-dessus. Il est expressément défendu à tous Préposés de la petite Poste de recevoir aucun envoi pour d'autres endroits; & si malgré cette précaution, il se glissoit dans les Boëtes quelques lettres ou paquets pour les endroits qui ne sont pas compris ci-desus, le Directeur de la petite Poste aura l'attention de les faire porter à l'instant à la grande Poste, où, sans avoir égard à l'affranchissement qui auroit été payé auxdits Préposés de la petite Poste, ils seront encore taxés à l'ordinaire.

Beschluß[1]

des Königlichen Staatsraths in Betreff der Einrichtung einer Stadtpost-Anstalt in der Stadt Straßburg, den Vorstädten, Dörfern des Weichbildes und der Umgegend derselben.

Vom 11. April 1779.

(Auszug aus den Registern des Königl. Staatsraths.)

Dem Könige, der sich in seinem Staatsrathe befand, ist von Herrn Johann Louis Aubrest ein Gesuch vorgelegt worden, welches hervorhebt, daß von allen Mitteln, die dem Verkehr der Bürger einer großen Stadt dienen, die Stadtpost-Anstalt das bequemste, sicherste und am wenigsten kostspielige sei, daß die Nützlichkeit derselben in jeder Hinsicht sich durch den Erfolg derjenigen in Paris bewährt habe, und es als gewiß angenommen werden könne, daß die Einrichtung einer solchen Anstalt auch von Glück begünstigt und von Nutzen sein werde in der Stadt Straßburg, die einen umfangreichen Handel, eine große Zahl Einwohner und Fremden habe, welche letztere dorthin von allen Seiten durch ihre Geschäfte heran-

---

[1] Uebersetzung des Vorstehenden.

gezogen werden. Aus diesen Ursachen wünscht der Bittsteller, daß es Sr. Majestät gefallen möge, ihm die Erlaubniß zur Herstellung dieser Anstalt in der Stadt Straßburg, der Citadelle, den Forts, den Vorstädten und dem Weichbilde derselben als Privileg für 30 aufeinanderfolgende Jahre zu ertheilen; er offerire dagegen, daß von der ihm verbleibenden Netto-Einnahme, derjenige Betrag, welchen S. Majestät bestimmen könne, abgezogen werde, um die Thierarzneischulen mit zu unterhalten, welche S. Majestät in dem Königreiche zur Behandlung der kranken Thiere habe errichten lassen. Nachdem dieses von dem Advokaten des Bittstellers Jolas unterzeichnete Gesuch zugleich mit der Aeußerung des Intendanten und eingesetzten Commissars der Provinz Elsaß eingesehen worden und der Bericht darüber angehört worden ist, hat der König in seinem Staatsrath dem Herrn Auvrest gestattet und geheißen, in der Stadt Straßburg, der Citadelle, den Forts, den Vorstädten, dem Weichbilde und der Umgebung derselben eine Stadtpost-Anstalt einzurichten und zwar mit so vielen Beamten, Briefträgern und einzelnen Büreaus, als für den Dienst der bezeichneten Stadt nebst Citadelle, Vorstädten, Weichbilde und Umgebung während des Zeitraums von 30 Jahren, von diesem Tage ab gerechnet, nothwendig sein werden. Die Briefträger der Stadt-Post-Anstalt dürfen jedoch nicht Briefe nach denjenigen Orten, woselbst die Haupt-Post sich befindet, tragen. Dem Herrn Auvrest ist ferner die Verpflichtung auferlegt worden, nur diejenigen Gebühren, welche in dem diesem Beschlusse beigefügten Original-Tarif vermerkt sind, zu erheben und soll derselbe zu Händen des General-Einnehmers der Thierarzenei-Schulen jährlich den zehnten Theil der Netto-Einnahme der gedachten Anstalt nach den Rechnungen entrichten, welche zu diesem Zwecke dem Herrn Intendanten und Commissarius der Stadt Straßburg vorzulegen sind. S. Majestät verbietet zugleich allen Personen, welchen Standes und in welcher Lage sie auch sein mögen, diesem Privilegium entgegen zu handeln bei Strafe des Ersatzes alles Schadens in Kapital und Zinsen. Zugleich ordnet S. Majestät an, daß die Beamten, Briefträger und Vorsteher dieser

Stadtpost-Anstalt von allen Steuern, dem Miliz- und jeder Art Hand-Dienste für ihre Person befreit sein sollen. Die oberen Beamten sollen außerdem berechtigt sein, Waffen zu ihrer Vertheidigung und Sicherheit zu tragen. Die Beamten, Briefträger und Vorsteher der letzteren sollen ferner mit Leib und Gut dem Herrn Auvrest oder seinem Stellvertreter haftbar, andererseits aber auch verpflichtet sein, sich allen Reglements, Ordnungen und Polizei-Vorschriften der betreffenden Orte zu unterwerfen. Ferner bestimmt S. Majestät, Namens Ihrer und Ihres Staatsrathes, daß die in Betreff der gedachten Anstalt und deren Zubehör sich ergebenden streitigen Angelegenheiten der Entscheidung des Herrn Intendanten und eingesetzten Commissarius der Stadt Straßburg unterliegen sollen, um in erster Instanz, unter Ausschluß der Berufungan den Staatsrath, von ihm summarisch behandelt zu werden, zu welchem Behufe demselben die Gerichtsbarkeit und das Richteramt in dieser Beziehung übertragen, während selbige gleichzeitig den richterlichen Aemtern und Richtern untersagt sind. Geschehen im Königlichen Staatsrath, in Gegenwart S. Majestät und gegeben zu Versailles den eilften April Eintausend siebenhundert neunundsiebenzig. Gegengezeichnet Bertin.

Tarif des Portos für Briefe und Packete.[1]

Das Porto für die einfachen oder mit Couvert versehenen Briefe, welche in der Stadt und den Vorstädten ausgetragen werden, soll betragen	2 Sols.
Das Porto für diejenigen Briefe, welche nach der Citadelle, dem Weißenthurmthor-Fort oder dem Fort am Steinthor und dem Weichbilde getragen werden, soll betragen .	3 „
Das Porto für Packete soll für jede Unze festgesetzt sein auf	3 „
Für jede Unze derjenigen Packete, welche vom Lande kommen oder dahin gebracht werden, soll an Porto entrichtet werden	1 „
Für diejenigen Briefe, welche bei der Hauptpost aufzuliefern sind, ist außerdem noch zu entrichten	1 „

Geschehen im Staatsrath, in Gegenwart Sr. Majestät und

[1] Es sind wohl vorzugsweise Drucksachen gemeint.

gegeben zu Versailles den 11. April 1779. Gegengezeichnet Bertin.

Ludwig, durch Gottes Gnaden König von Frankreich und Navarra: An Unsern lieben und getreuen Staatsrath, Requetenmeister Unseres Hauses, den Herrn Chaumont de la Galaiziere, Intendanten und eingesetzten Commissarius für die Ausführung unserer Ordres in dem General-Gouvernement Elsaß; Gruß! Wir ordnen durch das Gegenwärtige, das von unserer Hand gezeichnet ist, an, und befehlen Euch, mit der Ausführung des hier beigefügten Beschlusses, der mit dem Insiegel unserer Kanzlei versehen und heute im Staatsrath beschlossen ist, vorzugehen. Gleichzeitig bestimmen Wir, daß Unser erster Amtsvoigt oder Gerichtsvollzieher auf dieses Verlangen diesen Beschluß allen Denjenigen, welche es angehen wird, eröffnen, damit Niemand sich mit Unwissenheit entschuldige und dafür Sorge tragen soll, daß, um die vollständige Ausführung des Beschlusses zu sichern, alle erforderlichen Maßnahmen und Vorladungen geschehen. Denn dies ist Mein Wille.

Gegeben zu Versailles, am eilften Tage des April, im Jahre der Gnade Eintausend siebenhundert neunundsiebenzig und im fünften unserer Regierung. Gezeichnet Ludwig. Und tiefer unten: Auf Königlichen Befehl. Gegengezeichnet Bertin.

Anton von Chaumont de la Galaiziere, Ritter, Graf von Chaumont an der Mosel, Marquis von Bayon, Herr von Roville und anderen Orten, Rath des Königs in allen seinen Rathsversammlungen, Ehren-Requetenmeister seines Hauses, Intendant der Justiz und der Finanzen im Elsaß.

Nachdem der gegenwärtige, mit angehängtem Tarif versehene Beschluß uns aus dem Staatsrath zugegangen ist, und wir denselben eingesehen haben, bestimmen wir, kraft des uns ertheilten Auftrages, daß der Beschluß und der daran gehängte Tarif in Gemäßheit der Form und des Inhalts derselben ausgeführt, publicirt und überall befolgt und zur Erreichung dieser Zwecke angeschlagen werden sollen, woselbst ein Bedürfniß dazu vorhanden ist. Geschehen den neunten December Eintausend siebenhundert neunundsiebenzig. Gezeichnet: De la Galaiziere. Und tiefer unten: Auf Veranlassung Sr. Gnaden: Doyen.

Näheres

über den Dienst der Stadt-Postanstalt der Stadt Straßburg, der Vorstädte, der Dörfer des Weichbildes und der Umgebung, eingerichtet durch Beschluß des Königlichen Staatsraths vom 11. April 1779.

Das Haupt-Büreau der Stadtpost-Anstalt befindet sich in der Judengasse neben der Maurer-Zunftstube; zum Büreau gehören außer 14 Briefträgern noch 2 zur Reserve. Es sind 49 Briefkasten im Innern der Stadt, inden Vorstädten und in der Citadelle aufgestellt worden.

Stempel des Briefkastenleerers	Angabe des Ortes der aufgestellten Briefkasten:
B	1. Am literarischen Cabinet unter den großen Arkaden;
	2. Bei einem Perrückenmacher, gegenüber dem Gastzimmer zur „Laterne“; 2c.

. . . .

. . . .

Im Innern der Stadt, in den Vorstädten und in den nahe daranliegenden Orten werden täglich vier Leerungen der Briefkasten und vier Bestellungen der Briefe erfolgen; die erste Leerung resp. Bestellung wird um 8 Uhr Morgens, die zweite um 11 Uhr Vormittags, die dritte um 3 Uhr Nachmittags und die vierte um 6 Uhr Abends geschehen. Die Briefe werden unverzögert nach dem Haupt-Büreau getragen werden, um dort gestempelt und spätestens in 2 Stunden der Bestimmung zugeführt zu werden.

Die Briefträger werden ihren Gang eine Stunde um die andere mit ihrem Beutel und ihrer Brieftasche machen; sie werden im Schritt gehen und nur bis zum ersten Stockwerke der Häuser aufsteigen, um Briefe dorthin zu tragen, nicht aber, um solche dort in

Empfang zu nehmen. Sie dürfen nur Briefe während ihres Dienstes und nur in ihrem Bezirke sammeln und werden dieselben in Gegenwart der Personen, von welchen selbige herrühren, in ihre Beutel legen, zu welchen die Schlüssel mit den daran befestigten Nummern im Büreau verbleiben. Dort werden die Beutel nur in Gegenwart des Directors geöffnet werden. Es ist den Briefträgern unter Androhung von Strafen, ausdrücklich verboten worden, über ihren Dienst Auskunft zu ertheilen und die Personen zu nennen, von denen sie Briefe erhalten oder welchen sie solche zugetragen haben.

Alle frankirten Briefe werden drei Stempel-Abdrücke tragen; der eine, des Haupt-Büreaus, wird die Leerung der Briefkasten anzeigen, der zweite die Nummer des Briefkastenleerers oder des Briefträgers und der dritte das Datum. Die mit Namens-Angabe versehenen Briefe werden außerdem noch einen Abdruck des Stempels P D tragen, welcher anzeigt, daß das Porto noch zu erheben ist. Im Besitze dieser Erläuterung, dürfte es wohl Niemand geben, der nicht sofort wahrnehmen könnte, welchen Grund die Verzögerung hat, über die eine Klage zu erheben wäre.

Die Briefkastenleerer werden die Briefe in Gegenwart der Personen, von denen sie solche erhalten haben, stempeln und zugleich in die bestimmten Kasten legen. Sie werden niemals einen Brief, der nicht gestempelt ist, wieder zurückgeben. Im Haupt-Büreau wird man Briefe zurückverlangen können, wenn man das zu denselben gebrauchte Siegel vorzeigt.

Jeder Brief muß entweder frankirt oder, sofern derselbe von einer bekannten Persönlichkeit herrührt, mit deren Namens-Angabe versehen sein; die Briefkastenleerer und die Briefträger werden hierauf große Aufmerksamkeit richten.

Für bestimmte Gattungen von Briefen oder sonstigen Sendungen wird im Haupt-Büreau ein Abonnement zulässig sein; die betreffenden Sendungen werden außer dem Stempelabdruck des Haupt-Büreaus nur noch das Datum tragen.

Es werden angenommen werden: Mittheilungen über stattfindende Begräbnisse und Hochzeiten, Benachrichtigungsschreiben, Denkschriften, Rechnungen, Streitschriften, Neujahrswünsche, Zeitungen, Zeitschriften u. s. w. und daneben Alles, was tragbar ist, sowohl nach der Stadt, als nach dem Lande, vorausgesetzt, daß die Briefträger dadurch nicht belästigt oder in ihrem Gange behindert werden. Packete werden je nach der Zerbrechlichkeit der Gegenstände, die sie enthalten, taxirt werden, weil sie mehr Sorgfalt und mehr Aufmerksamkeit als die gewöhnlichen Briefe beanspruchen. Diejenigen Packete, welche mehr als 2 Unzen wiegen, werden nach dem Tarif taxirt und wird das Porto in Zahlen auf den Adressen angegeben werden. Aus Anlaß der stattgehabten Verlegung der Wohnungen findet keine Erhöhung des Portos statt.

Im Haupt=Büreau wird Geld angenommen werden, das man von einem Stadtviertel nach einem andern oder nach den Dörfern des Weichbildes übermittelt zu sehen wünscht; es wird dafür nur Haftung übernommen, wenn die Eintragung erfolgt ist und ein Pfennig für jeden Livre und außerdem zwei Sols für das Eintragen entrichtet sind.

Für Gegenstände, welche sich in Briefen und Packeten befinden, wird nur im Falle der Declaration gehaftet; die betreffenden Gegenstände müssen im Haupt=Büreau vorgezeigt, dort eingetragen und frankirt werden.

Das Porto für einen Brief aus einem Dorfe des Weichbildes nach einem anderen beträgt 4 Sols und ist im Voraus zu entrichten. Für jeden Brief aus der Stadt oder vom Lande, der in den Briefkasten der Haupt=Post gelegt werden soll, ist außerdem noch 1 Sol zu zahlen.

Die nicht angenommenen Briefe, sofern sie frankirt waren und diejenigen an Personen, welche nicht mehr in der Stadt oder im Weichbilde wohnen, sowie auch diejenigen mit unleserlichen Adressen werden als unbestellbar behandelt. Diese Briefe können im Haupt=Büreau abverlangt werden, wenn das betreffende Siegel vorgezeigt und außerdem eine Abschrift der Adresse des Briefes vorgelegt wird.

Die mit Namens=Angabe versehenen Briefe, deren Annahme

verweigert wird, werden den Absendern wieder zugestellt, welche dafür einen Sol zu entrichten haben.

Es ist sehr wichtig, daß Jeder, ehe er Briefe in einen Briefkasten legt, sich versichert, wann derselbe geleert wird, da die Briefe im anderen Falle leicht eine Verspätung von mindestens zwei Stunden erleiden könnten. Zur Vermeidung dieser Verspätung empfiehlt es sich, die Briefe nach dem Haupt-Büreau zu senden.

Das Publikum wird gut thun, sich daran zu erinnern, daß alle Briefe, welche nach der Stadt oder nach dem Weichbilde derselben adressirt sind und in den Briefkasten der Haupt-Post gelegt werden, nicht an ihre Adresse gelangen, sondern als unbestellbar behandelt werden, selbst wenn sie anders woher' kamen. Um diesen großen Uebelstand, welcher das Interesse des Publiums so sehr berührt, zu vermeiden, empfiehlt es sich, eine gute Auswahl unter denjenigen Personen zu treffen, denen man Briefe zur Abgabe auf der Stadtpost auvertraut, da es aus Irrthum oder mit Absicht — zur Ersparung des Portos — geschehen könnte, daß der Beauftragte die Briefe zur Haupt-Post trägt.

Es wird sich ferner empfehlen, die Adressen deutlich zu schreiben, das Gewerbe rc. der Adressaten, sowie die Namen der Straßen anzugeben, auch die Briefe, die man dem Briefkastenleerer oder dem Briefträger übergiebt, in dessen Gegenwart stempeln und in den Briefkasten legen zu lassen.

Das Haupt-Büreau wird von Morgens 6 bis Abends 9 Uhr geöffnet sein und die Briefkastenleerer werden die Briefe von 7 Uhr Morgens bis 7 Uhr Abends entgegennehmen.

Dienst im Weichbilde der Stadt.

In jedem der nachstehend verzeichneten Orte, mit Ausnahme derjenigen in italienischer Schrift, befindet sich ein Briefkasten. Die zu bestellenden Briefe gehen alle Tage von Straßburg ab, sobald die Thore geöffnet sind; die im letzteren Orte verbleibenden Briefe werden im Sommer an demselben Tage bei der letzten Bestellung und im Winter bei der ersten Bestellung am folgenden Tage bestellt.

(Es folgt hier ein Verzeichniß von 162 Ortschaften, darunter 22 in italienischer Schrift. Demnach erstreckte sich der Bestellbezirk unter Anderem auch auf die jetzigen Postanstalten: Barr, Bischweiler, Brumath, Enzheim, Fegersheim, Geispolsheim, Illkirch und Grafenstaden (beide Orte bilden jetzt eine Gemeinde), Hördt, Ittenheim, Marlenheim, Oberehnheim, Ruprechtsau, Schiltigheim, Truchtersheim, Wanzenau und Westhofen.)

Das Publikum wird benachrichtigt, daß nur Briefe, Karten, Billets und kleine Packete nach den obigen Orten getragen werden. Es ist allen Vorstehern der Stadtpost ausdrücklich untersagt, irgend eine Sendung nach anderen Orten anzunehmen. Wenn trotz aller zu beobachtenden Vorsicht es dennoch geschehen sollte, daß in den Briefkasten Briefe oder sonstige Sendungen für Orte sich vorfinden, welche oben nicht aufgeführt sind, so wird der Director der Stadtpost dafür sorgen, daß diese Briefe sofort der Haupt-Post überwiesen werden, wo dieselben, ohne Rücksicht auf die bei den Vorstehern der Stadtpost bewirkte Frankirung, in gewöhnlicher Weise werden taxirt werden.

Nachtrag zu Seite 9.

Welche Achtung der Stadt Straßburg von den deutschen Städten in früheren Zeiten gezollt wurde, geht unter Anderm auch aus folgender Notiz von Mone in seiner „Zeitschrift des Ober-Rheins“, 16ter Band, hervor.

„In den Missivenbüchern der Stadt Freiburg im Br. ist jedesmal bei den Concepten der Briefe an die Stadt Straßburg bemerkt, daß sie auf Pergament geschrieben werden sollen. Es war dies eine Kanzleihöflichkeit gegen die bedeutende Stadt Straßburg, mit welcher man nicht auf grobem Papier correspondiren wollte. Das Pergament vertrat die Stelle unseres Kanzlei- und Postpapiers.“

Nachtrag zu Seite 19.

Herzog sagt in seiner „Edelsasser Chronik“ vom Jahre 1592: „Item es wollen etliche, Straßburg habe den Namen daher das Attila der groß Tyran ein straß Creuzweiß durch die statt gemacht, darumb sie auch vff ihren Müntzen ein Dupele straß Creutzweise“ führe.

Nachtrag zu Seite 33.

In dem gedachten Leibgedingsvertrage heißt es wie folgt: „quod ego Liuto pergam equitando, ubicumque prepositus precipiat.“ (Traditt. Wizenb. p. 51).

Nachtrag zu Seite 35.

Beust erwähnt die Rollwagen in seinem umfangreichen Werke über das Postregal wie folgt: „Mit denen Posten haben auch einige Verwandtschaft die so genannte Rollwagen, welche insgemein länger, als die ordentlichen Post-Caletschen sind, um desto mehr Personen darauf nehmen und fortbringen zu können. Sie haben ihren Namen von Rotuln oder Rollen, um derselben Geschwindigkeit dadurch anzuzeigen, bekommen." Er meint ferner, daher sei auch das Sprichwort entstanden: „Ein guter Gefehrt sey vor ein Karch gut" (Ein guter Gefährte wäre für einen solchen Wagen wünschenswerth); Hörnigk soll in einer Schrift bemerken, daß dergleichen „Art von Kutschen in Frankreich und Lothringen Kügel-Wagen genennet" wurden.

Wickram in seinem Rollwagenbüchlein führt an, daß es — in der Mitte des sechszehnten Jahrhunderts — in Colmar üblich war „alle Straßburger Meß einen eigenen Rollwagen anzurichten" und daß es ferner „von alter har" (aus alter Zeit her) ein Sprichwort gab „wenn man etwan schampern (schamlose) vnd schandtliche wort geredt", man gesagt habe: „Stilla mutz, (still Katze!) diß gehört auff den Rollwagen oder in's Schiff."

Aus den Rollwagen haben sich wahrscheinlich die „Landkutschen" und „Nachtwagen" entwickelt.

Nachtrag zu den Seiten 40 u. 48.

In früherer Zeit brauchten die Reisenden zu ihrer Legitimation an andern Orten bekanntlich Päſſe; zwei dergleichen zu einer Reise von Ensisheim nach Thann im Jahre 1636 und zu einer anderen von Paris nach Straßburg im Jahre 1730 mögen nachstehend eine Stelle finden:

Paſſzedel.

Diebolt Hermann, Jung Michel und Hans Platterer, alle burger und becken (Bäcker) allhie zu Ensisheim, vorhabent sich morderigen tags selb zwölff zu fueß des mainung nacher Thann zubegeben, daselbsten etwelche früchten zu ires handwerkhs gebrauch und der Statt zum besten zu erkauffen und allhäro zutragen, und sy dann nit allein desto sicher underwegs vorkommen mögen, sondern inen auch dem Kauffen gestatten werden, ist hiemit ahn meniglichen was Standts dieseyn bey denen, ermelte beckhen und mitziehende geferten ankommen werden, unser Dienst fründlich pitten denselben nit allein freyen kauff zuegestatten sondern auch frey, sicher passiren und repassieren zu lassen, das seyen wir uff all zuetragende occasionen, in der gleichen an andern zuewiedern erpietig.

Zu Urckundt mit dem gewondlichem Raths Insigel verwarth, so beschehen den 27 Marty anno 1636.

Schultheiss, Paumeister und Rath zu Ensisheim.

(Aus dem Archiv von Ensisheim, F. F. Nro 16.)

Nach Mittheilung Beust's in seinem Werke über das Postregal (Band II) erhielt derselbe im Jahre 1730 zu einer Reise von Paris nach Straßburg einen Paß folgenden Inhalts:

Chaises à deux personnes.

Nous Louis Leon Pajot, Comte d'Onsenbray, Intendant general des Couriers, Postes & Relais de France, charge de l'Execution des Ordres de Son Eminence Monseigneur le Cardinal de Fleury, Ministre d'Etat, grand Aumonier de la Reyne, grand Maître & Sur Intendant general des Couriers, Postes & Relais de France.

Ordonnons aux Maitres des Postes sur la Route de Paris à Strasbourg, de fournir à M. le Baron de Beust & sa Suite les Chevaux dont il sera besoin pour courir la poste en Chaise à deux personnes en payant par poste & d'avance pour trois Chevaux, a raison de quarente Sols par Cheval, & sur le pied de quatre Chevaux, s'il monte un domestique derriere la d. Chaise, & le double aux Postes Royales, non compris le guides, sans les quelles conditions la présente permission demeurera nulle. Fait à Paris le 9 Juine, Mil sept cent trente.

Le Présent Passeport valable seulement par huit jours.

Pajot.

Nachtrag zu Seite 108.

Wie schädlich die aufrecht erhaltenen hohen Briefporto-Sätze für die französische Finanzwirthschaft sein mußten, erhellt auch aus folgender Correspondenz des rheinischen Beobachters vom Jahre 1847:

„Die Postreform wird uns Elsässer von einem ausnahmsweisen Zustande befreien, der uns namentlich in dem letzten Jahre so bedeutend benachtheiligte, daß wir in Straßburg gut daran thaten, unsere Briefe nach dem Innern Frankreichs in Kehl auf die Post zu geben, denn während wir hier den einfachen Brief von und nach Paris mit 14 Sous (70 Cent.) zu bezahlen haben, kostet derselbe in dem benachbarten Kehl nur 9 Kreuzer (30 Cent.). Die Klagen, die in dieser Beziehung hier herrschen, werden auch in Mülhausen laut, denn der zwischen Basel und Frankreich abgeschlossene Vertrag bietet den Schweizern so überwiegende Vortheile, daß viele Kaufleute in Mülhausen täglich ihre Briefe nach Basel schicken und von dort aus weiter befördern lassen. Würde die französische Generaldirektion der Posten bei den mit Baden, der Schweiz und dem Fürsten von Thurn und Taxis im vorigen Jahre abgeschlossenen Vertrage nicht die nächste Zukunft — d. h. die zu erwartende Verminderung der Gebühren im Inlande selbst — im Auge gehabt haben, so hätte sie wahrscheinlich den Nachbarn nicht mehr bewilligt, als uns selbst geboten ist. Darum aber ist höchste Zeit, daß dieser das Elsaß so benachtheiligende Zustand so bald als möglich aufhöre."

(Wochenblatt für das Transportwesen Nro. 5 pro 1847).

Nachtrag zur Seite 113.

M. Chevalier theilt in seiner Schrift «Lettres sur l'inauguration du chemin de fer de Strasbourg à Bâle» die Rede mit, welche der Bischof Raeß im September 1841, bei Gelegenheit der Einweihung der gedachten Eisenbahn, gesprochen hat. Es heißt darin unter Anderm:

„Möchte sein (Gottes) Segen herabsteigen auf diese Räder, diese Schienen, diese Locomotiven, diese Wagen, die Reisenden, die würdigen Unternehmer (chefs), welche dieses wunderbare Werk geleitet haben, diesen bescheidenen und beharrlichen Mann (Nicolaus Köchlin), welcher dieses große Werk unternommen und dessen Festigkeit, fern von jedem Spekulationsgeiste, in schlechten Tagen allen Widerstand und alle Hindernisse beseitigt hat, weil er wußte, daß er ein dem Lande nützliches Werk schuf. . . . . .

„Möchte die Annäherung, welche die Eisenbahnen zwischen den Völkern auf der Erde bewirken, uns lehren, daß die Erde in demselben Verhältnisse sich dem Himmel nähern soll, und uns ermuthigen, mit derselben Schnelligkeit auf den Wegen der Wahrheit und der Tugend zu wandeln, damit wir uns eines Tages im Schooße des Schöpfers des Himmels und der Erde wiederfinden."

Chevalier bemerkt ferner sehr richtig, daß — wie es allgemein in Frankreich bei Eröffnung größerer öffentlicher Arbeiten üblich zu sein scheint — auch der Ill-Kanal — von Straßburg zum Rhein — und die Dampfschiffe der Kölnischen Dampfschifffahrts-Gesellschaft beim ersten Eintritt in der gedachten Stadt, nach erfolgter Herstellung der bezeichneten Wasserstraße (im Mai 1841), vom Bischof eingesegnet worden seien. Damals wurde die Eröffnung der Dampfschifffahrt in Straßburg entsprechend gefeiert, während die nicht minder wichtige Wieder-Eröffnung derselben im Juli 1873 nur wenig Eindruck daselbst zu machen schien.

Nachtrag zu Seite 136.

In dem Werke des Hofraths Meiners „Beschreibung einer Reise nach Stuttgart und Straßburg im Herbste 1801" befindet sich Näheres über den optischen Telegraphen, der früher auf dem Münster in letzterem Orte vorhanden war. Es heißt dort:

„Diese merkwürdige Maschine war eben in Arbeit, als wir hinauf kamen: Wir entdeckten durch das Teleskop, das zum Telegraphen gehört, zwei andere Telegraphen, wovon der eine zwei, der andere fünf Stunden entfernt ist. Beide Telegraphen meldeten, daß sie nichts Neues zu berichten hätten. Die Zeichen, wodurch dieses und einige andere täglich vorkommende Dinge angedeutet werden, sind den Telegraphendienern bekannt. Allein den Sinn der meisten Zeichen, welche man die nächsten Telegraphen machen sieht oder seine Telegraphen machen läßt, wissen die Personen selbst nicht, die bei den Telegraphen angestellt sind. Sie schreiben ganz genau jedes Zeichen auf, welches der nächste Telegraph giebt und lassen ihre Telegraphen alle die Zeichen ausführen, die man ihnen vorgeschrieben hat. Die beweglichen Theile des Telegraphen werden durch mehrere große Räder in Bewegung gesetzt, welche man durch Speichen oder Handhaben nach Belieben umdrehen kann. Der Beweger des Telegraphen sieht die Arme dieser Maschine und deren Bewegungen nicht. Allein an der Wand des Zimmers, wo der Telegraphen-Diener die Räder der großen Maschine dreht, ist ein kleineres Telegraphen-Modell, das in allen seinen Evolutionen mit dem größeren harmonirt, und an welchem der Beweger erkennen kann, ob er den Telegraphen alle die Zeichen geben läßt, welche er denselben geben lassen will. Bei heiterem Wetter kann man vermittelst der Telegraphen drei Seiten lange Depeschen innerhalb drei Viertelstunden nach Paris befördern und die Antwort darauf zurück erhalten."

Nachtrag zu Seite 151.

In Bezug auf die Bevölkerung Lothringens giebt es ein altes französisches Sprichwort «Lorrain vilain, traître à Dieu et à son prochain». Dasselbe ist wahrscheinlich in einem Kriege der Lothringer gegen die Franzosen aus Aerger über den tapfern Widerstand der ersteren aufgebracht worden.

Nachtrag zu Seite 192.

Oben wurde der Einrichtung einer permanenten Gewerbe- und Industrie-Ausstellung in Straßburg Erwähnung gethan. Inzwischen ist es zweifelhaft geworden, ob dieselbe schon binnen Kurzem in's Leben treten wird. Dagegen soll schon in nächster Zeit in Straßburg „ein elsässisches Schul-Museum“ begründet werden, wozu die Anregung von dem Herrn Kreis-Schul-Inspector Hatt in Molsheim ausgegangen ist.

Inhalt des Anhangs.

				Seite.
1)	Statuten der Schiffer in Straßburg .	vom Jahre	1350	201
2)	Privilegium in Betreff der Rheinbrücke.	„ „	1393	207
3)	Schöffen-Beschluß in Betreff des Breusch-Kanals	„ „	1402	208
4)	Straßburger Meßordnung	„ „	1415	209
5)	Die älteste Zeitung, welche in Straßburg gedruckt ist	„ „	1524	213
6)	Mandat wider Schmach- und Lasterbüchlein	„ „	1524	217
7)	Mandat wegen Entrichtung des Zolls von den eingeführten Waaren . .	„ „	1594	218
8)	Mandat wegen des Ankaufs von Wein an den Reben	„ „	1625	220
9)	Straßburgische erneuerte Tax-Ordnung	„ „	1646	222
10)	Mandat wegen zu leichter Münzen . .	„ „	1651	224
11)	Mandat wegen des Heranziehens der Fremden Seitens der Gastgeber . .	„ „	1651	226
12)	Verbot der Pasquille nebst Formular des Kirchenbanns . . . . . , .	„ „	1658	227
13)	Mandat wegen der Beförderung der Reisenden mit der Post rc. . . .	„ „	1662	231
14)	Königl. Verordnung wegen der Beförderung der Briefe . . , . . .	„ „	1681	233
15)	Erläuterung der vorstehenden Verordnung	„ „	1681	234
16)	Postbericht des Postamts in Straßburg	„ „	1681	236
17)	Bekanntmachung wegen Einrichtung von Postverbindungen	„ „	1682	237
18)	Verordnung wegen Unterhaltung der Lehnrosse	„ „	1682	238
19)	Königl. Declaration wegen Ausfuhr des Getreides rc.	„ „	1699	240
20)	Auszug aus der Polizei-Ordnung wegen des Verkehrs mit Juden . . .	„ „	1708	243
21)	Beschwerde des General-Pächters der Posten	„ „	1721	244

		Seite.
22) Verbot, Briefe zur Ueberlieferung anzunehmen	vom Jahre 1730	247
23) Mandat wegen Entrichtung der Zölle und Gebühren	„ „ 1736	249
24) Revidirte Ordnung des Wasser-Bestätigers in Straßburg	„ „ 1737	251
25) Polizei-Ordnung Straßburgs über die Buchdrucker ꝛc.	„ „ 1740	255
26) Verordnung wegen der Lehnpferde . .	„ „ 1740	259
27) Verordnung wegen der Botenfuhren ꝛc.	„ „ 1775	260
28) Beschluß des Staatsraths wegen Einrichtung einer Stadtpost-Anstalt in Straßburg (in französischer Sprache und Uebersetzung)	„ „ 1779	264

Vier Urkunden im Text.

Druckfehler Verzeichniß.

Seite	12	Zeile	6	von unten	lies	gebe	statt	gäbe.
„	34	„	5	„ „	„	ließe	„	lasse.
„	37	„	6	„ oben	„	das	„	des.
„	46	„	2	„ „	„	Rhein	statt	Reihn.
„	46	„	3	„ unten	„	Nacharn	statt	Nachbarn.
„	57	„	13	„ oben	„	auch keine	statt	danach keine.
„	64	„	8	„ „	„	Befindung	„	Befinderung.
„	97	„	14	„ „	„	gemeinsamem	statt	gemeinsamen. etc.
„	98	„	15	„ unten	„	Communen	statt	Commune.
„	101	„	16	„ „	„	kräftigen	„	räftigen.
„	110	„	12	„ oben	fehlt die Zahl 1868.			
„	117	„	15	„ „	lies	Jahre	statt	Jahren.
„	128	„	10	„ unten	„	einwirkten	statt	einwirkte.
„	140	„	2 u. 3	„ oben	„	Mus-ter	statt	Mu-ster.
„	153	„	14	„ „	„	biedre	„	bidere.
„	159	„	8	„ unten	„	Einnahme	statt	Einnahmen.
„	165	„	5	„ „	„	nächtige	„	mächtige.
„	184	„	12	„ oben	„	Verwaltung	statt	Verwaltuung.
„	200	„	13	„ „	„	bessert	statt	ebssert.

FSC
www.fsc.org
MIX
Papier | Fördert gute Waldnutzung
FSC® C083411

Kolibri 360 GmbH
Ferdinand-Jühlke-Straße 7
99095 Erfurt, Deutschland
produktsicherheit@kolibri360.de